Direito Internacional:
Leituras Críticas

Direito Internacional: Leituras Críticas

2019

Organizadores:

Michelle Ratton Sanchez Badin
Fábio Morosini
Arthur Roberto Capella Giannattasio

ALMEDINA

DIREITO INTERNACIONAL
LEITURAS CRÍTICAS
© Almedina, 2019
ORGANIZADORES: Michelle Ratton Sanchez Badin, Fábio Morosini, Arthur Roberto Capella Giannattasio
DIAGRAMAÇÃO: Almedina
DESIGN DE CAPA: Roberta Bassanetto
PREPARAÇÃO E REVISÃO DE TEXTO: Luciana Nogueira Duarte e Lyvia Felix
ISBN: 9788584935710

Dados Internacionais de Catalogação na Publicação (CIP)
(Câmara Brasileira do Livro, SP, Brasil)

Direito internacional : leituras críticas /
organizadores Michelle Ratton Sanchez Badin,
Fábio Morosini, Arthur Roberto Capella
Giannattasio. -- São Paulo : Almedina, 2019.
Vários autores.

Bibliografia.
ISBN 978-85-8493-571-0

1. Direito 2. Direito internacional I. Badin,
Michelle Ratton Sanchez. II. Morosini, Fábio.
III. Giannattasio, Arthur Roberto Capella.

19-31262   CDU-341

Índices para catálogo sistemático:

1. Direito internacional 341

Cibele Maria Dias - Bibliotecária - CRB-8/9427

Este livro segue as regras do novo Acordo Ortográfico da Língua Portuguesa (1990).

Todos os direitos reservados. Nenhuma parte deste livro, protegido por copyright, pode ser reproduzida, armazenada ou transmitida de alguma forma ou por algum meio, seja eletrônico ou mecânico, inclusive fotocópia, gravação ou qualquer sistema de armazenagem de informações, sem a permissão expressa e por escrito da editora.

Novembro, 2019

EDITORA: Almedina Brasil
Rua José Maria Lisboa, 860, Conj.131 e 132, Jardim Paulista | 01423-001 São Paulo | Brasil
editora@almedina.com.br
www.almedina.com.br

SOBRE OS TRADUTORES

Alessandro Hippler Roque
Graduando em Ciências Jurídicas e Sociais na Universidade Federal do Rio Grande do Sul (UFRGS). Técnico em Administração pelo Instituto Federal de Educação, Ciência e Tecnologia do Rio Grande do Sul. Estagiário em Judith Martins-Costa Advogados. Vice-Coordenador-Geral e Coordenador de Direito Contratual da Assessoria Jurídica Hernani Estrella.

Fabrício José Rodrigues de Lemos
Doutorando em Direito na Universidade Federal do Rio Grande do Sul (UFRGS). Mestre em Direito Público pela Universidade do Vale do Rio dos Sinos (Unisinos). Graduação em Direito pela Universidade do Vale do Rio dos Sinos (Unisinos). Integrante do Núcleo de Direitos Humanos da Unisinos (NDH). Professor da Faculdade de Direito da Universidade Feevale. Advogado.

Jessica Dodo Buchler
Bacharel em Direito pela Faculdade de Direito da Universidade Presbiteriana Mackenzie (FD/UPM). Membro do Grupo de Pesquisa Bens Públicos Globais e sua Proteção Penal Internacional da FD/UPM.

Julia Goldman Bergmann
Acadêmica da Faculdade de Direito da Universidade Federal do Rio Grande do Sul (UFRGS). Recentemente integrou a equipe da UFRGS

na 27ª *Jean-Pictet International Humanitarian Law Competition*. Integra a equipe do Núcleo de Extensão em Tribunais Simulados desde 2014.

Julio Cesar Veiga Bezerra

Graduando em Ciências Jurídicas e Sociais na Universidade Federal do Rio Grande do Sul (UFRGS), com mobilidade acadêmica na Justus-Liebig--Universität Gießen (JLU), Alemanha. Atuou como Bolsista de Iniciação Científica (CNPq-UFRGS/BIC-UFRGS) no Grupo de Pesquisa CNPq "Direito, Globalização e Desenvolvimento". Atualmente, integra a coordenação do Núcleo de Estudos em Direito Internacional Público (NEDIP) da Faculdade de Direito da UFRGS e a Gießen International Humanitarian Law Clinic.

Laura Sanchotene Guimarães

Bacharel em Direito na Universidade Federal do Rio Grande do Sul (UFRGS). Atuou como Bolsista de Iniciação Científica (CNPq-UFRGS/BIC-UFRGS) no Grupo de Pesquisa CNPq "Direito, Globalização e Desenvolvimento".

Luiza Nogueira Papy

Bacharel em Direito pela Faculdade de Direito da Universidade Presbiteriana Mackenzie (FD/UPM). Membro do Grupo de Pesquisa Bens Públicos Globais e sua Proteção Penal Internacional da FD/UPM. Atualmente cursa Especialização em Direito Empresarial na Escola de Direito de São Paulo da Fundação Getulio Vargas (FGVlaw).

Ricardo Ferreira Flores Filho

Graduando em Relações Internacionais pela Universidade Federal do Rio Grande do Sul (UFRGS). Bolsista de Iniciação Científica (BIC/UFRGS) no Grupo Direito, Globalização e Desenvolvimento (FD/UFRGS). Foi bolsista do CNPq no programa de graduação-sanduíche Ciência Sem Fronteiras, realizado na University of Ottawa (Canadá), na área de Ciências da Saúde de 2012 a 2013.

Sinuhe Cruz e Nascimento

Graduando em Direito pela Faculdade de Direito da Universidade de São Paulo (USP). Atualmente é pesquisador vinculado ao Programa Institucional de Bolsas de Iniciação Científica do Conselho Nacional de Desenvolvimento Científico e Tecnológico, por meio do qual desenvolve o projeto "Inserção Latino-americana na economia global de dados: aspectos regulatórios e de desenvolvimento".

SOBRE OS AUTORES DOS COMENTÁRIOS

Adilson José Moreira
Professor de Direito na Universidade Presbiteriana Mackenzie. Doutor pela Universidade de Harvard.

Arthur Roberto Capella Giannattasio
Professor Doutor na Faculdade Presbiteriana Mackenzie e no Instituto de Relações Internacionais da USP. Doutor em Direito pela Faculdade de Direito da Universidade de São Paulo. Pós-doutorado no Max-Planck-Institut for ausländisches öffentliches Recht und Völkerrecht. Foi Professor Convidado do Programa de Mestrado (LLM) da Koç University (Turquia).

Bruno Pegorari
Scientia Scholar e Doutorando em Direito pela University of New South Wales (UNSW, Sydney), tendo completado seu Mestrado em Direito Internacional pela Faculdade de Direito da Universidade de São Paulo (USP).

Fabia Fernandes Carvalho Veçoso
Pesquisadora de Pós-Doutorado na Faculdade de Direito da Universidade de Melbourne, Austrália. Doutora e Mestre em Direito Internacional pela Faculdade de Direito da Universidade de São Paulo (USP).

Fábio Morosini

Professor Associado da Faculdade de Direito da Universidade Federal do Rio Grande do Sul (UFRGS), onde coordena o Centro para Direito, Globalização e Desenvolvimento. PhD e Mestre em Direito Internacional pela University of Texas – Austin. Master em Direito e Globalização Econômica pela Université de Paris 1/Sciences Po – Paris. Bolsista Produtividade em Pesquisa Nível 2 do CNPq.

Fernanda Cristina de Oliveira Franco

Pesquisadora de Pós-Doutorado, com bolsa Programa Nacional de Pós-doutorado da Coordenação de Aperfeiçoamento de Pessoal de Nível Superior (PNPD/Capes), perante o Programa de Pós-Graduação em Direito do Centro Universitário de João Pessoa (UNIPÊ). Docente colaboradora do Programa de Pós-Graduação em Direito da Universidade Federal do Maranhão (UFMA), com bolsa PNPD/Capes. Doutora em Ciências Jurídicas, na área de Direitos Humanos e Desenvolvimento pelo programa de Pós-Graduação em Ciências Jurídicas da Universidade Federal da Paraíba (UFPB), com bolsa de pesquisa Capes.

Fernanda Frizzo Bragato

Professora Permanente do Programa de Pós-graduação em Direito da Universidade do Vale do Rio dos Sinos (Unisinos) e Coordenadora do Núcleo de Direitos Humanos da mesma instituição. Graduada em Direito pela Universidade Federal do Rio Grande do Sul (UFRGS), mestre e doutora em Direito pela Unisinos e pós-doutora em Direito pelo Birkbeck College of University of London.

Gabriel Antonio Silveira Mantelli

Professor na Universidade São Judas Tadeu (USJT), onde é coordenador da Clínica de Direito Socioambiental e do grupo de pesquisa Direito, Desenvolvimento e Descolonização. Mestre em Direito e Desenvolvimento pela Escola de Direito de São Paulo da Fundação Getulio Vargas (FGV DIREITO SP). Graduado em Direito pela Universidade de São Paulo (USP). Foi pesquisador no Núcleo de Direito Global da FGV DIREITO SP e visit training fellow na Kent Law School.

João Henrique Roriz

Professor Adjunto no curso de Relações Internacionais e nos programas de pós-graduação em Ciência Política e em Direitos Humanos da Universidade Federal de Goiás (UFG). Pós-Doutorado, Universidade de Oxford (Bolsista Capes). Trabalhou como Legal Officer na Missão de Paz da Organização das Nações Unidas (ONU) em Kosovo (UNMIK) e como Consultor do Escritório das Nações Unidas contra Drogas e Crime (UNODC).

Karine de Souza Silva

Professora dos Programas de Pós-graduação *stricto sensu* em Relações Internacionais e em Direito da Universidade Federal de Santa Catarina (UFSC). É vice-coordenadora do curso de graduação em Relações Internacionais. Doutora e Mestre em Direito (com concentração em Relações Internacionais) pela Universidade Federal de Santa Catarina (UFSC).

Lucas da Silva Tasquetto

Professor do bacharelado em Relações Internacionais da Universidade Federal do ABC (UFABC). Doutor em Relações Internacionais pela Universidade de São Paulo (USP).

Michelle Ratton Sanchez Badin

Professora Associada, em tempo integral, na Escola de Direito de São Paulo da Fundação Getulio Vargas (FGV DIREITO SP). Pós-doutora pela New York University (Global Hauser Program). Doutora e bacharel pela Faculdade de Direito da Universidade de São Paulo (USP).

SOBRE OS AUTORES DOS ARTIGOS ORIGINAIS

B.S. Chimni
Professor de Direito Internacional na School of International Studies da Jawaharlal Nehru University (Nova Délhi, Índia). Foi professor visitante em diversas instituições, incluindo Harvard Law School – HLS (Cambridge, EUA), Tokyo University (Tóquio, Japão) e *Max Planck* Institute for Comparative and Public International Law (Heidelberg, Alemanha).

Christine Chinkin
Professora Emérita de Direito Internacional na London School of Economics – LSE (Londres, Inglaterra). Diretora do Centre on Women, Peace and Security da mesma instituição.

Hilary Charlesworth
Professora na Melbourne Law School (Melbourne, Austrália). É também Professora Honorária na Australian National University (Camberra, Austrália). Foi professora visitante na Harvard Law School – HLS (Cambridge, EUA), New York University Global Law School (Nova Iorque, EUA), Paris I (Paris, França) e London School of Economics (Londres, Inglaterra).

Makau Mutua
Professor Honorário da University at Buffalo School of Law (Buffalo, EUA). Tem passagens pela University of Nairobi (Nairobi, Quênia), University of Dar-es-Salaam (Dar es Salaam, Tanzânia) e Harvard Law School (Cambridge, EUA).

Martii Koskenniemi

Professor de Direito Internacional na University of Helsinki (Helsinki, Finlândia). Diretor do The Erik Castrén Institute of International Law and Human Rights da mesma universidade. Foi professor visitante em diversas instituições, incluindo New York University School of Law – NYU (Nova Iorque, EUA), London School of Economics – LSE (Londres, Reino Unido) e University of Cambridge (Cambridge, Reino Unido). Atuou como consultor do Ministério de Relações Exteriores da Finlândia.

Shelley Wright

Professora do Department of Aboriginal Studies da Langara College (Vancouver, Canadá). Foi professor da University of Sydney (Sydney, Austrália).

Sundhya Pahuja

Professora da Melbourne Law School (Melbourne, Austrália) nas áreas de Direito Internacional e Direito e Desenvolvimento. Diretora do Institute for International Law and the Humanities da mesma escola. Foi pesquisadora visitante na SOAS, University of London (Londres, Reino Unido).

AGRADECIMENTOS

Este livro é resultado de uma agenda de pesquisa coletiva que envolveu pesquisadores de diversas instituições de ensino do Brasil, coordenados pelo Núcleo de Direito Global e Desenvolvimento da Escola de Direito de São Paulo da Fundação Getúlio Vargas (FGV DIREITO SP), que se beneficiou dos Auxílios da Fundação de Amparo à Pesquisa do Estado de São Paulo (Fapesp), nas modalidades Regular (2018/00498-2) e Pesquisador Visitante (2018/03393-7). Este projeto também se beneficiou de auxílios do CNPq nas modalidades Bolsa de Produtividade em Pesquisa Nivel 2 de Fabio Morosini (305931/2017-2) e Bolsa de Iniciação Científica. A Universidade Federal do Rio Grande do Sul também apoiou com bolsas de iniciação cientifica BIC/UFRGS. Ainda, o Auxílio à Pesquisa - Projeto de Pesquisa Regular concedido pela FAPESP (2016/20983-7) para projeto coordenado pelo professor Arthur Giannattasio junto à Faculdade de Direito da Universidade Presbiteriana Mackenzie (FD-UPM) contribuiu para o desenvolvimento das reflexões discutidas nesta obra.

Não obstante, não se pode esquecer dos auxílios para colaborações internacionais da FAPESP (2016/50334-0) e a bolsa fornecida pela entidade para pesquisadores de treinamento técnico (2018/13781-4). Sem esses auxílios, estaríamos desprovidos dos recursos ne cessários para mobilizar todos os 21 pesquisadores envolvidos no Projeto de Pesquisa "Direito Internacional e suas críticas: (re)contextualizações a partir do Brasil" e autores convidados para esta coletânea, que estão estabelecidos em São Paulo, Brasília, Florianópolis, Goiânia, João Pessoa, Melbourne (Austrália) e Porto Alegre.Pensar uma coletânea, com a contribuição de todos, desde a sua concepção, exigiu: atenção às agendas e estrutura para os trabalhos, engajamento com os prazos para a escrita, disposição para ler e criticar os demais e para receber considerações ao seu próprio trabalho e, sobretudo, priorização deste trabalho em prejuízo de tantas outras tarefas que assumimos no mundo acadêmico. A reflexão de todos contribuiu para termos não apenas um livro, mas um livro-convite, suficientemente abrangente para o diálogo com outros pesquisadores e pesquisadoras no Brasil.

Nosso muito obrigado às autoras e aos autores dos comentários aos artigos aqui traduzidos, que trouxeram o olhar do Brasil para essas abordagens críticas ao Direito Internacional. Nomeadamente, Adilson José Moreira, Bruno Pegorari, Fábia Fernandes Veçoso, Fernanda Cristina de Oliveira Franco, Fernanda Frizzo Bragato, Gabriel Antonio Silveira Mantelli, João Henrique Roriz, Lucas da Silva Tasquetto e Karina de Souza Silva: vocês nos ajudaram a ampliar nosso repertório e a compartilhar todas estas ideias!

No mesmo tom, agradecemos às tradutoras e aos tradutores dos artigos originais, que nos permitiram colocar em português brasileiro as ideias dos autores de outros cantos do mundo. Autores que fazem suas reflexões e publicações em outros idiomas, mas sob ângulos que apreciamos como importantes contribuições às abordagens críticas do Direito Internacional. Pelo cuidadoso trabalho de tradução dos textos, agradecemos a Gabriel Antonio Silveira Mantelli, Jessica Dodo Buchler, Luiza Nogueira Papy e Sinuhe Nascimento e Cruz; assim como os integrantes do Grupo de Pesquisa CNPq "Direito, Globalização e Desenvolvimento" da Faculdade de Direito da Universidade Federal do Rio Grande do Sul (UFRGS): Alessandro Hippler Roque, Fabrício José Rodrigues de Lemos, Julia Goldman Bergmann, Julio Cesar Veiga Bezerra, Laura Sanchotene Guimarães e Ricardo Ferreira Flores Filho.

Também agradecemos a generosidade das autoras e dos autores dos artigos originais, que nos autorizaram a reproduzir seus trabalhos nesta coletânea em português: B.S. Chimni, Christine Chinkin, Hilary Charlesworth, Makau Mutua, Martii Koskenniemi, Shelley Wright e Sundhya Pahuja. Aproveitamos para agradecer especialmente aos editores-chefes dos periódicos *Temple International and Comparative Law Journal* e *Villanova Law Review*, respectivamente Alison Smeallie e Tim Muyano, que concederam gentilmente a licença dos seus artigos de forma gratuita. Agradecemos também FGV

DIREITO SP, que nos concedeu o apoio financeiro para as licenças das demais traduções.

Com destaque, agradecemos ao apoio logístico de Bruno Pegorari, Gabriel Antonio Silveira Mantelli e Helena Himi Funari. Sem o comprometimento de vocês com organização das atividades no Projeto de Pesquisa "Direito Internacional e suas críticas: (re)contextualizações a partir do Brasil", não chegaríamos aqui. Por fim, nossos agradecimentos ao apoio institucional que recebemos da Fundação Getulio Vargas, especialmente do Núcleo de Direito Global e Desenvolvimento da FGV DIREITO SP, assim como a todos do Departamento de Publicações da mesma escola, representados pela Catarina Barbieri. Agradecemos, por fim, à Editora Almedina pela edição da presente coletânea e apoio na disseminação desses estudos.

Michelle Ratton Sanchez Badin
Fábio Costa Morosini
Arthur Roberto Capella Giannattasio

PREFÁCIO

Muito se escreveu sobre a virada teórica que a disciplina do direito internacional empreendeu a partir dos anos 1980 e 1990. Nesse período, uma série de acadêmicos, de nacionalidades distintas, mas quase sempre oriundos de instituições de ensino e pesquisa do hemisfério norte, colocou-se em franca oposição ao que denominaram a mainstream do direito internacional.

Inicialmente intitulados a *newstream* do direito internacional, posteriormente adotantes de um rótulo mais abrangente, as New Approaches to International Law (NAIL), tais acadêmicos comungavam um desconforto não apenas com as normas e instituições internacionais. A eles interessava, sobretudo, inquirir acerca da maneira como se conhece o direito internacional. Alguns davam ênfase ao estudo do direito internacional como argumento; outros, do direito internacional como artefato cultural. Uns pretendiam demonstrar como as estruturas coloniais ainda persistem na ordem internacional; outros, como o direito internacional constantemente produz e reproduz desigualdades de gênero. Houve também articulações acerca do caráter racializado da disciplina e até mesmo uma tentativa de revitalizar uma teoria marxista do direito internacional.

Quase invariavelmente, essas perspectivas fundavam-se na ideia de que o direito internacional não é mero dado da natureza, mas essencialmente linguagem – a ser entendida no modo como opera no presente, mas, sobretudo, como operou historicamente.

O impacto de tais perspectivas na produção acadêmica da disciplina foi significativo – ainda que, por vezes, seus defensores superestimassem sua capacidade de influência entre operadores do direito internacional. Hoje, há periódicos com linhas editoriais, assim como séries de editoras de prestígio – sobretudo de língua inglesa – que assumem explicitamente o viés de abordagens críticas ao direito internacional.

Contudo, o pensamento crítico em direito internacional ainda tem sido pouco cultivado em nossos círculos acadêmicos. Isso pode ser explicado pela influência de um certo tipo de positivismo científico, uma educação jurídica excessivamente voltada para a formação de operadores jurídicos e um grau ainda baixo de pesquisa acadêmica nas principais instituições universitárias do país.

Contra esse estado de coisas, a presente publicação, diligente e competentemente organizada por Michelle Ratton Sanchez Badin, Fábio Morosini e Arthur Roberto Capella Giannattasio – três acadêmicos com uma carreira profundamente comprometida com a pesquisa de qualidade em direito internacional – é essencial porque sua intenção é metacrítica. Ao proporem leituras críticas ao direito internacional, os organizadores estão invariavelmente lendo o direito internacional, ao menos em nosso país, também de maneira crítica.

A seleção de textos de cada abordagem escolhida seguida de detidas análises da obra dos respectivos autores cumpre um papel ímpar, porque pretende mostrar a obra e o seu criador in real motion – método que possibilita a contestação de cânones fixos.

De minha parte, entendo que não é qualquer grupo definido de perspectivas teóricas ou ideológicas que define o agir crítico, mas, essencialmente, um compromisso inegociável com a autoconsciência. Esse compromisso pode implicar uma desestabilização profunda das estruturas de pensamento existentes, ou, ao contrário, a sua possível confirmação. Seja que caminho se tomar, o certo é que a realidade não passará impune. Porque a consciência crítica cessa quando o descanso alcança os corpos. Nesse ponto, a obra em questão merece outro destaque, uma vez que seus organizadores partem da premissa de que o projeto crítico é inesgotável e a ele é absolutamente defeso ser imune à crítica.

É por essa razão que a presente obra deve ser lida como inacabada. E o leitor a ela fará justiça se, ao escrutiná-la, submetê-la à mais sincera crítica.

George Rodrigo Bandeira Galindo
Professor de Direito Internacional da Universidade de Brasília (UnB).

SUMÁRIO

Introdução 23
Michelle Ratton Sanchez Badin, Fábio Morosini,
Arthur Roberto Capella Giannattasio

**1. Abordagens Terceiro-Mundistas
ao Direito Internacional (TWAIL): um Manifesto** 33
Publicação original: CHIMNI, B.S. Third World approaches to international
law: a manifesto. *International Community Law Review*, v. 8, p. 3-27, 2006
Tradução: Ricardo Flores Filho, Julio Cesar Veiga Bezerra
e Alessandro Hippler
Comentário: Bruno Pegorari,
Fernanda Cristina de Oliveira Franco e Lucas da Silva Tasquetto

2. A Pós-Colonialidade do Direito Internacional 85
Publicação original: PAHUJA, Sundhya. The postcoloniality of international law. *Harvard International Law Journal*, v. 46, n. 2, p. 459-469, verão 2005
Tradução: Gabriel Antonio Silveira Mantelli e Sinuhe Nascimento e Cruz
Comentário: Fernanda Frizzo Bragatto e Gabriel Antonio
Silveira Mantelli

**3. Histórias do Direito Internacional:
Significância e Problemas para uma Visão Crítica** 113
Publicação original: KOSKENNIEMI, Martti. Histories of international
law: significance and problems for a critical view. *Temple International Law
& Comparative Law Journal*, v. 27, n. 2, p. 215-240, 2013
Tradução: Laura Sanchotene Guimarães e Julia Bergmann
Revisão da tradução: Fabrício Lemos e Fábio Morosini
Comentário: Fabia Fernandes Veçoso e João Henrique Roriz

4. Abordagens Feministas ao Direito Internacional 165
Publicação original: CHARLESWORTH, Hilary; CHINKIN, Christine;
WRIGHT, Shelley. Feminist approaches to international law.
American Journal of International Law, v. 85, n. 4, p. 613-45, 1991
Tradução: Luiza Nogueira Papy
Revisão da tradução: Arthur Roberto Capella Giannattasio
Comentário: Michelle Ratton Sanchez Badin, Fábio Morosini
e Arthur Roberto Capella Giannattasio

**5. Teoria Crítica Racial e o Direito Internacional:
a Visão de um Interno-Externo** 233
Publicação original: MUTUA, Makau. Critical race theory
and international law: the view of an insider-outsider.
Villanova Law Review, v. 45, n. 5, p. 841-854, 2000
Tradução: Jessica Dodo Buchler
Revisão da tradução: Arthur Roberto Capella Giannattasio
Comentário 1: Adilson José Moreira
Comentário 2: Karine de Souza Silva

Introdução

Este livro é fruto de um projeto conjunto nosso, três professores de direito internacional em diferentes universidades brasileiras: Arthur Roberto Capella Giannattasio, Fábio Costa Morosini e Michelle Ratton Sanchez Badin. O projeto está orientado para pensar criticamente a disciplina de direito internacional no Brasil nos níveis de graduação e pós-graduação. Compartilhamos o diagnóstico de que o ensino do direito internacional no Brasil é pautado por um excessivo manualismo, sendo bastante formalista em sua reprodução – nem sempre devidamente declarada – de teorias e de métodos de outros países, sobretudo europeus. Não temos a pretensão de negar essas teorias e métodos, pois muitos compõem a estrutura central do histórico de formação da disciplina. Pretendemos, outrossim, dar um passo epistemológico, anterior ao direito internacional positivo e às narrativas sobre ele legadas pela tradição, de maneira a desvelar como, para que, por quem, para quem suas regras, princípios e conceitos foram e são elaborados. Acreditamos que enquanto instrumento de organização e repertório interpretativo da realidade, o direito internacional e seus métodos estão permeados por interesses e relações de poder, a partir da composição social diretamente envolvida.

Este projeto estruturou-se, oficialmente, em março de 2017. A partir de projetos acadêmicos conjuntos prévios, identificamos uma lacuna na academia brasileira de direito internacional por um tratamento mais integrado das diversas abordagens críticas ao direito internacional que circulam no Brasil e fora dele. Temos, assim, procurado estruturar nossos cursos, grupos de pesquisa e orientações neste sentido, e também desenvolvido, individual ou conjuntamente, produção bibliográfica em diálogo com tais abordagens críticas.

Em abril de 2017, lançamos na *Revista de Direito Internacional* uma edição especial, a qual intitula-se *Exclus*ão e suas críticas: narrativas do direito internacional a partir do Sul. Qualificamos essa edição especial como um convite para a academia brasileira reimaginar o campo do direito internacional sem a ilusão de sua neutralidade e a partir de diferentes abordagens com preocupações emancipatórias. Na chamada, ainda adicionamos a intenção de convocar narrativas específicas de um Sul global, com o intuito de abrir espaço para novas formas de pensar, fazer e agir o direito, ainda à margem da produção dominante no campo do direito internacional. A chamada atraiu um número significativo de propostas qualificadas de pesquisadores brasileiros e estrangeiros, e o número especial foi publicado em janeiro de 2018 com três eixos de contribuições críticas: artigos científicos que discutem os limites e as possibilidades do direito internacional desde abordagens alternativas, resenhas de livros representativos de diferentes tradições críticas ao direito internacional e traduções para o português de textos de algumas dessas tradições[1].

Em agosto de 2017, em resposta a um convite para obra coletiva organizada por Profa. Ana Gabriela Braga e Prof. Daniel Damásio, no âmbito do programa de pós-graduação da Faculdade de Direito da Universidade Estadual Paulista (Unesp), elaboramos o texto conjunto intitulado *Narrativas críticas como espaço* para pensar a exclusão no direito internacional, em que nos propusemos a analisar de maneira introdutória alguns eixos mais marcantes de narrativas críticas ao direito internacional, com enfoque sobre a temática das exclusões e suas contribuições[2]. Deixamos claro naquele artigo, assim como reiteramos neste livro, que nosso objetivo não é exaurir os principais eixos de narrativas críticas, nem os seus autores/as.

---

[1] A edição especial foi o v. 15, n. 1, de 2018. Agradecemos enormemente, mais uma vez, aos editores-chefe da *Revista de Direito Internacional* no Centro Universitário de Brasília (UniCEUB), os professores doutores Marcelo Varella e Nitish Monebhurrun, pela confiança no projeto e pelo importante espaço de diálogo concedido.
[2] GIANNATTASIO, Arthur; MOROSINI, Fábio; SANCHEZ-BADIN, Michelle. Narrativas Críticas como Espaço para Pensar a Exclusão no Direito Internacional. *In*: BORGES, Daniel; BRAGA, Ana (org.). *Aspectos jurídicos da crise brasileira*. São Paulo: UNESP, 2018.

INTRODUÇÃO

Nas várias iniciativas em torno deste projeto maior sobre o pensamento crítico no direito internacional, deparamo-nos com a necessidade de descrever, exemplificar e sempre ampliar o repertório. Este livro é mais uma tentativa nesse sentido, com o objetivo de alcançar uma comunidade maior de estudantes de graduação e pós-graduação. Se considerarmos que os cursos de graduação em direito priorizam o léxico de base do saber do direito internacional e do seu fazer, e que os estudos no nível de pós-graduação se ocupam de maneira mais detida a compreender as fundações da própria gramática básica do direito internacional, acreditamos que as abordagens críticas podem favorecer a contextualização destas atividades e enriquecer a prática da profissão e da pesquisa no Brasil. A partir da crítica e suas diferentes abordagens é possível observar que dogmas e conceitos são eleitos não apenas em função de variáveis técnicas, mas de posições de privilégio, interesse, padrões históricos e motivações culturais, entre outros.

Como descrevemos mais detalhadamente a seguir, para compor esta coletânea, escolhemos cinco eixos de crítica, para os quais apresentamos a tradução de um texto representativo daquela abordagem e convidamos especialistas brasileiros para comentarem o texto traduzido, proporcionando elementos para sua análise e contextualização por estudantes e pesquisadores no Brasil. Toda seleção implica uma escolha – e qualquer escolha envolve critérios com os quais muitos e poucos concordam. Como critério para eleição das cinco abordagens consideramos: a acessibilidade e o potencial de aderência da abordagem à realidade do direito internacional visto de países como o Brasil e perspectivas que já dialogam com agendas de pesquisas de comentadores brasileiros e comentadoras brasileiras. Tantos outros textos de cada eixo – e também, cada eixo em si mesmo, bem como o nome de cada um deles – poderiam ter sido escolhidos. As possibilidades são muitas, até mesmo hoje, na linha do discurso crítico sobre o Direito Internacional. Há uma euforia pela crítica sobre o direito internacional, o que sinaliza uma disputa nova sobre o campo, inclusive sobre o campo crítico, que tende a ter seus próprios cânones (referencial o qual o campo sempre questionou). Por isso, mais do que se perder em minúcias estéreis sobre "qual o texto mais adequado?", "qual o eixo mais crítico?", ou ainda "qual a denominação mais adequada para cada eixo crítico?", o fundamental é perceber que: cada um deles entreabre uma possibilidade nova de leituras alternativas sobre o direito internacional.

Este livro aposta, portanto, na possibilidade de diversificação de leituras. E, por esse motivo, procura apresentar ao público brasileiro – sem ignorar potenciais diálogos com público lusófono não brasileiro – algumas das produções que têm orientado a ampliação dos espectros de análise do direito internacional. O objetivo é ampliar os espaços institucionais de diálogo epistêmico sobre a crítica do direito internacional em português, a fim de iniciar a construção de uma linguagem comum contra-hegemônica, a iniciar pelo idioma de divulgação.

Nesse sentido, entendemos que traduzir um texto reconhecido de cada uma das abordagens e trazer comentários pessoais da academia brasileira sobre o texto, a abordagem e suas contribuições podem ser formas de inserir estes discursos no campo do direito internacional, para esta comunidade acadêmica brasileira. Com os textos, abrimos o convite para uma agenda de pesquisa em curso – e que, por isso mesmo, está em construção. À medida que avançamos individual e coletivamente na construção, na consolidação e na difusão de um modo de pensar crítico no Brasil, a presente agenda conscientemente se abre sobre si mesma para estabelecer novas possibilidades de diálogo em rede. A função desse desdobramento reflexivo epistêmico não tem por pretensão esgotar os patamares de estudos críticos. Apenas por meio desse enlace com as possíveis novas tradições e experiências contestatórias nos estudos em direito internacional é que se mostra possível encontrar caminhos críticos para além dos até então desenvolvidos.

Não há efetivamente qualquer novidade para este país sobre o fato de o direito internacional ser historicamente associado a um instrumento de poder. A expansão deste ramo do direito neste território não ocorreu apenas em termos de exploração econômica, seja por ex-metrópole, seja por potências hegemônicas europeias ou a estadunidense. Ao menos na América Latina, houve larga imposição, por meio do direito internacional, de padrões espirituais, econômicos e jurídicos que desconsideraram e sufocaram as tradicionais experiências e formas de agir e de pensar locais. Essa imposição também operou no âmbito das relações entre grupos étnicos e raciais, das *performances* de gênero e das matrizes familiares, marginalizando outras formas de ser e os usos então correntes.

Dito de modo mais direto: entende-se ser necessário evitar que mesmo a agenda de pesquisa crítica em direito internacional no país seja pautada pela agenda de pesquisa de centros epistêmicos hegemônicos – comprometidos com os usos e desusos do Direito Internacional no interior de suas preocupações institucionais.

Os cinco eixos principais de abordagens críticas apresentados neste livro são:

>Abordagens Terceiro-mundistas do Direito Internacional (TWAIL).
>A pós-colonialidade do Direito Internacional.
>Histórias do Direito Internacional.
>Abordagens feministas e *queer* ao Direito Internacional.
>Teoria racial crítica e o Direito Internacional.

O primeiro eixo de TWAIL orienta-se pela tradução do artigo de B.S. Chimni, *Third World approaches to international law: a manifesto* (2006), e pelos comentários elaborados por Bruno Pegorari, Fernanda Franco e Lucas Tasquetto. No seu texto, Chimni define as TWAIL como o conjunto de abordagens formuladas por internacionalistas oriundos sobretudo de países do chamado Terceiro Mundo que se opõem às correntes teóricas tradicionais e majoritárias do direito internacional. Sua proposta no texto traduzido é ter um manifesto convocando autores do "Terceiro Mundo" a contrapor teorias, políticas e práticas à ideologia dominante que estariam por trás da globalização do direito internacional e estimulando-os a apresentar estratégias para a instalação de uma nova ordem internacional, que se paute sobretudo por ideais de justiça e igualdade. Na qualidade de um manifesto, não se trata, portanto, de um texto com uma proposta analítica e cientificamente fundamentada; contudo, é um texto que contém muito dos elementos ideacionais que orientam o debate nas TWAIL e suas ansiedades. Trata-se de um artigo que por seu caráter não formal e sintético tem acompanhado amplamente a divulgação das TWAIL, como uma abordagem crítica.

Pegorari, Franco e Tasquetto não apenas cuidam desta especificidade do texto, como também apresentam a figura acadêmica de Chimni, sua trajetória e o contexto de sua produção. Nos comentários observam que as diferentes influências teóricas no pensamento de Chimni – teorias pós-coloniais e escola crítica marxista do direito internacional – são inspirações cruzadas de abordagens críticas que alimentam os seus textos e suas contribuições no

Direito Internacional em geral, assim como mais especificamente em suas produções nas áreas de Direito Humanitário e Direito Internacional Econômico. O texto e a trajetória de Chimni são apenas os pivôs para a contextualização histórica pelos comentadores das TWAIL, de alguns de seus representantes e dos espaços de produção e discussão que integram. Mesmo reconhecendo a pluralidade que marca a produção dos acadêmicos associados às TWAIL, os *Twailers*, os comentários não deixam de arriscar a pontuar para a academia lusófona quais entendem ser as principais contribuições da abordagem TWAIL para o debate crítico no Direito Internacional.

O segundo eixo apresenta abordagens pós-coloniais e descoloniais no direito internacional a partir do artigo traduzido de Sundhya Pahuja, intitulado *The postcoloniality of international law* (2005) e orientado pelos comentários de Fernanda Frizzo Bragato e Gabriel Antonio Silveira Mantelli. O artigo selecionado de Pahuja se articula com a sua produção de destaque sobre pós-colonialismo no Direito Internacional desde o seu doutorado. Para além de um retrato da obra de Pahuja, o artigo também é eloquente nesta articulação do direito internacional como pós-colonial em si. A partir da construção binária entre "o eu e o outro", Pahuja sustenta que o direito internacional se formatou tanto à mercê do regime colonial como em oposição a ele. Sendo, assim, tanto instrumento de dominação como de emancipação.

Bragato e Mantelli localizam Pahuja, seu artigo e sua produção num espaço mais amplo do debate pós-colonial, especificando o seu contraponto com as particularidades da produção latino-americana sobre o decolonialismo. Nos comentários pontuam como as contribuições destes campos favoreceram as revisões historiográficas, as propostas alternativas às epistemologias eurocêntricas e constituíram estrutura teórica para se refletir em campos discursivos típicos do direito internacional, como o ideário de desenvolvimento e os direitos humanos. Por fim, o texto convoca os leitores brasileiros para o debate, já que, para além dos níveis conceituais e ontológicos entre os estudos pós-coloniais e descoloniais, existe, no caso brasileiro, a tarefa de delineamento de um debate pós-colonial ainda em construção no campo do direito.

No terceiro eixo sobre a virada historiográfica, foi traduzida uma palestra de Marttii Koskenniemi, *Histories of international law: significance and problems for a critical view* (2013), acompanhada dos comentários de Fabia Fernandes Carvalho Veçoso e João Roriz. A palestra, assim como o manifesto de Chimni, tem uma característica especial como texto literário. Sua seleção tem relação com o espaço que a palestra encontrou na interlocução com a academia no Direito Internacional. Nesse texto, Marttii Koskenniemi sintetiza seus pressupostos e conclusões sobre a virada historiográfica e sua contribuição para o Direito Internacional. Koskenniemi denuncia a característica teleológica de narrativas históricas lineares que favorecem a pretensão de universalidade do Direito Internacional e o seu caráter eurocêntrico. Por isso o autor clama pela necessidade de descronstruir as grandes narrativas e o eurocentrismo, e de privilegiar o contextualismo.

Fabia Veçoso e João Roriz reconhecem o pioneirismo e protagonismo de Koskenniemi na promoção da virada historiográfia. E, ainda, sintetizam a pretensão desta abordagem como: "a virada historiográfica se relaciona com a constante necessidade de estabelecer relações entre o passado e o contexto presente de normas, instituições e doutrinas internacionais". Os autores incitam, assim, os leitores a pensar criticamente a virada historiográfica do direito internacional deixando claro que as histórias de certas regiões têm sido privilegiadas em detrimento de outras. Por fim, convocam o público brasileiro a formar parte deste grupo e ajudar a contar as muitas histórias ainda desconhecidas do direito internacional.

O quarto eixo foca nas abordagens de gênero, dialogando com a influência de teorias feministas e *queer* no Direito Internacional. Para tanto, foi feita a seleção do artigo *Feminist approaches to international law* (1991) de Hilary Charlesworth, Christine Chinkin e Shelley Wright, e os comentários foram elaborados por nós, também pesquisadores neste grupo maior. O artigo de Charlesworth, Chinkin e Wright propõe resgatar as vozes e elementos conceituais do feminismo para dialogar com a produção do Direito Internacional. Como resultado destas revisões, as autoras acreditam ser possível favorecer uma conciliação do direito internacional com seus objetivos históricos, como igualdade e paz, e aumentar a consciência sobre os limites epistemológicos da disciplina.

Lemos a contribuição de Charlesworth, Chinkin e Wright vinculada e parte de um contexto feminista liberal, lastreado em categorias binárias (e.g. masculino/feminino) típicas do estruturalismo. Nesse sentido, abordagem de gênero (*queer*), que tem hoje como principal representante no Direito Internacional, Diane Otto favorece ampliar os espectros de análise pretendidos pelo feminismo e incluir outros. A teoria *queer* funda-se na noção da performatividade de gênero de Butler que, para além de uma lógica binária do feminismo liberal, define o sujeito como produto de seu contexto.

A abordagem *queer*, dentre outras coisas, auxilia na recalibragem dos padrões de normalidade do direito internacional, abrindo as perspectivas da disciplina para ressignificações favoráveis à estabilização da paz, à rejeição do militarismo, à promoção de solidariedade, à redistribuição econômica e ao desenvolvimento sustentável. Elemento interessante que destacamos destas abordagens são seus potenciais de contribuir com direito internacional no seu aspecto metodológico e disputar espaço (poder) dentro do campo em vista de uma nova ontologia do que se entende por Direito Internacional (aspecto ontológico). Nesse sentido, podem auxiliar na compreensão das múltiplas subjetividades possíveis nesse campo, desafiando suas estruturas postas.

Por fim, o quinto e último eixo sobre teorias críticas raciais orienta-se pela tradução do artigo de Makau Mutua *Critical race theory and international law: the view of an insider-outsider* (2000) e pelos comentários de Adilson José Moreira e de Karine Silva. Assim como Charlesworth, Chinkin e Wright na abordagem feminista, Makau Mutua afirma que o tema do poder, tão caro ao debate racial crítico por desvelar as relações entre raça e poder, é comum também ao direito internacional, motivo pelo qual os especialistas deste campo podem e devem se beneficiar de trabalhos elaborados por teóricos raciais críticos. Em outras palavras, na visão de Mutua, se normas de direito internacional têm sido utilizadas para justificar a dominação de países centrais sobre países periféricos, processo que implica a subjugação racial, o mesmo ocorre com relação aos regimes jurídicos nacionais que também adotam leis, proferem decisões judiciais que configuram manifestações de um discurso social e político que almeja reproduzir um regime de sujeição.

Adilson Moreira, em seu comentário, reforça a importância da dimensão discursiva do direito internacional, ponto sobre o qual metodologias elaboradas por autores da teoria racial crítica podem contribuir significativamente. Adilson Moreira formula uma crítica ao universalismo supostamente imanente ao discurso jurídico que impede a apreciação adequada das demandas formuladas por minorias raciais. Ao se debruçar sobre a ideologia da neutralidade racial, o caráter discursivo do racismo e a análise da branquitude, temas centrais a muitos trabalhos no campo da teoria racial crítica, Adilson, em seu comentário, simpatiza com Mutua ao enfatizar a importância da menção de dados autobiográficos na formação de narrativas, fazendo isso tanto com sua própria identidade como a de Mutua. Adilson argumenta que a experiência de grupos minoritários tem um valor normativo nuclear para a interpretação das normas jurídicas em aberta colisão com a o argumento de universalidade e igualdade individualista e neoliberal da teoria da neutralidade racial. Nesse sentido, caberia aos pesquisadores e pesquisadoras no Direito Internacional tomarem consciência das particularidades do elemento raça e de suas potenciais contribuições, ao agregar novas narrativas ao campo.

Karine Silva desenvolve seu comentário também a partir do texto de Mutua. Sua preocupação é, no entanto, enfatizar a sobreposição de práticas discriminatórias baseadas em raça e gênero. Dentro de uma abordagem crítica de caráter interseccional do direito internacional, a autora argumenta ter sido a linguagem deste ramo do direito responsável por sucessivas violências epistêmicas contra o discurso não hegemônico de populações não masculinas, não brancas e não ocidentais. Segundo a autora, esquecimentos produzidos no processo de construção da disciplina seriam sinais de uma negação não apenas epistêmica, mas também política, do reconhecimento a tais populações. Assim, a inclusão dos tradicionalmente marginalizados seria instrumento apto a revitalizar perturbações discursivas que, por meio do contato com a alteridade, poderia suscitar o reembaralhamento de hierarquias epistêmicas, políticas e sociais.

Este livro traz o alerta para o fato de que, ao estudar o direito internacional, assumimos métodos e abordagens sem necessariamente refletir sobre suas razões de ser, a fim de corresponder à linguagem legada por visões de mundo que não compartilham a nossa história e as nossas particularidades. A ideia de exemplificar diferentes correntes críticas ao direito internacional como aqui está é de reabrir as hesitações sociais prévias ao próprio direito positivo e ao discurso científico sobre ele. Se nem todas essas lentes fazem sentido para quem pensa o Direito Internacional no Brasil e para ele, elas podem facilitar o despertar de outras críticas que ainda não receberam a devida atenção na academia brasileira e/ou fora dela.

Assim como "ainda não luziram todas as auroras", como diria Nietzsche, entendemos que ainda não floresceram todas as possibilidades de críticas e textos sobre cada crítica. Por definição – se é possível alguma definição em uma leitura crítica – a crítica não se exaure, não se resume em identidades, e pratica de maneira ininterrupta sua corrosividade. Não se trata de imitar a crítica, mas de extrair delas seu sumo: não se contentar apenas com o que está aqui e estimular uma vertiginosa perturbação discursiva. A presente coletânea convida, portanto, a um exercício reiterado de questionamentos e requestionamentos, definições e redefinições.

Capítulo 1. Abordagens Terceiro-Mundistas ao Direito Internacional (TWAIL): um Manifesto[1]

B.S. Chimni
Tradução: *Ricardo Flores Filho, Julio Cesar Veiga Bezerra e Alessandro Hippler*

1. Introdução

A ameaça de recolonização está assombrando o Terceiro Mundo.[2] O processo de globalização tem tido efeitos deletérios no bem-estar dos povos do Terceiro Mundo. Três bilionários no Norte hoje detêm mais ativos do que o PIB conjunto de todos os países menos desenvolvidos e os seus 600 milhões de cidadãos.[3] O direito internacional desempenha um papel crucial ajudando a legitimar e a sustentar os processos e estruturas desiguais que se manifestam na crescente divisão Norte-Sul. De fato, o direito internacional é a principal

---

[1] N.E.: Tradução de: CHIMNI, B.S. Third World approaches to international law: a manifesto. *International Community Law Review*, v. 8, p. 3-27, 2006.
[2] A palavra "recolonização" está sendo usada para indicar, primei ro, a reconstituição da relação entre o direito do Estado e o direito internacional, a fim de minar a autonomia dos Estados do Terceiro Mundo e em desvantagem de seus povos. Em segundo lugar, a expansão dos direitos de propriedade internacional que devem ser aplicados pelos Estados do Terceiro Mundo sem possuir a autoridade para assumir a tarefa de redistribuição dos rendimentos e recursos. Em terceiro lugar, a deslocalização de poderes econômicos soberanos no comércio internacional e instituições financeiras. Em quarto lugar, a incapacidade dos Estados do Terceiro Mundo de resistir às esmagadoras dominações ideológica e militar do Primeiro Mundo.
[3] Ver: PNUD. *Human development report* (1999).

linguagem em que a dominação vem se expressando na era da globalização.[4] Está deslocando os sistemas jurídicos nacionais em sua importância, tendo um impacto sem precedentes sobre a vida das pessoas comuns. Munido dos poderes das instituições financeiras e comerciais internacionais para impor uma agenda neoliberal, o direito internacional de hoje ameaça reduzir o significado da democracia para a eleição de representantes que, independentemente de suas afiliações ideológicas, são obrigados a perseguir as mesmas políticas sociais e econômicas. Mesmo o discurso internacional dos direitos humanos está sendo manipulado para promover e legitimar os objetivos neoliberais. Em resumo, a independência econômica e política do Terceiro Mundo está sendo minada pelas políticas e leis ditadas pelo Primeiro Mundo e pelas instituições internacionais que o controlam.

Infelizmente, as Abordagens Terceiro-Mundistas para o direito internacional (*Third World Approaches to International Law* – TWAIL) não foram capazes de criticar efetivamente o direito internacional neoliberal ou de projetar uma visão alternativa do direito internacional. A dominação ideológica das instituições acadêmicas do Norte, o punhado de estudiosos do direito internacional críticos ao Terceiro Mundo, os problemas de pesquisa no mundo pobre e a fragmentação dos estudos jurídicos internacionais, entre outras coisas, impediram que as TWAIL promovessem uma visão holística crítica ao papel regressivo da globalização do direito internacional ou que fizessem um esboço de mapas que levassem a futuros alternativos. Por conseguinte, é imperativo que as TWAIL encontrem urgentemente meios para globalizar as fontes de conhecimento crítico e que abordem as preocupações materiais e éticas dos povos do Terceiro Mundo.[5]

---

[4] Adotamos aqui a definição de dominação oferecida por Thompson: "Podemos falar de 'dominação' quando as relações de poder estabelecidas são 'sistematicamente assimétricas', isto é, quando agentes ou grupos de agentes particulares são dotados de poder de forma duradoura que exclui, e, em algum grau significativo, permanece inacessível para outros agentes ou grupos de agentes, independentemente da base sobre a qual essa exclusão é realizada". Ver: THOMPSON, John. "Ideologia e Cultura Moderna", em *The polity reader in social theory*, n. 133, p. 136, 1994.

[5] Nossos referentes políticos, "Terceiro Mundo" ou "povos do Terceiro Mundo", "não existem em algum sentido primordial, naturalístico" ou "refletem um objeto político unitário ou homogêneo". Ver: BHABHA, Homi. *The location of culture* (1994, p. 26). Há divisões entre a classe e o gênero, entre outras, a serem compostas.

Este artigo procura dar um pequeno passo nessa direção. Ele apresenta uma crítica da globalização do direito internacional e propõe um conjunto de estratégias voltadas para a criação de uma ordem mundial baseada na justiça social. O objetivo é iniciar um debate sobre o assunto, em vez de fazer uma declaração definitiva. O artigo está dividido em cinco outras seções. A Seção 2 considera se ainda é significativo falar sobre um "Terceiro Mundo". A Seção 3 discute as diferentes maneiras pelas quais a relação entre o direito do Estado e o direito internacional está sendo reconstituída na era da globalização, para a desvantagem dos Estados e dos povos de Terceiro Mundo. A Seção 4 examina a ideologia por trás da globalização do direito internacional. A Seção 5 analisa a teoria e o processo de resistência a leis internacionais injustas e opressivas. A Seção 6 identifica certos elementos de uma futura agenda do TWAIL. A Seção 7 contém breves observações finais.

2. O Fim do Terceiro Mundo?

Muitas vezes, é argumentado que a categoria "Terceiro Mundo" é anacrônica hoje e sem valor para abordar as preocupações de seus povos.[6] De fato, da própria inatividade é dito ter "especificidade obscurecida em sua busca pela generalização".[7] O fim da Guerra Fria (ou a extinção do Segundo Mundo) só fortaleceu a tendência à diferenciação.[8] Segundo Walker, as grandes dissoluções de 1989 destruíram todas as categorias de Guerra Fria e "como um rótulo a ser afixado a um mundo em movimento dramático, o Terceiro Mundo tornou-se cada vez mais absurdo, um resto esfarrapado de outro momento (...)".[9]

---

[6] Ver: RAVENHILL, John. The North-South balance of power. *International Affairs*, v. 66, n. 4, p. 731, 1990. Ver, também: BERGER, Mark. The end of the Third World. *Third World Quarterly*, v. 15, n. 2, p. 257-275, 1994.
[7] Ver: MACFARLANE, Neil. Taking stock: The Third world and the end of the Cold War. *In*: FAWCETT, Louise; SAYIGH, Yezid (ed.). *The Third World beyond the Cold War:* continuity and Change, 1991, p. 15-21.
[8] Ver: MACFARLANE, Neil. Taking stock: The Third world and the end of the Cold War. In: FAWCETT, Louise; SAYIGH, Yezid (ed.). *The Third World beyond the Cold War:* continuity and Change, 1991, p. 15-21.
[9] Ver: WALKER, Rob B. J. Space/Time/Sovereignty. *In*: DENHAM, Mark; LOMBARDI, Owen (ed.). *Perspectives on Third World sovereignty*: the postmodern paradox, 1996, p. 13-15.

Não se pode negar que a categoria "Terceiro Mundo" é constituída por "um conjunto diversificado de países, extremamente variados em suas heranças culturais, com experiências históricas muito diferentes e diferenças marcantes nos padrões de suas economias (...)".[10] Todavia, é muitas vezes composto de números, variações e diferenças na presença de estruturas e processos do capitalismo global que continuam a ligar e unir. São essas estruturas e processos que produziram o colonialismo e agora geraram o neocolonialismo. Em outras palavras, uma vez que a história comum de sujeição ao colonialismo e/ou o contínuo subdesenvolvimento e marginalização dos países da Ásia, África e América Latina tem um significado suficiente, a categoria Terceiro Mundo assume vida.

De qualquer maneira, a diversidade do mundo social não impediu a consolidação e a articulação do direito internacional em abstrações universais. Hoje, o direito internacional prescreve regras que deliberadamente ignoram os fenômenos de desenvolvimento desigual a favor da prescrição de padrões globais uniformes. Ele tem mais ou menos lançado às chamas o princípio do tratamento especial e diferenciado.[11] Em outras palavras, o processo de agregação, no direito internacional, de um conjunto diverso de países com diferenças nos padrões de suas economias também valida a categoria Terceiro Mundo. Ou seja, porque a imaginação e a tecnologia legais tendem a transcender as diferenças para impor regimes jurídicos globais uniformes, o uso da categoria Terceiro Mundo é particularmente apropriado no mundo do direito internacional. É uma resposta necessária e efetiva às abstrações que fazem violência à diferença. Sua presença é, para ser diferente, crucial para organizar e oferecer resistência coletiva às políticas hegemônicas.

Importância desnecessária é frequentemente anexada ao fim da Guerra Fria. A crescente divisão Norte-Sul é evidência suficiente, se for necessária, da relevância contínua da categoria "Terceiro Mundo". A sua continuidade na utilidade reside em apontar certas restrições estruturais que a economia mundial impõe a um conjunto de países em oposição aos outros.

---

[10] Ver: WORSLEY, Peter. *The three worlds*: culture and world development, 1984, p. 306.

[11] O princípio foi substituído em diferentes regimes jurídicos pela ideia de períodos de transição ou sua extensão aos países menos desenvolvidos. Quando o tratamento especial e diferenciado foi concedido a todos os países do Terceiro Mundo, a obrigação foi lançada no idioma de *soft law*.

Em determinado ponto, a chegada dos países recém-industrializados foi considerada um pronunciamento definitivo sobre a inadequação da categoria Terceiro Mundo.[12]

Contudo, seu destino na crise financeira, no final dos anos 1990, revela que a divisão entre esses países e o resto não é tão acentuada como pareceu pela primeira vez. Além disso, como os críticos da categoria Terceiro Mundo concedem, a alternativa de multiplicar o número de categorias para cobrir casos distintivos pode não ser de muita ajuda. O próprio Worsley reconheceu que "todos podemos pensar em muitas dificuldades, exceções, omissões, etc. para qualquer sistema de classificação de países, mesmo que aumentemos o número de mundos".[13] Crow identificou acentuadamente neste contexto que "uma tipologia que tem tantos tipos quanto tem casos tem um valor analítico limitado, uma vez que não fez o movimento necessário além do reconhecimento da singularidade de cada caso individual para identificar pontos-chave de similaridade e diferença".[14]

No entanto, a presença ou a ausência do Terceiro Mundo, vale salientar, não é algo que possa ser dogmaticamente afirmado ou completamente negado. Não deve ser visto como uma escolha entre um ou ambos em todos os contextos. A categoria Terceiro Mundo pode coexistir com uma pluralidade de práticas de resistência coletiva. Assim, as identidades regionais e de outros grupos não prejudicam necessariamente a agregação no nível global. Estes podem coexistir com agrupamentos e identidades transregionais. Em última análise, a categoria Terceiro Mundo reflete um nível de unidade imaginado e constituído de formas que permitiriam a resistência a uma série de práticas sistemáticas de vantagem ou subordinação de um grupo de pessoas outrora diversificado. Essa unidade pode se expressar de diversas maneiras. Como unidade interna do Terceiro Mundo, deve ser mantida em meio a uma pluralidade de preocupações individuais, e as identidades de grupo só podem ser determinadas por meio de um diálogo prático, que abandona um a priorismo prejudicial. Não há outro modo, não há nenhum substituto

---

[12] Ver: HARRIS, Sam. *The end of the Third World*: newly industrializing countries and the decline of an ideology, 1987.

[13] Ver: *Development* em WORSLEY, Peter (ed.). *The new introducing Sociology*. 2. ed., 1987.

[14] Ver CROW, Graham. *Comparative sociological and social theory*: beyond the three worlds. 8. ed., 1997.

para a análise concreta de regimes e práticas particulares de direito internacional para determinar as demandas, a estratégia e as táticas do Terceiro Mundo.

Entretanto, há a necessidade de estar atento à política de crítica da categoria Terceiro Mundo. Distorcer e minar a unidade do outro é um elemento crucial em qualquer estratégia de nomeação – da qual decorre a sugestão de que a categoria Terceiro Mundo é irrelevante para a era da globalização. Trata-se da antiga estratégia de divisão e regra com a qual os povos do Terceiro Mundo estão extremamente familiarizados. Essa política busca impedir que uma coalizão global de Estados e povos subalternos se desenvolva através da criação de divisões de todos os tipos. Assim, a elite transnacional procura subverter modos de reflexão coletivos sobre problemas e soluções comuns.

A crítica não é a única arma que os Estados hegemônicos utilizam contra a unidade do Terceiro Mundo. Estados dominantes também tomam medidas diretas para enfraquecer essa coalizão. Desse modo, por exemplo, o Norte não levou de modo gentil, no passado, o espírito de Bandung.[15] Como Samir Amin escreve:

> É apenas acidental que, um ano depois, França, Grã-Bretanha e Israel tentaram derrubar Nasser através da agressão de 1956. O verdadeiro ódio que o Ocidente teve para com os radicais líderes do Terceiro Mundo dos anos 1960, Nasser no Egito, Sukarno na Indonésia, Nkrumah em Gana, Modibo Keita no Mali, quase todos derrubados no mesmo tempo (1965-1968) – um período que também viu a agressão israelense de junho de 1967 –, mostra que a visão política de Bandung não foi aceita pelo capital imperialista. Era, portanto, um campo politicamente enfraquecido e não alinhado que teve de enfrentar a crise econômica global após 1970-1971. A recusa absoluta do Ocidente em

---

[15] Em 1955, uma Conferência Africana Asiática foi realizada em Bandung na Indonésia. "A importância de Bandung foi que, pela primeira vez, um grupo de antigos territórios coloniais (29 Estados atendidos) reuniu-se com as potências europeias e todos os que participaram [...] Isso foi uma afirmação de sua independência." Ver: WILLETTS, Peter. *The non-aligned movement*: origins of a third world alliance. 3. ed., 1978. Mais tarde veio o movimento não alinhado que teve suas raízes em Bandung.

aceitar a proposta de uma Nova Ordem Econômica Internacional mostra que havia uma lógica real ligando a dimensão política e a dimensão econômica da tentativa afro-asiática cristalizada após Bandung.[16]

Pode-se adicionar aos nomes das listas acima (Lumumba, Che Guevara, Allende) e movimentos à esquerda (Indonésia, Nicarágua, Angola) que estiveram no fim receptor das estratégias subversivas do Norte.[17] Milhões de dólares foram gastos para desvendar regimes e movimentos não favoráveis aos Estados dominantes. Isso evitou que uma coalizão efetiva do Terceiro Mundo emergisse como contrapeso à unidade do Primeiro Mundo.

É importante ressaltar que a nossa compreensão da categoria Terceiro Mundo diverge fortemente daquela de sua elite dominante. Esta última negligencia escrupulosamente as divisões de classe e gênero existentes. Além disso, na era da globalização, a elite governante no Terceiro Mundo seria parte integrante de uma elite dominante transnacional emergente que procura estabelecer a regra global do capital transnacional com o pretexto de buscar "interesses nacionais". O bem-estar dos povos do Terceiro Mundo não tem prioridade nesse esquema de coisas. Assim, há uma dialética óbvia entre as lutas dentro dos países do Terceiro Mundo e nos fóruns externos. Pode haver pouco progresso em uma frente sem algum progresso no outro. Ao mesmo tempo, uma coalisão global dos países pobres continua sendo um modelo viável de resistência coletiva. No que diz respeito às aspirações das pessoas, apesar do surgimento das organizações não governamentais (ONGs), essas ainda são representadas pelo Estado em fóruns internacionais. No entanto, o Estado de Terceiro Mundo deve ser obrigado a se envolver em ações coletivas por meio de lutas populares.

---

[16] Ver: AMIN, Samir. The social movements in the periphery: an end to national liberation. *In*: AMIN, Samir et al. (ed.). *Transforming the revolution*: social movements and the world-system, 1990, p. 96.

[17] Ver: JAMES, Petras; STEVE, Vieux. The decline of revolutionary politics: capitalist detour and the return of socialism. *Journal of Contemporary Asia*, v. 24, n. 1, p. 1-34, 1994.

3. Estado e Direito Internacional na Era da Globalização

O Estado é o principal sujeito do direito internacional. Contudo, a relação entre o direito do Estado e o direito internacional evolui continuamente. Cada era vê a reconstituição material e ideológica da relação entre a soberania do Estado e o direito internacional. As mudanças são impulsionadas principalmente por forças sociais dominantes e por Estados da época. A era da globalização não é uma exceção a essa regra, não é um fenômeno autônomo, sendo muito facilitado pelas ações dos Estados, em particular dos Estados dominantes.[18] A adoção de regimes jurídicos apropriados desempenha um papel fundamental nesse processo.[19] A reestruturação em curso do sistema jurídico internacional não é inteiramente diferente daquela que viu o capitalismo estabelecer e consolidar-se na esfera nacional. Nesse caso, o Estado "moldou-se em estruturas políticas preexistentes, inserindo-se entre elas, forçando, sempre que possível, sua autoridade, sua moeda, sua tributação, justiça e linguagem de comando. Este foi um processo de infiltração e superposição, de conquista e de acomodação".[20] Nesse caso, o que está em jogo é a criação de um espaço econômico global unificado com direito internacional apropriado e instituições internacionais para acompanhar. Para esse fim, o direito internacional vem definindo o significado de um "Estado democrático" e deslocando as forças econômicas soberanas nas instituições internacionais, limitando bastante as possibilidades dos países do Terceiro Mundo para promover um desenvolvimento autônomo independente. Esses desenvolvimentos procuram acomodar os interesses de uma elite dominante transnacional que passou a ter influência sem precedentes na definição de políticas e de leis globais.

Mapear as mudanças que estão ocorrendo na relação entre o direito estadual e o internacional, e compreender as consequências da metamorfose, é a tarefa mais importante para os estudiosos do direito internacional do

---

[18] Ver: JONES, Barry. The world upside down? Globalisation and the future of the State. In: CARNOY, Martin; CASTELLS, Manuel. Globalisation, the knowledge society, and the network state: Poulantzas at the millennium, *I Global Networks*, 1, 2001, p. 5.

[19] JONES, Barry. The World upside down? Globalisation and the future of the State. In: CARNOY, Martin; CASTELLS, Manuel. Globalisation, the knowledge society, and the network state: Poulantzas at the millennium, *I Global Networks*, 1, 2001, p. 63.

[20] Ver: BRAUDEL, Fernand. *Civilization and capitalism 15th-18th century*, v. II, 1979, p. 513.

Terceiro Mundo, pois a relação transformada entre a soberania do Estado e o direito internacional pode ter consequências de longo alcance para os povos do Terceiro Mundo. Pode-se chamar atenção a esse respeito para alguns dos principais projetos sobrepostos que estão redefinindo e reconstituindo a relação de leis e instituições estaduais e internacionais, embora com diferente impacto nos Estados e povos do Terceiro Mundo.

Primeiro, o direito internacional está agora em processo de criação e definição do "Estado democrático".[21] Isso levou à estrutura interna dos Estados que se enquadram no escrutínio do direito internacional. Uma norma de direito internacional emergente exige que os Estados realizem eleições periódicas e genuínas. No entanto, dá pouca atenção ao fato de que a democracia formal exclui grupos grandes, em particular marginais, do poder decisório.[22] A tarefa das democracias de "baixa intensidade", de todas as evidências, é criar as condições em que o capital transnacional pode florescer. Para facilitar isso, o Estado (leia o Terceiro Estado Mundial) separou, por meio de obrigações "voluntárias", o espaço econômico soberano nacional (pertencente aos campos de investimento, comércio, tecnologia, moeda, meio ambiente, etc.) para as instituições internacionais que aplicam as regras relevantes.[23]

---

[21] Ver: FRANCK, Thomas. The emerging right to democratic governance. *American Journal of International Law*, v. 86, n. 1, p. 46-91, 1992, p. 46.

[22] Ver: CRAWFORD, James; MARKS, Susan. The global democracy deficit: an essay in international law and its limits. In: ARCHIBUGI, Daniele *et al.* (ed.). *Reimagining political community*: studies in cosmopolitan democracy, p. 72-90, 1998, p. 80.

[23] No que diz respeito à Organização Mundial do Comércio (OMC), é necessário pontuar duas coisas em relação à natureza "voluntária" das obrigações realizadas no âmbito do Ato Final da Rodada Uruguai de Negociações Comerciais. Em primeiro lugar, as negociações que levaram à adoção dos acordos que constituíam o Ato Final não tinham transparência, e a prática das consultas sobre o espaço verde deixou uma grande quantidade de países do Terceiro Mundo efetivamente fora das negociações. Em segundo lugar, todo o conjunto de acordos foi oferecido como uma única empresa. Portanto, os Estados não poderiam escolher os acordos que desejavam aceitar. Isso foi justificado com o argumento de que o Ato Final representava um acordo em bloco que se desviaria se a política de escolha fosse permitida. No entanto, está claro que os países do Terceiro Mundo ganharam pouco com os acordos da Rodada Uruguai, o que reduz a legitimidade da prática de empreendimento único. Isso explica o lançamento da Rodada Doha de negociações comerciais como uma rodada de desenvolvimento. No que diz respeito ao sistema de condicionalidades recomendadas pelas instituições financeiras internacionais, sua aceitação é voluntária no sentido mais tênue, pois o fato é que os países do Terceiro Mundo têm pouca escolha senão cumpri-los.

Entretanto, apesar da deslocalização de poderes soberanos nas instituições internacionais, o direito internacional não leva a sério a democracia global. Sistemas globais ou transnacionais de representação e responsabilização ainda não foram estabelecidos. Em suma, o direito internacional hoje opera "com um conjunto de ideias sobre a democracia que oferece pouco apoio aos esforços para aprofundar a democracia dentro dos Estados-Nação ou para estender a democracia à tomada de decisão transnacional e global".[24]

Em segundo lugar, o direito internacional agora pretende regular diretamente os direitos de propriedade. Uma característica-chave da nova era é a internacionalização dos direitos de propriedade. Por "internacionalização de direitos de propriedade" entende-se a sua especificação, articulação e execução por meio do direito internacional ou o fato de que a mudança na forma e na substância dos direitos de propriedade seja trazida por meio da intervenção do direito internacional. Há uma série de desenvolvimentos/medidas legais através das quais os direitos internacionais de propriedade estariam arraigados: (a) a especificação internacional e a regulamentação dos direitos de propriedade intelectual; de fato, como aponta um observador, "o Acordo sobre os Aspectos dos Direitos de Propriedade Intelectual Relacionados com o Comércio (*Agreement on Trade-Related Aspects of Intellectual Property Rights* – TRIPs) marca o início da época da propriedade global";[25] (b) a privatização de propriedade estatal por meio de recursos financeiros internacionais, instituições e legislação monetária internacional; (c) a adoção de uma rede de leis internacionais que restringem a mobilidade e as operações do setor corporativo transnacional;[26] (d) a definição de desenvolvimento sustentável

---

[24] CRAWFORD, James; MARKS, Susan. The global democracy deficit: an essay in international law and its limits. *In*: ARCHIBUGI, Daniele *et al.* (ed.). *Reimagining political community*: studies in cosmopolitan democracy, p. 72-90, 1998, p. 85. Isto é, até que a sua ausência se manifeste nas guerras internas ou internacionais e a flagrante violação dos direitos humanos que os acompanham, quando o direito internacional é trazido de volta para reconstruir a democracia formal.

[25] Ver: BRAITHWAITE, John; DRAHOS, Peter. *Global business regulation*. Cambridge: Cambridge University Press, 2000, p. 63. Para o texto do Acordo sobre os AD-PIC, ver OMC. *Os Resultados do Acta Final da Rodada Uruguai de Negociações Comerciais Multilaterais Genebra*, 1994, p. 365.

[26] Toda uma série de leis internacionais procuram libertar o capital transnacional de restrições espaciais e temporais. Isso foi alcançado, ou está em processo de ser alcançado, em primeiro lugar, por meio de centenas de tratados bilaterais de proteção ao investimento entre

de modo que implique a redistribuição de direitos de propriedade entre o Primeiro e o Terceiro Mundos[27] e também, sujeita a algumas condições, a regulação dos processos e dos métodos de produção;[28] e (e) a metamorfose da área do patrimônio comum da humanidade (seja o domínio do conhecimento,

---

os países industrializados e do Terceiro Mundo. Em 1999, concluíram 1.857 BITS (acima de 165 no final dos anos setenta e 385 no final dos anos oitenta), um número predominante, dos quais foram concluídos entre o mundo industrializado e os países do Terceiro Mundo. Ver: UNCTAD. *Bilateral investment treaties*, 1959 to 1999. n. 1, 2000. Em segundo lugar, o Acordo sobre Medidas de Investimento Relacionadas com o Comércio tomou uma série de medidas nessa direção, isto é, o conteúdo local e os requisitos de equilíbrio não podem ser impostos ao capital estrangeiro. Para o texto do acordo, ver: WTO. *The results of Final Act of the Uruguay Round of Multilateral Trade Negotiations*, 1994. Em terceiro lugar, existem textos de soft law, como as Diretrizes do Banco Mundial sobre Investimento Estrangeiro (1992), que recomendam que as restrições à entrada e operação de capital transnacional sejam limitadas. (Para o texto, ver UNCTAD, *International investment instruments: a compendium*, Volume I, Multilateral instruments, 1996, p. 247. Em quarto lugar, há a proposta de negociação de um acordo multilateral sobre investimentos na agenda das negociações comerciais de Doha. Veja OMC, WT/MIN(01)/DEC/W/1, 14 de novembro de 2001 – Conferência Ministerial, Quarta Sessão, Doha, 9-14 de novembro de 2001: Declaração Ministerial. Em quinto lugar, foi criada uma Agência Multilateral de Garantia de Investimentos (MIGA) sob os auspícios de o Banco Mundial para assegurar o capital estrangeiro contra riscos não comerciais. (Para o texto do acordo que estabelece o MIGA, ver UNCTAD, 1996, p. 213). Em sexto lugar, há a declaração de setembro de 1997 do Comitê Provisório do Fundo Monetário Internacional (FMI) aprovando uma mudança para o capital a conversibilidade das contas apesar de todas as evidências que mostram as graves consequências para as economias que o abrangem. Isso contrasta com as obrigações originais contidas no artigo de 1944, que exigiam a "evitação de restrições sobre pagamentos para transações correntes". Ver: BHAGWATI, Jagdish. *The capital myth, foreign affairs*, n. 7, maio/jun., 1998. Finalmente, é necessário mencionar o fato de que o Projeto de Código de Conduta sobre Empresas Transnacionais que impôs certas funções – respeito pelos objetivos do país de acolhimento, transparência, respeito ao meio ambiente, etc. – foi abandonado (para o texto, ver UNCTAD, 1996, p. 161. O Centro das Nações Unidas para as Corporações Transnacionais, que trazia alguma transparência para o funcionamento das empresas transnacionais, foi encerrado em 1993.

[27] Para os países industrializados desenvolvidos, os direitos privados globais foram concedidos aos poluidores; agora, os países em desenvolvimento são convidados a concordar com a distribuição desses direitos de propriedade sem compensação por recursos já esgotados, ver UIMONEN, Peter; WHALLEY, John. *Environmental issues in the new trading system*, 1997, p. 66.

[28] Ver: UIMONEN, Peter; WHALLEY, John. *Environmental issues in the new trading system*, 1997, p. 166. Ver, também: CHIMNI, B.S. WTO and environment: the shrimp-turtle and ec-hormone cases. *Economic and Political Weekly*, p. 1.752-1.762, maio 13, 2000; WTO and Environment: Legitimization of Unilateral Trade Sanctions, *Economic and Political Weekly*, p. 133-140, jan. 2002.

do ambiente ou espaços geográficos específicos, como o fundo do mar) em um sistema de direitos de propriedade corporativa.[29]

Em terceiro lugar, em nível da circulação de mercadorias, o direito internacional define as condições em que o intercâmbio internacional deve ocorrer. É uma verdade que "os mercados não podem existir sem normas ou regras de algum tipo, e o pedido de transações de mercado ocorre através de camadas de regras, formais e informais".[30] A esse respeito, o direito internacional estabelece regras em matéria de vendas de bens, acesso ao mercado, compras governamentais, subsídios e *dumping*. Muitas dessas regras são projetadas para proteger o ator corporativo no Primeiro Mundo de uma produção eficiente no exterior, mesmo quando os mercados do Terceiro Mundo estão sendo abertos em seu benefício. Assim, busca-se que as regras de acesso ao mercado estejam ligadas à regulamentação de processos e métodos de produção, a fim de permitir que os Estados do Primeiro Mundo construam barreiras não tarifárias contra *commodities* exportadas pelo Terceiro Mundo.[31] Do mesmo modo, as regras em matéria de *antidumping* destinam-se a proteger as empresas ineficientes no Estado de origem desenvolvido.[32] Por outro lado, algumas formas de intervenção no mercado são mal interpretadas. Assim, em acordos internacionais de mercadorias que procuram estabilizar os rendimentos dos países do Terceiro Mundo, as exportações de produtos primários são ativamente desencorajadas.[33]

Em quarto lugar, o direito internacional exige cada vez mais a "desterritorialização das moedas", o que sujeita a ideia de uma "moeda nacional" a uma crescente pressão. As vantagens da soberania monetária são conhecidas. É, entre outras coisas, "um possível instrumento para gerenciar o desempenho

---

[29] Ver: TEEPLE, Gary. Globalization as the triumph of capitalism: private property. Economic Justice and the New World Order. *In*: SCHRECKER, Ted. (ed.). *Surviving globalism*: the social and environmental challenges, p. 15-38, 1997.
[30] Ver: CAMPBELL, David; PICCIOTTO, Sol. Exploring the interaction between law and economics: the limits of formalism. *Legal Studies*, n. 8, p. 249-278, 1998.
[31] Ver CHIMNI, B.S. (2000 e 2002), conforme Nota 28.
[32] Ver: HOEKMAN, Bernard; KOSTECKI, Michael. *The political economy of the world trading system*: from GATT to WTO, 1995, p. 174.
[33] Ver: CHIMNI, B.S. *International commodity agreements*: a legal study (1987); Marxism and international law: a contemporary analysis, *Economic and Political Weekly*, p. 337-349, 6 fev. 1999, p. 341.

macroeconômico de uma economia; e [...] um meio prático para isolar a nação de influência ou restrição estrangeira".[34] O Primeiro Mundo está usando hoje as instituições financeiras internacionais e as negociações em andamento relativas ao Acordo Geral sobre o Comércio de Serviços (General Agreement on Trade in Services – GATS), para obrigar os Estados do Terceiro Mundo a aceitar acordos monetários, como a conversibilidade das contas de capital, que não estão necessariamente dentro de seus interesses.[35] Desse modo, não tardará até que a convertibilidade da conta de capital se torne norma – apesar de suas consequências negativas para as economias do Terceiro Mundo. A perda da soberania monetária, como a crise do Leste Asiático mostrou, tem sérias consequências para as pessoas comuns do Terceiro Mundo.[36] Os padrões de vida podem diminuir substancialmente do dia para a noite.

Em quinto lugar, a internacionalização dos direitos de propriedade foi acompanhada pela internacionalização do discurso dos direitos humanos. A discussão dos direitos humanos chega a ter uma presença generalizada nas Relações Internacionais e no Direito. Esse desenvolvimento tem sido expressado de forma variada: "um novo ideal triunfou no cenário mundial: direitos humanos";[37] "o discurso dos direitos humanos tornou-se globalizado";[38] "os direitos humanos podem ser vistos como um dos valores políticos mais globalizados do nosso tempo".[39] O fato de que a onipresença do discurso dos

---

[34] Ver: COHEN, Mark. Money in a globalized world. *In*: WOODS, Ngaire (ed.). *The Political Economy of Globalization*, p. 77-106, 2000, p. 84.

[35] Ver: RAGHAVAN, Chakravarthi. GATS may result in irreversible capital account liberalization. 2002. Disponível em: http://www.twnside.org.sg/. As relações monetárias podem ser utilizadas coercivamente, como todos os outros instrumentos econômicos, não devem ser surpreendentes. De acordo com Kirshner: "o poder monetário é um componente notavelmente eficiente do poder estatal [...] o instrumento mais poderoso de coerção econômica disponível para estados em posição de exercer" (*apud* Cohen [2000, p. 87]). É o elemento coercivo que diz respeito aos estados do Terceiro Mundo e distingue sua situação da renúncia à soberania monetária pelos Estados da União Europeia (EU). Para o texto do GATS, ver OMC 1994, p. 325.

[36] Ver: BHAGWATI, Jagdish, 1998, p. 7-12, conforme Nota 26, *supra*.

[37] Ver: DOUZINAS, Costas. *The end of human rights*: critical legal thought at the turn of the century 1, 2000.

[38] Ver: TEUBNER, Gunther. *The king's many bodies*: the self-destruction of law's hierarchy. *Law and Society Review*, v. 31, n. 763, 1997, p. 770.

[39] Ver: WILSON, Robert. Introduction. In: WILSON, Richard (ed.). *Human rights, culture and context*: anthropological perspectives, 1997, p. 1.

direitos humanos no direito internacional coincidiu com a crescente pressão sobre os Estados de Terceiro Mundo para implementar políticas neoliberais não são um acidente; o direito à propriedade privada, e tudo o que acompanha, é fundamental para o discurso dos direitos humanos.[40] Embora a linguagem dos direitos humanos possa ser efetivamente implantada para denunciar e lutar contra o predador e o Estado de segurança nacional, sua promessa de emancipação é limitada pelo próprio fator que facilita sua presença generalizada, a saber, a internacionalização dos direitos de propriedade. Essa contradição é, por sua vez, o fundamento em que se justifica a intervenção intrusiva em espaços soberanos do Terceiro Mundo, pois a implementação de políticas neoliberais é pelo menos uma causa significativa de conflitos internos crescentes no Terceiro Mundo.[41]

Em sexto lugar, a desregulamentação do mercado de trabalho prescrita pelas instituições financeiras internacionais e pela lei monetária internacional causou a deterioração das condições de vida dos trabalhadores do Terceiro Mundo. As políticas de desregulamentação são parte integrante dos programas de ajuste estrutural. Baseiam-se na crença de que a intervenção excessiva do governo nos mercados de trabalho – por meio de medidas como as políticas de remuneração e de emprego do setor público, a fixação do salário mínimo, as regras de segurança do emprego – constitui um sério impedimento ao ajuste e, portanto, deve ser removida ou relaxada".[42] A crescente concorrência entre os países do Terceiro Mundo para atrair investimentos estrangeiros levou a uma flexibilização dos padrões trabalhistas e a uma "corrida para o fundo".[43]

---

[40] Ver: CHIMNI, B.S. *International law and world order*: a critique of contemporary approaches, 1993, p. 291.

[41] Ver: ORFORD, Anne. Locating the international: military and monetary interventions after the Cold War. *Harvard International Law Journal*, v. 38, p. 443- 485, 1997. Ver, também: OAU Report. The international panel of eminent personalities asked to investigate the 1994 genocide in Rwanda and the surrounding events, 2000. Disponível em: http://www.oau-oua. org/Document/ipep/ipep.htm.

[42] LIM, Lean. *More and better jobs for women*: an action guide. Geneva: ILO 19-20.

[43] OLOKA-ONYANGO, Joe; UDAGAMA, Deepika. *The realization of economic, social and cultural rights*: globalization and its impact on the full enjoyment of human rights, E/CN.4/Sub.2/2000/13, 15 jun. 2000, Sub-Commission on the Promotion and Protection of Human Rights, 52ª Sessão, parágrafo 34.

No ano 2000, quase 93 países em desenvolvimento tinham zonas de processamento de exportação (ZPE), em comparação com 24 em 1976.[44] As mulheres fornecem até 80% dos requisitos de mão de obra nas ZPE e são objeto de exploração econômica e sexual.[45] O próprio secretário-geral das Nações Unidas apontou as "condições de trabalho adversas como um fator importante que contribui para o aumento da feminização da pobreza".[46] A posição do trabalho de migrantes no Primeiro Mundo não é muito diferente da das classes trabalhadoras nos mercados de trabalho desregulamentados do Terceiro Mundo. Há restrições cada vez maiores sobre os seus direitos na União Europeia e nos Estados Unidos.[47]

Em sétimo lugar, o conceito de jurisdição torna-se mais complexo do que nunca. Entre outras coisas, o capitalismo digital ameaça fazer "uma confusão de fronteiras geopolíticas" e reduzir a capacidade dos Estados do Terceiro Mundo de regular o comércio transnacional.[48] Há, na era da globalização, uma interseção de jurisdições que dá origem a jurisdição múltipla (ou concorrente) e extraterritorial em muito maior extensão do que antes. Onde o direito internacional não penetra nos espaços nacionais, Estados poderosos implementam leis que têm um efeito extraterritorial. Os Estados do Terceiro Mundo têm pouco controle sobre processos iniciados sem seu

---

[44] OLOKA-ONYANGO, Joe; UDAGAMA, Deepika. *The realization of economic, social and cultural rights*: globalization and its impact on the full enjoyment of human rights, E/CN.4/Sub.2/2000/13, 15 jun. 2000, Sub-Commission on the Promotion and Protection of Human Rights, 52ª Sessão, parágrafo 35.

[45] OLOKA-ONYANGO, Joe; UDAGAMA, Deepika. *The realization of economic, social and cultural rights*: globalization and its impact on the full enjoyment of human rights, E/CN.4/Sub.2/2000/13, 15 jun. 2000, Sub-Commission on the Promotion and Protection of Human Rights, 52ª Sessão, parágrafo 35.

[46] OLOKA-ONYANGO, Joe; UDAGAMA, Deepika. *The realization of economic, social and cultural rights*: globalization and its impact on the full enjoyment of human rights, E/CN.4/Sub.2/2000/13, 15 jun. 2000, Sub-Commission on the Promotion and Protection of Human Rights, 52ª Sessão, parágrafo 39.

[47] OLOKA-ONYANGO, Joe; UDAGAMA, Deepika. *The realization of economic, social and cultural rights*: globalization and its impact on the full enjoyment of human rights, E/CN.4/Sub.2/2000/13, 15 jun. 2000, Sub-Commission on the Promotion and Protection of Human Rights, 52ª Sessão, parágrafo 28.

[48] Ver: SCHILLER, Dan. *Digital capitalism*: networking the global market system 72, 1999.

consentimento em espaços distantes.[49] Existe, portanto, um medo legítimo, entre os Estados do Terceiro Mundo, de "uma tirania da semelhança" ou a "extensão transnacional da lógica da governança ocidental".[50] O medo é acentuado pelo fato de as leis internacionais serem cada vez mais compreendidas de forma a redefinir o conceito de jurisdição.

Assim, por exemplo, o direito internacional dos direitos humanos está sendo interpretado para delimitar a jurisdição soberana de diversas maneiras, como se reflete em desenvolvimentos que vão desde o caso de Pinochet até intervenções humanitárias armadas.[51] Embora esses desenvolvimentos tenham uma dimensão progressiva, eles podem ser facilmente abusados para ameaçar líderes e povos do Terceiro Mundo, a menos que estejam dispostos a aceitar os ditames do Primeiro Mundo.

Em oitavo lugar, houve uma proliferação de tribunais internacionais que subordinam o papel dos sistemas jurídicos nacionais na resolução de disputas. Estes vão desde os tribunais penais internacionais até a arbitragem comercial internacional e o Sistema de Solução de Controvérsias da OMC (SSC). Não é a maior internacionalização da interpretação e aplicação de regras que são problemáticas, mas seu significado e impacto diferenciados nos Estados e povos do Terceiro Mundo.

A negligência dos pontos de vista e dos sistemas jurídicos das sociedades visitadas por conflito interno na criação de tribunais criminais internacionais ad hoc, mesmo quando os Estados Unidos se recusam a ratificar o Estatuto de Roma, é um exemplo de tais práticas.[52] Observe-se também o impacto diferencial do SSC da OMC. Foi aceito na crença de que um SSC orientado e obrigatório para a regra protegeria os interesses dos países do Terceiro Mundo. Essa expectativa foi desmentida porque, entre outras coisas, as próprias regras substantivas são tendenciosas em favor do Primeiro Mundo, e, portanto, não

---

[49] Ver: SHAW, Malcolm. *International law*, 3. ed., 1997; e CHIMNI, B.S. (2002), ver Nota 28, *supra*.
[50] Ver: WIENER, Jarrod. *Globalisation and the harmonisation of law 195 e 188*, 1999.
[51] Ver: CHIMNI, B.S. *The international law of humanitarian intervention. In*: State Sovereignty in the 21st Century, p. 103-132, 2001, New Delhi: Institute for Defense Studies and Analyses.
[52] Ver: RAJAGOPAL, Balakrishnan. The pragmatics of prosecuting the Khmer Rouge. *Yearbook of International Humanitarian Law*, v. 1, p. 189-204, 1998. From Resistance to Renewal: The Third World, Social Movements, and the Expansion of International Institutions, *Harvard International Law Journal*, v. 41, p. 531-578, 2000.

obteve os ganhos esperados em termos de acesso ao mercado.[53] Em segundo lugar, os países do Terceiro Mundo não têm conhecimentos e recursos financeiros para fazer uso efetivo do SCC. Em terceiro lugar, o Órgão de Apelação da OMC interpretou os textos de uma maneira para alterar o equilíbrio dos direitos e das obrigações acordados pelos Estados do Terceiro Mundo. Por exemplo, o assunto da interface de comércio exterior recebeu uma interpretação que nunca foi visionada pelos Estados do Terceiro Mundo. Como resultado, suas exportações são ameaçadas por medidas comerciais unilaterais tomadas pelos Estados do Primeiro Mundo.[54]

Em nono lugar, o Estado já não é o participante exclusivo no processo legal internacional, embora continue sendo o principal ator no processo legislativo. O processo de globalização está rompendo a unidade histórica do direito e do Estado e criando "uma multidão de processos de lei descentrados em vários setores da sociedade civil, independentemente dos estados-nação".[55] Embora este não seja inteiramente um desenvolvimento indesejável, o "caso paradigmático" do "direito global sem o Estado" é a lex mercatoria, revelando que o ator corporativo transnacional é a principal força motriz no processo de lei descentralizada.[56] As práticas da lex mercatoria incluem contratos-padrão, costumes de comércio, códigos de conduta voluntários, instituições privadas que formulam regras legais para adoção, contratos intraempresa e similares.[57] Algumas dessas práticas não suscitam preocupações para países do Terceiro Mundo. Outros, porém, merecem nossa atenção por vários motivos. Primeiro, há a falta de uma voz "pública" no surgimento do direito corporativo sem um

---

[53] Ver: UN A/CONF. 198/3, 1 March 2002: Monterrey Consensus on Financing for Development, paras 26-38 UNGA, 2001, A/ CONF. 191/12, 2 July 2000: Brussels Declaration on Least Developed Countries para 6.

[54] Ver: CHIMNI, B.S., conforme Nota 28, *supra*. Em problemas relacionados à arbitragem internacional, ver: SORNARAJAH, Muthucumaraswamy. The climate of international arbitration. *Journal of International Arbitration*, v. 8, p. 2, p. 47-86, p. 79, 1991; SORNARAJAH, Muthucumaraswamy. Power and justice in foreign investment arbitration. *Journal of International Arbitration*, v. 14, p. 103-140, 1997, p. 103.

[55] Ver: TEUBNER, Gunther, 1997, p. xiii, conforme Nota 38, *supra*.

[56] TEUBNER, Gunther, 1997, p. 3, 9, conforme Nota 38, *supra*.

[57] Em resposta à crítica de que a *lex mercatoria* ainda depende das sanções dos tribunais nacionais, Teubner escreve que "é a contrução do mundo fenomenológico dentro de um discurso que determina a globalidade do discurso e não o fato de que a fonte de uso da força é local". Ver: TEUBNER, Gunther, 1997, p. 13, conforme Nota 38, *supra*.

Estado. Segundo, porque as corporações aproveitam sua "legalidade interna" para evitar impostos e outras responsabilidades. Assim, por exemplo, as transações intraempresas são usadas para evitar o pagamento de impostos e o respeito das leis cambiais de muitos países do Terceiro Mundo. Terceiro, a ordem jurídica interna pode ser usada para, entre outras coisas, apresentar uma imagem da lei e observância dos direitos humanos quando o contrário for verdadeiro. Tal é, por exemplo, o caso dos códigos de conduta voluntários que são adotados por corporações transnacionais.[58]

Em décimo lugar, há a recusa em diferenciar afirmativamente os Estados em diferentes estágios do processo de desenvolvimento. O direito internacional hoje articula regras que buscam transcender o fenômeno do desenvolvimento global desigual e desenvolver padrões globais uniformes para facilitar a mobilidade e o funcionamento do capital transnacional. Não há mais espaço para reconhecer as preocupações dos Estados e dos povos sujeitos a um longo domínio colonial. Os Estados pobres e ricos devem ser tratados igualmente no novo século e o princípio do tratamento especial e diferenciado deve ser lento, mas certamente descartado. A igualdade em vez da diferença é a norma prescrita. A prescrição de padrões globais uniformes em áreas como os direitos de propriedade intelectual significou que o Estado de Terceiro Mundo perdeu a autoridade para conceber políticas de tecnologia e saúde adequadas às suas condições existenciais. Entretanto, como o capital reside agora em todos os lugares, aborta a diferença e globaliza as peças internacionais.[59]

---

[58] As leis globais sem o Estado são, de modo geral, "locais de conflito e contestação", envolvendo a renegociação e a redefinição dos limites entre, e de fato, a natureza e formas do Estado, do mercado e da empresa". Ver: PICCIOTTO, Sol; HAINES, Jason. Regulating global financial markets. Journal of Law and Society, v. 26, n. 3, p. 351-368, 1999, p. 360. Assim, por exemplo, o trabalho do Comitê de Basileia foi crucial na regulação da liquidez e solvência dos bancos em jurisdições individuais nos Estados Unidos e na União Europeia; ver WIENER, Jarrod. Globalisation and the harmonisation of law, Capítulo 3, 1999. O trabalho do Comitê levou a uma legislação (o Foreign Bank Supervision Enhancement Act de 1991) promulgada pelos EUA para incorporar as diretrizes sugeridas por ela e que poderia levar à exclusão dos bancos do Terceiro Mundo de operar lá.

[59] O significado que a Declaração de Doha tem no Acordo TRIPs e Saúde Pública adotado em 14 de novembro de 2001 está longe de ser claro. Ver: WTO, WTiMIN (01)/DEC/W/2, 14 de novembro de 2001. Ministerial Conference, Fourth Session, Doha, 9-14 November 2001: Declaration on the TRIPs Agreement and Public Health (2001). Entretanto, claramente se reconhece que o Acordo TRIPs ignora seu impacto na saúde pública.

Em décimo primeiro lugar, a relação entre o Estado e as Nações Unidas está sendo reconstituída. Existe a tendência de se recorrer ao ator corporativo transnacional para financiar a organização. O ator corporativo também passou a desempenhar um papel maior em diferentes órgãos da Organização das Nações Unidas (ONU).[60] Sua crescente influência e vínculos estão sendo usados pelo ator corporativo para legitimar suas atividades menos saudáveis. Como Oloka-Onyango e Udagama advertem,

> existe um risco de que tais ligações sejam exploradas pelo último, ao mesmo tempo que pagam o serviço dos leigos aos ideais e princípios para os quais as Nações Unidas foram criadas e para as quais continuam a ser dedicadas. Além disso, como os atores que estão sendo vinculados têm consideravelmente mais influência financeira e política, existe o perigo de as Nações Unidas saírem perdedoras.[61]

O que pode ser chamado de *privatização do sistema das Nações Unidas reduz*, entre outras coisas, a possibilidade de a organização estar no centro da ação coletiva dos países do Terceiro Mundo.

Em suma, o significado da reconstituição da relação entre direito estatal e internacional é a criação de condições férteis para a operação global do capital e a promoção, extensão e proteção dos direitos de propriedade internacionalizados. Surgiu uma elite dominante transnacional, com a elite governante do Terceiro Mundo desempenhando um papel secundário, que orienta esse processo. Procura criar um sistema global de governança adequado às necessidades do capital transnacional, mas em detrimento dos povos do Terceiro Mundo. Todo o processo contínuo de redefinição da soberania do Estado está sendo justificado por meio dos aparelhos ideológicos dos Estados do Norte e das instituições internacionais que controlam. Mesmo a linguagem dos direitos humanos foi mobilizada para esse fim. Se esta tendência deve

---

[60] Ver: CHIMNI, B.S. *Marxism and international law*: a contemporary analysis, economic and political weekly, p. 337-349, 1999.
[61] Ver: OLOKA-ONYANGO, Joe; UDAGAMA, Deepika. The realization of economic, social and cultural rights: globalization and its impact on the full enjoyment of human rights, E/CN.4/Sub.2/2000/13, 15 June 2000, Sub-Commission on the Promotion and Protection of Human Rights, Fifty-Second session, 1999.

ser revertida em termos de equidade e justiça, a batalha pelas mentes dos tomadores de decisão e dos povos do Terceiro Mundo deve ser conquistada. Em resumo, a mudança de constelação de poder, conhecimento e direito internacional precisa ser urgentemente compreendida se os povos do Terceiro Mundo tiverem que resistir à recolonização.

4. Ideologia, Força e Direito Internacional

Há a velha ideia, que tem resistido à passagem do tempo, de que as forças sociais dominantes na sociedade mantêm sua dominação não através do uso da força, mas por ter sua visão de mundo aceita como natural por aqueles sobre quem a dominação é exercida. A força só é usada quando absolutamente necessária, quer para subjugar um desafio, quer para desmoralizar as forças sociais que desejam questionar a ordem "natural" das coisas. A linguagem da lei sempre desempenhou, nesse esquema das coisas, um papel significativo na legitimação de ideias dominantes para o seu discurso, que tende a ser associado a racionalidade, neutralidade, objetividade e justiça. O direito internacional não é uma exceção a esta regra. Ele legitima e traduz um certo conjunto de ideias dominantes em regras e, portanto, coloca significado ao serviço do poder.

O direito internacional, em outras palavras, representa uma *cultura* que constitui a matriz em que os problemas globais são abordados, analisados e resolvidos. Essa cultura é moldada e enquadrada pelas ideias dominantes da época. Hoje, essas ideias incluem uma compreensão particular da ideia de "governança global" e acompanham concepções de estado, desenvolvimento (ou não desenvolvimento) e direitos.

O processo por meio do qual a cultura do direito internacional é moldada é multifacetado. As instituições acadêmicas do Norte, com seu prestígio e poder, desempenham um papel fundamental nela. Essas instituições, em associação com agências do Estado, influenciam muito a agenda global de pesquisa.[62]

---

[62] Assim, é bem assinalado, "as ideias sobre o direito internacional populares em um determinado momento em alguns países são mais influentes do que as populares nos outros,

Estudantes do Terceiro Mundo de direito internacional tendem a extrair a sua opinião de livros e revistas publicados no Norte. Ao ler esses livros e revistas, eles decidem quanto ao que vale a pena fazer e o que não vale? Quais são bons estudiosos e quais são ruins ou, o que é a mesma coisa, quais são os padrões pelos quais o conhecimento deve ser avaliado? Por conseguinte, é importante que os advogados internacionalistas do Terceiro Mundo se recusem a reproduzir sem questionamento um conhecimento suspeito do ponto de vista dos seus interesses. Os estudiosos progressistas em particular precisam ser cuidadosos, pois, "o imperialismo cultural (americano ou não) nunca se impõe de maneira superior do que quando é servido por intelectuais progressistas (ou por "intelectuais de cor" no caso da desigualdade racial) que parecem estar acima de suspeitas de promover os interesses hegemônicos de um país [e se pode falar em sistema] contra o qual exercem as armas da crítica social".[63]

As instituições internacionais também desempenham um papel importante na manutenção de uma cultura particular do direito internacional. Essas instituições "legitimam ideologicamente as normas da ordem mundial", optam pela elite dos países periféricos e absorvem ideias contra-hegemônicas.[64] As instituições internacionais também enquadram ativamente questões para o debate coletivo de maneira que aproxima o quadro normativo dos interesses dos Estados dominantes. Isso também é feito por meio do exercício da autoridade para avaliar as políticas dos Estados-membros.[65] As funções de produção e de divulgação de conhecimento das instituições internacionais são, em outras palavras, lideradas pela coalizão dominante das forças sociais e dos Estados para legitimar sua visão de ordem mundial. Somente uma coalizão de oposição pode evoluir contra discursos que desconstroem e desafiam a visão

---

simplesmente porque alguns países são mais poderosos: dinheiro, acesso a recursos institucionais, relacionamentos com padrões subjacentes de hegemonia e influência – são fundamentais para que uma determinada ideia se torne influente ou dominante na profissão de direito internacional". Ver: KENNEDY, David. What is new thinking in international law?, *ASIL Proceedings of the 94th Annual Meeting*, p. 104-125, 2000, p. 121.

[63] Ver: BOURDIEU, Pierre; WACQUANT, Loic. On the cunning of imperial reason. *Theory, Culture & Society*, v. 16, p. 41-58, 1999, p. 51.

[64] Ver: COX, Robert. Gramsci, hegemony and international relations: an essay in method. *In*: GILL, Stephen (ed.). *Gramsci, historical materialism and international relations*, 1993, p. 49-66.

[65] Ver: CHIMNI, B.S. Marxism and international law: a contemporary analysis, *Economic and Political Weekly*, p. 337-349, 1999.

hegemônica. A visão alternativa precisa responder aos elementos individuais que constituem o discurso hegemônico.

4.1. A Ideia da Boa Governança

Hoje, a globalização do direito internacional, ignorando a sua história, e abandonando o princípio do tratamento diferencial, legitima-se através da linguagem da culpa. O Norte procura ocupar o alto nível moral ao representar os povos do Terceiro Mundo, em particular os povos africanos, incapazes de governar-se e, assim, com a esperança de reabilitar a ideia do imperialismo.[66] A incapacidade de governar é projetada como a raiz de conflitos internos frequentes e a violação dos direitos humanos que acompanha a necessidade de assistência humanitária e intervenção pelo Norte. Vale lembrar que o colonialismo foi justificado com base em argumentos humanitários (a missão civilizadora). Hoje não é diferente.[67] O discurso contemporâneo sobre o humanitarismo não só procura justificar retrospectivamente o colonialismo, mas busca também legitimar a crescente intrusividade da era atual.[68]

De fato, como observamos em outro lugar, "o humanitarismo é a ideologia dos estados hegemônicos na era da globalização marcada pelo fim da Guerra Fria e uma crescente divisão Norte-Sul".[69] O papel desempenhado pelas estruturas e instituições econômicas e políticas internacionais no meio do processo é perpetuar a dependência dos povos do Terceiro Mundo e gerar conflitos dentro deles.

---

[66] Ver: FUREDI, Frank. The moral condemnation of the south. *In*: THOMAS, Caroline; WILKINS, Peter (ed.). *Globalization and the South*, p. 76-89, 1997, p. 79.

[67] Ver: ANGHIE, Anthony. Universality and the concept of governance in international law. *In*: QUASHIGAH, Edward Kofi; OKAFOR, Obiora (ed.). Legitimate governance in Africa, p. 21-40, 1999, p. 25; GATHII, James. Good governance as a counter-insurgency agenda to oppositional and transformative social projects in international law. *Buffalo Human Rights Law Review*, v. 5, p. 107-177, 1999, p. 107.

[68] FUREDI, Frank. The moral condemnation of the south. *In*: THOMAS, Caroline; WILKINS, Peter (ed.). *Globalization and the South*, p. 76-89, 1997, p. 78.

[69] Ver: CHIMNI, B.S., 2000, p. 244, conforme Nota 28, *supra*.

4.2. Direitos Humanos como Panaceia

A ideia de humanitarismo é definida pelo discurso dos direitos humanos. A sua globalização é uma função da crença de que o domínio dos direitos, embora em uma visão particular dos direitos, oferece uma cura para quase todos os males que afligem os países do Terceiro Mundo e explica a recomendação do mantra dos direitos humanos para as sociedades em pós-conflito.[70] Poucos negariam que a globalização dos direitos humanos oferece uma base importante para promover a causa dos pobres e marginais nos países de Terceiro Mundo. Mesmo o foco nos direitos civis e políticos é útil na luta contra as políticas prejudiciais do Estado e das instituições internacionais. Há uma certa dialética entre os direitos civis e políticos e a prática democrática que pode ser negada em nosso próprio perigo. Entretanto, é igualmente verdade que o foco permite a busca da agenda neoliberal privilegiando os direitos privados sobre os direitos sociais e econômicos. Assim, por exemplo, o preâmbulo do texto do TRIPs afirma que os "direitos de propriedade intelectual são direitos privados". No entanto, não fala do direito à saúde de indivíduos ou povos.[71] De fato, a Declaração de Doha sobre o Acordo TRIPs e a saúde pública devem ser insistidas por esse motivo.[72] O argumento aqui não está enraizado em "uma concepção de direitos excessivamente estreita e proprietária",[73] mas, sim, na falta contínua de perceber os direitos do bem-estar social. É este o fracasso que dá origem à crença de que a linguagem dos direitos civis e políticos mistifica as relações de poder e fortalece os direitos privados. Essa crença é reforçada pelo fato de que o discurso oficial dos direitos humanos internacionais evita qualquer discussão da responsabilidade de instituições internacionais como o FMI e o Banco Mundial, que combinados com a OMC promovem políticas com graves implicações tanto para os direitos civis como

---

[70] Ver: CHIMNI, B.S. *Post-conflict peace building and the repatriation and return of refugees*: concepts, practices and institutions, 2002.

[71] Mesmo quando a questão da saúde é mencionada, como no art. 8º do texto do TRIPs, ele está sujeita aos direitos dos detentores de patentes.

[72] Para o texto da declaração, ver: WTO, WT/MIN (01)/DEC/W/2, 14 November 2001 – Ministerial Conference, Fourth Session, Doha, 9-14 November 2001: Declaration on the TRIPS Agreement and Public Health, 2001.

[73] Ver: BAYNES, Kenneth. Rights as critique and the critique of rights: Karl Marx, Wendy Brown, and the social function of rights. *Political Theory*, v. 28, p. 451-468, 2000.

políticos e direitos sociais e econômicos dos pobres. Finalmente, há o preço de levar direitos civis e políticos a sério. Existe "a violência que sustenta o desejo dos direitos", de realizar direitos a qualquer custo.[74] Guerras e intervenções são desencadeadas em seu nome.

4.3. Salvação Através da Internacionalização dos Direitos de Propriedade

Nos últimos anos, uma forma particular de Estado (o Estado neoliberal) passou a ser considerada como apenas uma forma sensata e racional. Foi o fundamento para justificar a erosão da soberania por meio da sua deslocação nas instituições internacionais. Isso permitiu a privatização e a internacionalização da propriedade nacional coletiva. Para entender o processo em andamento, o Estado precisa ser entendido de duas maneiras diferentes. Primeiro, "os Estados são claramente instituições de propriedade territorial".[75] Como Hont explica, "ter território é uma questão de direitos de propriedade, e os Estados, incluindo "Estados-nação", são proprietários de propriedade coletiva em terra (...).[76] Ele explica por que a diplomacia do Terceiro Mundo, por meio de várias resoluções relativas aos "recursos naturais", enfatizou "a função da soberania como demarcação dos direitos de propriedade na sociedade internacional".[77] Isso começou a mudar sob o ataque ideológico que declara que a internacionalização dos direitos de propriedade é o caminho mais seguro para levar o bem-estar social aos povos do Terceiro Mundo. A ideia de desenvolvimento sustentável também foi implantada para esse fim. Em segundo lugar, o Estado

---

[74] Ver: DOUZINAS, Costas. *The end of human rights*: critical legal thought at the turn of the century, 2000, p. 315.

[75] Ver: HONT, Istvan. The permanent crisis of a divided mankind: 'contemporary crisis of the nation state' in historical perspective. *In*: DUNN, John (ed.). *Contemporary crisis of the Nation State?*, p. 166-231, 1995.

[76] HONT, Istvan. The permanent crisis of a divided mankind: 'contemporary crisis of the nation state' in historical perspective. *In*: DUNN, John (ed.). *Contemporary crisis of the Nation State?*, 1995, p. 173.

[77] Ver: BLANEY, David; INAYATULLAH, Naeem. The Third World and a problem with borders. *In*: DENHAM, Mark; LOMBARDI, Mark Owen (eds.). *Perspectives on Third World sovereignty*: the postmodern paradox, p. 83-102, 1996, p. 91. Ver, também: SCHRIJVER, Nico. *Sovereignty over natural resources*: balancing rights and duties, 1997.

deve ser entendido "como uma forma social, uma forma de relações sociais".[78] Isso permite desmistificar o conceito de "interesse nacional" e a visão de que a elite governante do Terceiro Mundo está colaborando ativamente com seus homólogos do Primeiro Mundo em consolidar o processo de privatização e internacionalização dos direitos de propriedade em seu próprio interesse. Esse processo é legitimado pelo descrédito ideológico de todas as outras formas de Estado. Tal pensamento precisa ser contestado com o objetivo de salvaguardar a riqueza dos povos do Terceiro Mundo. A soberania permanente sobre os "recursos naturais" deve se revestir nas pessoas.

4.4. A Ideia do Não Desenvolvimento

Nos últimos anos, argumentou-se que o "desenvolvimento" em si é o Cavalo de Troia e que a ideologia que ele encarna é responsável por povos e Estados do Terceiro Mundo serem voluntariamente atraídos para a abrangência imperial.[79] Sugere-se que o imaginário pós-colonial tenha sido colonizado, permitindo o principal princípio organizador da cultura ocidental, que é "a ideia de desenvolvimento infinito como possibilidade, valor e objetivo cultural" ser implantado no mundo pobre".[80] Se apenas os países do Terceiro Mundo escolhessem o não desenvolvimento (de qualquer variedade local), suas pessoas se pouparam da miséria que sofreram na era pós-colonial. A ideia geral aqui é deslocar as aspirações dos povos do Terceiro Mundo e reduzir o desenvolvimento para níveis mais toleráveis. Isso ajudaria a evitar que o fardo do desenvolvimento sustentável falhe no Norte e ajude a sustentar seus altos padrões de consumo.

Com certeza, a era pós-colonial testemunhou a enorme violação dos direitos humanos dos povos comuns em nome do desenvolvimento. Contudo, é um tipo particular de políticas de desenvolvimento que são responsáveis

---

[78] Ver: HOLLOWAY, John. Global capital and the national state. *In*: BONEFELD, Werner; HOLLOWAY, John (eds.). *Global capital, national state and the politics of money*, p. 116-141, 1995. Ver, também: PALAN, Ronen; ABBOTT, Jason. Deans, state strategies in the global, *Political Economy*, p. 43, 1999.

[79] Ver: ESCOBAR, Arturo. Anthropology and development, *International Social Science Journal*, v. 154, p. 497-515, 1997, p. 497.

[80] Ver: TOMLINSON, John. *Cultural imperialism*: a critical introduction, p. 156 e 163, 1991.

por essas violações e não por desenvolvimento. É o desenvolvimento por meio de programas de ajuste estrutural ou políticas neoliberais que precisam ser indiciados, e não as aspirações das pessoas de poderem exercer maiores escolhas e um padrão de vida mais elevado. A celebração acrítica de tudo o que é não moderno é apenas uma maneira de obstruir o desenvolvimento dos países do Terceiro Mundo.

Essa celebração também corre o risco de romantizar estruturas tradicionais opressivas no Terceiro Mundo. De algum modo, é o destino dos pobres, marginais e indígenas ou tribais preservar os valores tradicionais da destruição, enquanto a elite goza dos frutos do desenvolvimento, muitas vezes no Primeiro Mundo. O que talvez seja necessário é uma abordagem crítica que reconheça os descontentamentos gerados pela modernidade sem ignorar suas atrações sobre as sociedades pré-capitalistas.[81]

4.5. O Uso da Força

Estados poderosos, argumenta-se, exercem domínio no sistema internacional pelo mundo das ideias e não pelo uso da força. No entanto, de tempos em tempos, a força é utilizada para manifestar tanto a superioridade militar esmagadora desses Estados quanto para afastar a possibilidade de qualquer desafio montado à sua visão de ordem mundial. Nessas ocasiões, os Estados dominantes não parecem ser limitados pelas normas de direito internacional, seja no que se refere ao uso da força, seja ao respeito mínimo ao direito internacional humanitário. A intervenção estadunidense na Nicarágua e na Guerra do Golfo, bem como a intervenção da Organização do Tratado do Atlântico Norte (OTAN) no Kosovo são apenas alguns exemplos dessa verdade. Portanto, a paz no mundo contemporâneo é, de muitas maneiras, a função do domínio.

5. A História da Resistência e do Direito Internacional

A crítica da ideologia dominante é necessária para salvaguardar os interesses dos povos de Terceiro Mundo. Porém, esta deve andar de mãos dadas com

---

[81] TOMLINSON, John. *Cultural imperialism*: a critical introduction, p. 156, p. 163 e p. 144, 1991.

uma teoria da resistência. A crítica deve estar integralmente relacionada com as lutas dos povos contra normas internacionais injustas e opressivas. Entre outras coisas, deve ser registrada e levada em consideração no processo legal internacional. Uma proposta de teoria da resistência deve evitar, de um lado, as armadilhas do otimismo liberal e, de outro, o pessimismo da esquerda.

A primeira visão acredita que o mundo está se movendo progressivamente em direção a uma ordem mundial justa. Ela acredita que mais leis e instituições são passos nesse sentido, em formas particularmente imaginativas de garantir a aplicação de normas e princípios acordados. A segunda visão rejeita por completo essa narrativa de progresso. Ela apenas vê "o jogo de dominações repetido infinitamente".[82] Nessa visão, "a humanidade instala cada uma de suas violações em um sistema de regras e assim procede de dominação para dominação".[83] Esse entendimento está vinculado ao ceticismo das regras radicais: "Regras são vazias em si mesmas, violentas e não finalizadas; elas são impessoais e podem ser inclinadas para qualquer propósito".[84] Essa compreensão pessimista (formulada no vocabulário do realismo político) é também compartilhada pelos temas "de volta ao futuro" que emergiram na era pós-Guerra Fria.[85] Há lugar aqui para uma terceira visão que espera ocupar o vasto espaço intermediário entre o otimismo liberal e o pessimismo da esquerda. Essa ideia não subscreve nem a visão simples de que a humanidade está inevitável e inexoravelmente movendo-se em direção a um mundo justo, nem a ideia de que a resistência à dominação é um ato histórico vazio.

Uma questão-chave da perspectiva de uma teoria da resistência é a Questão de Agência. Mais especificamente, trata-se do papel dos antigos movimentos sociais (*Old Social Movements* – OSMs) em inaugurar uma ordem mundial justa. Hoje, cada vez mais, a história da resistência está sendo identificada com novos movimentos sociais (*New Social Movements* – NSMs) no Terceiro

---

[82] Ver: FOUCAULT, Michel. Nietzsche, genealogy, history. *In*: RABINOW, Paul (ed.). *The Foucault reader*, p. 76-100, 1984, p. 85.
[83] FOUCAULT, Michel. Nietzsche, genealogy, history. *In*: RABINOW, Paul (ed.). The Foucault reader, p. 76-100, 1984, p. 86.
[84] FOUCAULT, Michel. Nietzsche, genealogy, history, em Paul Rabinow (ed.). *The Foucault reader*, p. 76-100, 1984, p. 86
[85] Ver: MCFLY, George. Back to the Future? In: FRY, Greg; O'HAGAN, Jacinta (ed.). *Contending images of world politics*, 2000, p. 33-48.

Mundo.[86] Os NSMs chegaram em cena no Norte na década de 1970, com foco em áreas que envolviam questões individuais: movimento de mulheres, movimentos de ecologia, movimento de paz, movimentos de gays e lésbicas, etc.[87] Sua presença começou a ser sentida no Sul uma década depois. O colapso do "socialismo realmente existente" e da subsequente marginalização dos movimentos de classe levaram a uma acentuada presença de NSMs. O rápido crescimento das ONGs, com sua capacidade de alcance pelo uso de meios de comunicação modernos, contribuiu muito para tal presença. Os NSMs, em geral, tendem a ver com suspeita os OSMs com sua ênfase em luta de classes.

Os OSMs emergiram no século XIX quando a classe operária tornou-se suficientemente organizada para nutrir ambições de capturar o poder do Estado. A data-chave talvez seja 1848, já que a "revolução na França marcou a primeira vez que um grupo político de base proletária fez uma séria tentativa de alcançar o poder político e legitimar o poder dos trabalhadores (legalização dos sindicatos, controle do local de trabalho)".[88] O processo de globalização, com o aumento da mobilidade de capital e a intensificação do comércio internacional interestatal e intraestatal, tem significado "movimentos enormes" na força de trabalho global.[89] Segundo Harvey, "o proletariado global está mais numeroso do que nunca e o imperativo para que os trabalhadores do mundo se unam é maior do que nunca".[90] Há um crescente número de desempregados no Norte que tem testemunhado o aumento da falta de emprego. Claro,

---

[86] Ver: RAJAGOPAL, Balakrishnan. From resistance to renewal: the Third World, social movements, and the expansion of international institutions, *Harvard International Law Journal*, v. 41, p. 531-578, 2000.

[87] Ver: WALLERSTEIN, Immanuel. Antisystemic movements: history and dilemmas. *In*: AMIN, Samir *et al.* (ed.). *Transforming the revolution*: social movements and the world-system, p. 13-54, p. 41, 1990.

[88] WALLERSTEIN, Immanuel. Antisystemic movements: history and dilemmas. *In*: AMIN, Samir *et al.* (ed.). *Transforming the revolution*: social movements and the world-system, p. 13-54, 1999, p. 41 e p. 16.

[89] Ver: HARVEY, David. *Spaces of hope*, 2000, p. 42. E a China não está sozinha nisso. A indústria de vestuário orientada para a exportação de Bangladesh dificilmente existia há vinte anos, mas agora emprega mais de um milhão de trabalhadores (80% deles são mulheres, assim como metade deles está lotada em Dhaka). Cidades como Jakarta, Banguecoque e Bombaim, conforme relata Seabrook (1996), tornaram-se mecas para a formação de uma classe trabalhadora transnacional – fortemente dependente das mulheres – que vive em condições de pobreza, violência, degradação ambiental crônica e repressão feroz. Ver: HARVEY, David, 2000, p. 42.

[90] HARVEY, David. *Spaces of hope*, 2000, p. 45.

"(...) a maior parte do exército industrial de reserva está localizado geograficamente nas periferias do sistema".[91] Esse é constituído pela enorme massa de desempregados e semiempregados urbanos, assim como a grande massa de desempregados rurais.[92] Em outras palavras, nunca antes o *slogan* "trabalhadores do mundo, uni-vos" significou tanto para tantas pessoas.

No entanto, não é de todo surpreendente que a luta de classes venha a ser negligenciada pelos NSMs, uma vez que os OSMs falharam em alcançá-la. O privilégio das lutas não baseadas em classe também é encorajado pela elite governante transnacional, pois lutas de tal natureza evitam uma oposição efetiva às políticas neoliberais dessa elite. Afinal, estratégias globais e poderes concentrados não podem ser combatidos por meios e formas descentralizadas de resistência. Nessas circunstâncias, o que precisamos fazer é "preservar o que foi obtido nas lutas do período 1850-1890 (tanto as circunstâncias concretas quanto o pensamento intelectual) e adicionar a isso um forte traço de novas abordagens ousadas advindas da experiência pós-1945".[93] Apela-se por um diálogo entre os novos e antigos movimentos para que, conforme observa Wallerstein, "todos os movimentos existentes estejam em algum gueto".[94] O que se requer é "um esforço consciente na compreensão empática dos outros movimentos, de suas histórias, prioridades, bases sociais e preocupações atuais".[95] Sua necessidade de serem alianças estratégicas não apenas a curto, mas também a médio prazo.

Naturalmente, há também a necessidade de pensar em objetivos a longo prazo. De nossa parte, gostaríamos de rever a ideia do socialismo. Este não deve ser visto como um ideal fixo ou um conceito congelado. Hoje, deve ser percebido como uma expressão das aspirações de igualdade e justiça de povos subalternos. *O ideal é ser realizado por meios não violentos e deve excluir todo o tipo de pensamento dogmático e de práticas antidemocráticas. O ideal do socialismo democrático seria atualizado por meio de reforma e não de revolução,* bem como *não excluiria a dependência em relação às instituições de mercado.* Seria realizado por meio de lutas coletivas de diferentes grupos oprimidos e marginalizados. A identidade e o papel desses grupos, conforme destacado anteriormente, não são

---

[91] Ver: AMIN, Samir, 1999, p. 99, conforme Nota 16, *supra*.
[92] AMIN, Samir, 1999, p. 99, conforme Nota 16, *supra*.
[93] Ver: WALLERSTEIN, Immanuel, 1990, p. 93, conforme Nota 87, *supra*.
[94] WALLERSTEIN, Immanuel, 1990, p. 53 e p. 93, conforme Nota 87, *supra*.
[95] WALLERSTEIN, Immanuel, 1990, p. 52, conforme Nota 87, *supra*.

invariáveis na história. Novas identidades de opressão emergem e competem por espaço com outros grupos. Se esse entendimento é aceito, precisamos de "um movimento político internacional capaz de unir, de maneira apropriada, os inúmeros descontentes que derivam do exercício sem disfarces do poder burguês em busca de um neoliberalismo utópico".[96] Isso exige "a criação de organizações, instituições, doutrinas, programas, estruturas formalizadas e similares, que trabalhem por algum propósito comum".[97] Há, em outras palavras, uma necessidade de construir um movimento que atravesse o espaço e o tempo, envolvendo NSMs e OSMs em cada luta, para formar uma força de oposição global que possa desafiar as forças sociais transnacionais que reforçam o regime do capital à custa dos interesses dos povos.

Hoje, de Seattle a Gênova, somos testemunhas de um aumento de sentimento contra a forma neoliberal de globalização. Novas formas de lutas têm sido inventadas para mobilizar pessoas contra às injustiças da globalização. Houve um hábil e imaginativo uso do espaço digital para criar uma esfera pública global em que a sociedade civil internacional possa registrar seu protesto. Enquanto os sentimentos que são expressos não têm perspectiva unificada, e de fato estão cheios de contradições, o significado do protesto não pode ser desconsiderado. Se esses protestos puderem atrair os OSMs, e estes responderem a tal chamado e apresentarem uma frente unida, haveria muito pelo qual se alegrar. Não obstante, em ternos de enquadramento de uma teoria da resistência, precisamos distinguir as demandas que não são boas para os países de Terceiro Mundo daquelas que são. Assim, por exemplo, a demanda por incorporar padrões trabalhistas na OMC é contrária aos interesses dos países de Terceiro Mundo, pois tais padrões seriam usados como um instrumento de proteção pelo Norte.[98]

Do ponto de vista das TWAIL, é necessário, em primeiro lugar, tornar a história da resistência uma parte integral da narração do direito internacional. Talvez haja uma necessidade de experimentar com formas literárias e artísticas (peças, exibições, novelas e filmes) para capturar a imaginação daqueles que acabaram de ingressar no mundo do direito internacional. Em segundo lugar, precisamos atingir alianças com outras críticas à abordagem neoliberal do

---

[96] Ver: HARVEY, David, 2000, p. 49, conforme Nota 89, *supra*.
[97] HARVEY, David, 2000, p. 49, conforme Nota 89, *supra*.
[98] Ver: GOPAL, Shankar. American anti-globalization movement, *Economic and Political Weekly*, 25 ago. 2001, p. 3.226-3.233.

direito internacional. Assim, por exemplo, tanto a escola feminista quanto a terceiro-mundista aborda a questão da exclusão pelo direito internacional. Há, portanto, a possibilidade de desenvolver alternativas coerentes e abrangentes às principais escolas do Norte. Em outras palavras, devemos colaborar com as abordagens feministas a fim de reconstruir o direito internacional para que este vise aos interesses das mulheres e de outros grupos marginalizados e oprimidos. Em terceiro lugar, precisamos estudar e sugerir mudanças concretas nos regimes jurídicos internacionais existentes. A articulação das demandas auxiliaria os OSMs e NSMs a enquadrar seus interesses de modo a não prejudicar os povos de Terceiro Mundo.

6. O Caminho a Seguir: mais Reflexões sobre uma Agenda de Pesquisa em TWAIL

Identificar as futuras atribuições da TWAIL é severamente restringido pelos protocolos do que são metas aceitáveis e do que é considerado bom trabalho acadêmico. Isso obriga a academia a desempenhar um papel autorrealizável, pois os protocolos, por assim dizer, envergonham acadêmicos em imaginar apenas certos tipos de arranjos sociais. Para aqueles que aceitam, os protocolos são sustentados como modelos de pensamento claro. Por outro lado, uma variedade de pressões sociais e dos pares são levadas a cabo por acadêmicos dissidentes para neutralizar suas energias críticas. Até mesmo as personalidades eminentes são incapazes de ser ousadas e corajosas na avaliação de tendências contemporâneas e na imaginação de futuros alternativos. Assim, por exemplo, Falk escreve sobre o relatório *Nosso bairro global*, produzido pela Comissão de Governança Global:

> Sua deficiência mais séria foi uma falta de pulso quando se tratou de abordar as consequências adversas da globalização, um foco que teria colocado tal comissão em curso de colisão com adeptos da imagem de mundo economista neoliberal.[99]

---

[99] Ver: FALK, Richard. Global civil society and the democratic prospect. *In*: HOLDEN, Barry (ed.). *Global democracy*: key debates, p. 62-179, 2000, p. 170.

Em contraste, pediríamos que os estudiosos da crítica terceiro-mundista julguem "irresponsabilidade" de bom grado, se isso for o necessário para criticar audaciosamente o presente processo de globalização e projetar alternativas futuras justas. O compromisso de inaugurar uma ordem mundial justa deve ser, naturalmente, traduzido em uma agenda de pesquisa concreta no mundo do direito internacional. Além dos deveres ideológicos e substantivos já identificados, listamos a seguir alguns assuntos que merecem atenção dos estudiosos terceiro-mundistas.

6.1 Aumento da Transparência e da Responsabilidade das Instituições Internacionais

O direito internacional hoje, argumentamos, não promove democracia nem nos Estados nem na arena transnacional. Aqueles que buscam contestar o estado atual da relação entre direito doméstico e internacional precisam identificar as restrições impostas à realização da democracia nas arenas interna e internacional, e promover a agenda da democracia global. Os passos que conduzem à democracia global não estarão em conformidade com um modelo puro. Em vez disso, serão o resultado de lento aumento da transparência e da responsabilidade de atores-chave como Estados, instituições internacionais e corporações transnacionais. Há muito trabalho que precisa ser feito a esse respeito. Desse modo, por exemplo, um correlato de instituições internacionais que têm personalidade jurídica e direitos é *responsabilidade*. Este é "um princípio geral de direito internacional" relacionado com "a incidência e consequências de atos ilegais", em particular o pagamento de compensação por perda causada.[100] Há uma necessidade de elaborar esse entendimento e desenvolver o direito (seja sob a forma de declaração ou de convenção) no tema da responsabilidade de instituições internacionais. Isso permitiria que poderosas instituições, como o FMI, Banco Mundial e OMC, fossem responsabilizadas, entre outros, pelos pobres globais.[101] Para tal fim, há também uma urgente necessidade de democratizar a tomada de decisão em instituições internacionais como o FMI e Banco Mundial, a fim de que passem a exercer

[100] Ver: BROWNLIE, Ian. *Principles of public international law*, 4. ed., 1990, p. 701 e 433.
[101] Ver: ANGHIE, Anthony. Time present and time past: globalization, international financial institutions and the Third World. *New York University Journal of International Law and Politics*, v. 32, n. 2, p. 243-290, 2000.

influência, sem precedentes, sobre vida de pessoas comuns no Terceiro Mundo.[102] Isso exige soluções que temperem o desejo por mudança com uma forte dose de realismo.

6.2 Aumento da Responsabilidade das Empresas Transnacionais

Há diversas medidas que podem ser tomadas para que empresas transnacionais (*Transnational Corporations* – TNCs) sejam responsabilizadas no direito internacional. Tais medidas podem incluir: (i) adoção do projeto de código de conduta das Nações Unidas sobre TNCs; (ii) a afirmação da soberania do consumidor manifestada no boicote dos bens das TNCs que não respeitarem os padrões mínimos de direitos humanos; (iii) monitoramento dos códigos de conduta voluntários adotados pelas TNCs na esperança de melhorar sua imagem pública; (iv) o uso dos direitos dos acionistas para atrair atenção às necessidades de igualdade e justiça nas operações das TNCs; (v) o uso imaginativo de sistemas jurídicos domésticos para expor as práticas opressivas das TNCs; (vi) crítica a órgãos como as Câmaras Internacionais de Comércio por perseguirem os interesses das TNCs em negligência aos interesses de cidadãos comuns.[103] Todas essas medidas pedem por uma intervenção crítica da escola do direito internacional.

---

[102] Para tomar o caso do FMI, o processo de tomada de decisão está baseado em um sistema de votação ponderada que exclui seus principais usuários, o mundo pobre, no que diz respeito à formulação de políticas. A voz do Terceiro Mundo não é ouvida, mesmo quando as políticas do Fundo impõem enorme dor e morte às pessoas que o habitam. Quase 4,4 bilhões de pessoas ou 78% da população mundial de 1990 vivem no Terceiro Mundo. Apesar de constituir uma esmagadora maioria dos membros, os países do Terceiro Mundo como um todo tinham uma participação de voto de aproximadamente 34% no FMI em meados da década de 1990. Ver: Gester, Richard. Proposals for voting reform within the International Monetary Fund, *Journal of World Trade*, p. 121-133, 1993. Sem os países da OPEP (que atuam como estados credores na instituição), essa participação é reduzida para 24%.

[103] Ver: IRENE Report. *Controlling corporate wrongs*. The liability of multinational corporations: legal possibilities, strategies and initiatives for civil society, 2000. Disponível em: http:// elj.warwick.ac.uk/ global/issue/2000-1/irene.html. Ver, também: MADELEY, John. *Big business poor peoples*: the impact of transnational corporations on the world's poor, 1999, p. 169-180.

6.3 Conceituação da Soberania Permanente como Direito dos Povos e não dos Estados

A pesquisa precisa ser direcionada para traduzir o princípio da soberania permanente sobre os "recursos naturais" em um conjunto de conceitos jurídicos que incorporem os interesses dos povos de Terceiro Mundo, que se opõem aos da sua elite dominante. No passado, o Programa e a Declaração de ação para uma nova Ordem Econômica Internacional, assim como a Carta de Direitos Econômicos e Deveres dos Estados, eram estatistas em sua orientação. Embora seja verdade que o Estado é, em termos de demarcação internacional de territórios, uma instituição de propriedade coletiva, o controle definitivo sobre essa propriedade deve ser conferido às pessoas.

A partir dessa perspectiva, há uma necessidade de abordar a difícil questão de como dar conteúdo legal aos direitos soberanos dos povos? Muitas vezes, a esse respeito, há a ausência de categoriais jurídicas apropriadas e a dificuldade de implementá-las. Assim, por exemplo, o art. 8(j) da Convenção sobre Diversidade Biológica apela por fortalecimento das comunidades locais.[104] No entanto, não tem sido fácil implementar tal previsão, em razão da falta de clareza quanto à definição legal de comunidades locais.

6.4 Realização do Uso Efetivo da Linguagem dos Direitos

Existe a necessidade de fazer uso efetivo da linguagem dos direitos humanos para defender os interesses dos grupos pobres e marginalizados. As recentes resoluções aprovadas por diferentes órgãos de direitos humanos que chamam a atenção aos aspectos problemáticos dos regimes econômicos internacionais

---

[104] O art. 8(j) da Convenção sobre Diversidade Biológica, de 1982, declara: "Cada Parte Contratante deve, na medida do possível e conforme o caso: [...] Em conformidade com sua legislação nacional, respeitar, preservar e manter o conhecimento, inovações e práticas das comunidades locais e populações indígenas com estilo de vida tradicionais relevantes à conservação e à utilização sustentável da diversidade biológica e incentivar sua mais ampla aplicação com a aprovação e a participação dos detentores desse conhecimento, inovações e práticas; e encorajar a repartição equitativa dos benefícios oriundos da utilização desse conhecimento, inovações e práticas; [...] (tradução adotada pelo Ministério do Meio Ambiente da República Federativa do Brasil, em 2000. Disponível em: http://www.mma.gov.br/estruturas/sbf_dpg/_arquivos/ cdbport.pdf). Para o texto da Convenção, ver ARIF, N. *International environmental law*: basic documents and select references, 1996, p. 279.

oferecem o potencial para conquistar concessões do Estado e do setor corporativo.[105] As implicações dessas resoluções precisam ser analisadas em profundidade e exercidas nos processos legais nacionais e internacionais. Uma segunda função relacionada é expor a hipocrisia do Primeiro Mundo quanto à observância do direito internacional dos direitos humanos e das normas de direito internacional humanitário.

6.5 Introdução dos Interesses dos Povos em Ordens Jurídicas não Territoriais

Do ponto de vista do desenvolvimento do direito internacional, o surgimento do direito global sem o Estado é tanto fortalecedor quanto preocupante. A tendência precisa ser analisada a partir de uma perspectiva dos povos. O processo é fortalecedor na medida em que pode ser usado por OSMs e NSMs contínuos para projetar uma visão alternativa de ordem mundial por meio da produção de textos de direito internacional apropriados. Muito trabalho precisa ser feito nessa direção. Ao mesmo tempo, existe uma necessidade de explorar "a tensão entre a legalidade geocêntrica do Estado-nação e a nova legalidade egocêntrica de agentes econômicos privados internacionais", a fim de garantir que o interesse dos povos de Terceiro Mundo não seja sacrificado.[106]

6.6 Proteger a Soberania Monetária por meio do Direito Internacional

Uma grande quantidade de pesquisa precisa ser direcionada para encontrar formas e meios de proteger a soberania monetária dos países de Terceiro Mundo. Estados de Terceiro Mundo o estão fazendo, entre outras coisas, por meio da criação de controle de capital (por exemplo, Malásia após 1997), imposto sobre transações financeiras (Chile), prescrição de um período fixo de permanência antes da partida, um fundo monetário regional, etc.

---

[105] Ver: ROBÉ, Jean-Phillipe. Multinational enterprises: the constitution of a pluralistic legal order. *In*: TEUBNER, Gunther (ed.). *Global law without a State*, 1997, p. 45-79.

[106] E/CN.4/Sub.2/2000/7, Comissão de Direitos Humanos: Subcomissão sobre Promoção e Proteção dos Direitos Humanos – Realização dos Direitos Econômicos, Sociais e Culturais: Direitos de Propriedade Intelectual e Direitos Humanos, 17 de agosto de 2000. O parágrafo 3 da resolução "lembra a todos os governos a primazia das obrigações de direitos humanos em relação às políticas e acordos econômicos".

Contudo, há a necessidade de uma nova arquitetura financeira que responda mais prontamente às ansiedades dos Estados e povos de Terceiro Mundo. Isso exige a intervenção informada do direito internacional. No entanto, o papel do mercado financeiro internacional e das instituições na erosão da soberania monetária dos países de Terceiro Mundo é pouco compreendido até hoje. De fato, poucas áreas clamam por mais atenção que o direito monetário e financeiro internacional. Essa situação precisa ser imediatamente corrigida.

6.7 Garantia do Desenvolvimento Sustentável com Equidade

Há a necessidade urgente de moldar uma resposta integrada aos problemas ambientais globais. Nesse contexto, "toda a questão da construção de um modo alternativo de produção, intercâmbio, e consumo que seja redutor de risco e ambiental, bem como socialmente, justo e sensível pode ser colocada".[107] A partir de uma perspectiva do direito internacional, o conceito vazio de desenvolvimento sustentável precisa ser preenchido com conteúdo legal que não bloqueie o desenvolvimento dos países de Terceiro Mundo.[108] No momento, o Norte está explorando todos os fóruns para evitar o que Jameson chama de "terror da perda".[109] Esse autor explica, por exemplo, a abordagem da administração Bush para com o protocolo de Kyoto. Em outras palavras, há uma necessidade de garantir que o ônus da realização do objetivo de desenvolvimento sustentável não seja transferido para o mundo pobre ou usado como ferramenta de proteção.

6.8 Promoção da Mobilidade Humana

Embora capital e serviços tenham se tornado cada vez mais móveis na era da globalização, o trabalho tem sido limitado em termos especiais. Mais significativamente, no domínio da migração forçada (em posição à voluntária), o Primeiro Mundo, por meio de uma série de medidas legais e administrativas, tem enfraquecido o instituto do asilo, estabelecido após a Segunda Guerra

---

[107] Ver: HARVEY, David, 2000, p. 223, conforme Nota 89, *supra*.
[108] Ver: CHIMNI, B.S. Permanent sovereignty over natural resources: to ward a radical interpretation, *Indian Journal of International Law*, v. 38, p. 208-217, 1998, p. 216.
[109] Ver: HARDT, Michael; WEEKS, Kathi (ed.). *The Jameson reader*, 2000, p. 167.

Mundial. A era pós-Guerra Fria tem visto uma série de práticas restritivas que impedem refugiados do mundo subdesenvolvido de entrar no Norte.[110] É necessária uma crítica sustentada dessas práticas. Esta, entre outras coisas, impedirá o Primeiro Mundo de ocupar uma posição de superioridade moral.

7. Considerações Finais

O direito internacional tem atendido sempre os interesses das forças sociais dominantes e dos Estados nas relações internacionais. Contudo, a dominação, a história testifica, pode coexistir com variados graus de autonomia para os Estados dominados. O período colonial viu a negação completa e aberta da autonomia dos países colonizados. Na era da globalização, a realidade da dominação é mais bem conceituada como um processo mais sigiloso, complexo e cumulativo. Uma crescente reunião de leis, institutos e práticas internacionais funde-se para erradicar a independência dos países de Terceiro Mundo em favor do capital transnacional e dos Estados poderosos. A elite governante do Terceiro Mundo, por outro lado, não tem conseguido e/ou estado disposta a elaborar, desenvolver e sustentar estratégias políticas e jurídicas efetivas para proteger os interesses dos povos de Terceiro Mundo.

No entanto, precisamos nos proteger da armadilha do niilismo legal por meio de uma condenação geral e completa do direito internacional contemporâneo. Certamente, apenas uma crítica abrangente e sustentada do direito internacional atual pode dissipar a ilusão de que esse é um instrumento para estabelecer uma ordem mundial justa. Porém, é preciso reconhecer que o direito internacional *contemporâneo* também oferece um escudo protetor, ainda que frágil, para os Estados menos poderosos do sistema internacional. Em segundo lugar, a crítica que não é seguida pela construção equivale a uma atitude vazia. São necessárias soluções imaginativas no mundo do direito e das instituições internacionais, caso a vida dos grupos pobres e marginalizados no Terceiro e Primeiro Mundos seja melhorada. Exige-se, entre outras

---

[110] Ver: CHIMNI, B.S. The geopolitics of refugee studies: a view from the South, *Journal of Refugee Studies*, v. 1, n. 4, p. 350-374, 1998; e First Harrell-Bond Lecture Globalization, humanitarianism and the erosion of refugee protection, *Journal of Refugee Studies*, v. 13, n. 3, p. 243-262, 2000.

coisas, que se explore as contradições que marcam o sistema jurídico internacional. Os interesses econômicos e políticos da elite transnacional hoje não são diretamente traduzidos em normas internacionais. Há a necessidade de sustentar a ilusão de progresso e manter a coerência interna do sistema jurídico internacional. Além disso, regimes jurídicos individuais têm de oferecer algumas concessões aos grupos pobres e marginalizados, a fim de limitar a resistência a eles no Terceiro Mundo e, diante de uma consciência global em evolução, no Primeiro Mundo. As contradições que marcam o direito internacional contemporâneo talvez se mostrem, da melhor maneira, no campo do direito internacional dos direitos humanos, que, mesmo legitimando a internacionalização de direitos de propriedade e intervenções hegemônicas, codifica uma série de direitos civis, políticos, sociais, culturais e econômicos que podem ser invocados pelos grupos pobres e marginalizados. Mantém-se firme à esperança de que o processo legal internacional possa ser usado para trazer um mínimo de bem-estar aos povos do Terceiro e do Primeiro Mundos que têm passado por longo sofrimento.

Comentário ao Capítulo 1:
"Abordagens Terceiro-Mundistas ao Direito Internacional (TWAIL): um Manifesto"

Bruno Pegorari
Fernanda Cristina de Oliveira Franco
Lucas da Silva Tasquetto

1. O Contexto Histórico do Encontro entre o Direito Internacional e o Terceiro Mundo

O segundo período histórico do pós-guerra no século XX marca o processo de descolonização e aquisição de autonomia política de antigas colônias, sobretudo na África e na Ásia, e o encontro do Terceiro Mundo[1] com o direito internacional. Diante dessa nova realidade, o direito internacional é compelido a se transformar. As questões tradicionais da disciplina, como o uso da força, a guerra e a paz, mostram-se insuficientes para dar conta das inúmeras reivindicações de povos não europeus recém-chegados ao terreno da soberania. A partir do contato entre polos antagônicos – como dominação

---

[1] O termo Terceiro Mundo é atribuído originalmente ao anticolonialista francês Alfred Sauvy para designar um grupo de estados da Ásia, África e América Latina, "menos desenvolvidos" economicamente quando em comparação aos países do Primeiro Mundo. Atualmente, embora pareça anacrônico, o uso do termo pelas TWAIL envolve insistência na história e na continuidade das situações de dominação.

e emancipação, inclusão e exclusão – configura-se um campo propício para o surgimento de abordagens críticas ao direito internacional. O intuito dessas abordagens seria justamente oferecer o contraponto ao direito internacional colonial, isto é, dar impulso ao seu lado emancipatório endereçado ao *outro*, aquele que foi excluído e marginalizado por e no âmbito do direito internacional tradicionalmente concebido (CHIMNI, 2007, p. 500).

De acordo com as novas perspectivas críticas, a razão pela qual o direito internacional deveria ser reformulado se daria diante da constatação de que não mais se tratava de um produto exclusivo de determinada comunidade histórica e epistêmica (europeia/ocidental), cujos membros haviam alcançado níveis comparáveis de desenvolvimento (igualdade). Ao contrário, o direito internacional passava a ser tensionado pelas experiências dos novos membros, oriundos do Terceiro Mundo, que se caracterizavam por uma expressiva desigualdade e diversidade cultural, diante das quais o direito internacional não tinha repertório e instrumentos adequados para lidar. Apoiaram-se, para tanto, na promessa universalista que move toda a construção do direito internacional, não para desconstruí-lo, mas para reforçá-lo como instrumento de reconhecimento e inclusão também dos povos subjugados, dominados e colonizados (PAHUJA, 2011, p. 1).

Internacionalistas a serviço dos novos Estados, antigas colônias, ao tempo que denunciavam o direito internacional como instrumento de dominação, reivindicavam também uma nova ordem econômica internacional (NOEI),[2] capaz de proteger e assegurar sua soberania. Destaque-se, todavia, que não repudiam, neste primeiro momento, a ordem jurídica estabelecida, mas sim reivindicam transformações situadas no interior da ordem existente, a fim de que fossem incluídos em condições de igualdade.

Identificam-se aqui as primeiras expressões do que veio mais tarde a ser chamado de primeira geração das Abordagens do Terceiro Mundo ao Direito Internacional (resumidas pela sigla TWAIL I), que serão retomadas mais adiante neste comentário. Esses teóricos enfatizaram que o direito internacional não era estranho aos Estados pré-coloniais do Terceiro Mundo, ainda que

---

[2] UN Resolution adopted by the General Assembly. 3202 (S-VI): Programme of Action on the Establishment of a New International Economic Order. Disponível em: http://www.un--documents.net/s6r3202.htm. Acesso em: 18 ago. 2018.

nunca tivessem tido contato prévio com o direito internacional eurocêntrico. Para tanto, identificaram um rico corpo de doutrina e princípios nos sistemas legais das sociedades não europeias que faziam alusão a, por exemplo, regras sobre direito dos tratados e direito de guerra (ANGHIE e CHIMNI, 2003, p. 80-81).

2. Sobre o que Falamos quando nos Referimos às TWAIL?

Ao final da década de 1980, foi marcante a diversificação das escolas de direito internacional, o que basicamente deu ensejo a duas grandes tendências opostas, uma delas reconhecida como corrente majoritária (*mainstream*) e outras cujas propostas celebravam a busca por novas formas de abordar o direito internacional (*newstream*). As ideias trazidas pelas correntes minoritárias ganharam expressão nas chamadas Novas Abordagens ao Direito Internacional (*New Approaches to International Law* – NAIL),[3] movimento acadêmico que oficialmente surgiu na década de 1980, na Harvard Law School, com o intuito de promover perspectivas críticas, alternativas e oposicionistas ao direito internacional apregoado pelas abordagens tradicionais.

As TWAIL encontraram inspiração justamente nas NAIL e nas perspectivas críticas traçadas por elas, cujas análises objetivaram destacar os vieses, ideologias, erros doutrinários e conceituais presentes no direito internacional contemporâneo. Data-se o momento do surgimento oficial das TWAIL em 1997, durante a Conferência New Approaches to Third World Legal Studies, quando o documento intitulado *Third World Association of International Law: A Vision Statement* foi assinado por internacionalistas, majoritariamente oriundos da África e Ásia. Dentre os signatários, James Gathii, Vasuki Nesiah, Elchi Nowrojee, Celestine Nyamu, Balakrishnan Rajagopal e Hani Sayed, juntamente com B.S. Chimni, à época pesquisador visitante em Harvard.

---

[3] O trabalho seminal das NAIL é atribuído a David Kennedy, especialmente por meio da obra *International legal structures* (1987), retomado pelo autor em seu trabalho *When renewal repeats: thinking against the box* (2000). Vale destacar que as NAIL têm inspiração nos chamados Estudos Críticos do Direito (*Critical Legal Studies* – CLS), movimento teórico norte-americano que defende uma concepção politicamente engajada do direito.

Tais internacionalistas dedicam-se a iluminar aspectos do direito internacional até então invisibilizados. O diferencial é que o fazem sob a perspectiva dos e para os povos do Terceiro Mundo, compreendidos como sujeitos historicamente dominados durante a expansão colonial e relegados à posição de subalternidade perante a hierarquia da ordem internacional.

A principal inspiração teórica das TWAIL provavelmente radica nas teorias pós-coloniais.[4] Antony Anghie (1996), por exemplo, recupera o momento histórico do encontro entre o nativo americano e o colonizador europeu para destrinchá-lo como a base da formação de um direito internacional eurocêntrico e imperialista). A partir da releitura que remonta aos precursores do direito internacional, os *Twailers* (internacionalistas que se filiam às TWAIL) apresentam contraponto aos fundamentos da disciplina para delineá-la como moralmente suspeita, sendo sua transformação a base de reivindicações das TWAIL. O objetivo de entender o modo pelo qual a subordinação do Terceiro Mundo ocorre levou esses acadêmicos a olharem não para as técnicas, métodos e instituições que permeiam cada área do direito internacional a partir da ideia de "missão civilizadora", estrutura analítica usada para diferenciar o *Eu* (ocidental, europeu, desenvolvido, justo) do *outro* (não ocidental, bárbaro, violento, atrasado, primitivo).

Diante dessa postura crítica em relação ao direito internacional, os *Twailers* estimulam a formação de comunidades epistêmicas que, embora heterogêneas e fragmentadas por contemplarem diferentes perspectivas filosóficas, políticas e metodológicas, apresentam o intuito comum de revelar o particularismo, a indeterminação e os limites do direito internacional. Nutrem ideais de igualdade, justiça social, distribuição equitativa de recursos, respeito às diferenças e direitos dos povos, mais do que dos Estados.[5] Ainda, analisam o direito internacional de forma provocativa a seus fundamentos clássicos, de forma a questionar heranças ortodoxas e, principalmente, problematizar criticamente as narrativas fundantes da disciplina.

---

[4] As teorias pós-coloniais transcendem o estudo do colonialismo como período histórico, político e jurídico, para enfocá-lo como realidade atual, que permanece regendo as relações de poder em diversos níveis e dimensões. *Cf*: Ashcroft, Griffiths e Tiffin (2013).

[5] Como é o caso dos direitos coletivos surgidos no calor da descolonização, a exemplo do direito ao desenvolvimento, direito à autodeterminação e o direito à soberania permanente sobre recursos naturais, todos entendidos como direito de titularidade dos povos e não dos Estados.

Um dos internacionalistas expoentes das TWAIL, cuja trajetória nos ajuda a compreender o próprio percurso trilhado pelos autores dessas abordagens, é o indiano B.S. Chimni, que se encontra de modo bastante particular dentro do movimento, na medida em que seu trabalho de contestação das abordagens tradicionais do direito internacional parte sobretudo de bases pós-coloniais e marxistas.[6] Em diferentes trabalhos, Chimni se apresenta como parte da Escola Crítica Marxista do Direito Internacional (*Critical Marxist International Law Scholarship* – CMILS) (CHIMNI, 2004), ao mesmo tempo que desponta como grande entusiasta das TWAIL (ANGHIE e CHIMNI, 2003; CHIMNI, 2006) e, por fim, como fundador da Abordagem Marxista Integrada ao Direito Internacional (*Integrated Marxist Approach to International Law* – IMAIL), que seria resultado da combinação entre a visão pós-colonial, a perspectiva feminista socialista e a abordagem marxista (CHIMNI, 2017). A influência e o desenvolvimento simultâneos de diferentes abordagens teóricas pelo autor, em distintos momentos, podem gerar dúvidas sobre a consistência de seu pensamento e, em especial, como se situa no âmbito das TWAIL.

3. Chimni e as TWAIL

Em seu Manifesto, Chimni denuncia o processo de globalização como linguagem por meio da qual estruturas de dominação que perpetuam desigualdades entre Norte e Sul global estariam sendo sustentadas e legitimadas. Direciona-se à comunidade acadêmica, especialmente aos internacionalistas do Terceiro Mundo, convidando-os a contrapor teorias, políticas e práticas à ideologia dominante que estaria por trás da globalização do direito internacional e a apresentar estratégias para a instalação de uma nova ordem internacional baseada na igualdade e na justiça social dos povos subalternos.

---

[6] Chimni lança em 1993 a primeira edição de *International law and world order: a critique of contemporary approaches*, com o intuito de reconstruir a teoria do direito internacional, em um momento no qual as abordagens críticas e feministas ao direito internacional somente começavam a despontar. Segundo Özsu (2017), naquele tempo só um pequeno grupo de teóricos proeminentes do direito internacional autoidentificados como marxistas e poucos juristas do Terceiro Mundo, além de Georges Abi-Saab e Mohammed Bedjaoui, eram lidos de forma consistente no Ocidente.

Chimni parte da ideia de que seria preciso superar as orientações das instituições internacionais que minam a independência política e econômica do Terceiro Mundo, vez que teriam sido formatadas justamente para colocar o direito internacional a serviço dos Estados hegemônicos. Destaca a necessidade de superar o predomínio ideológico e financeiro do Norte Global na agenda global de pesquisa, razão pela qual conclama juristas do Terceiro Mundo a se recusarem a produzir irrefletidamente um conhecimento suspeito do ponto de vista dos interesses dos povos do Terceiro Mundo e a encontrarem formas de globalizar fontes de conhecimento crítico capazes de romper com padrões globais uniformes e que ignoram as diferenças e desigualdades entre os povos do Norte e do Sul global.

Ao denunciar a falácia dos argumentos de um direito internacional pretensamente neutro, Chimni o expõe como produto de determinada cultura, resultado ideologicamente orientado e legitimado. Assim, argumenta pela necessidade de contrapontos que desconstruam o discurso hegemônico. Afirma que uma visão alternativa do direito internacional precisa dialogar com os elementos do discurso dominante, que se resumem em cinco pontos: a ideia da boa governança; a panaceia dos direitos humanos; a internacionalização dos direitos de propriedade; a ideia do não desenvolvimento e o uso da força.

Apesar dos limites que vê na teoria pós-colonial, Chimni reconhece sua importância, especialmente em razão de sua orientação anti-imperialista, da crítica que faz ao eurocentrismo e dos esforços que empreende em busca da reforma do direito e das instituições internacionais. Segundo ele, os elementos trazidos pelas teorias pós-coloniais conseguiram sensibilizar os internacionalistas para as preocupações existenciais dos povos que foram colonizados e que almejam usar a linguagem e o vocabulário do direito internacional para defender certos interesses centrais (CHIMNI, 2017). Revela com isso característica comum às TWAIL, que é de criticar o direito internacional não para desconstruí-lo, mas para reivindicá-lo também como instrumento de reconhecimento e proteção dos interesses do Sul Global, já que entendem que pode perfeitamente servir a ambos os lados.

Chimni se vale das TWAIL como um espaço em que acadêmicos e ativistas se encontram para lutar contra normas internacionais injustas e opressivas. A crítica à ideologia dominante deveria, segundo ele, caminhar lado a lado ao fortalecimento de uma teoria de resistência no direito internacional, resistência essa que se coloque entre o otimismo liberal, de um lado, e o pessimismo da esquerda, de outro, de modo a se afastar tanto de uma visão do mundo que o vê progressivamente direcionado a uma ordem mundial justa como de uma perspectiva que rejeita completamente esta narrativa de progresso (CHIMNI, 2006, p. 19).

Em tal contexto, Chimni se orienta pelo marxismo, não simplesmente como uma teoria, mas como um guia para ação. Antes mesmo da publicação do Manifesto, Chimni apresentava aquilo que entendia como características distintivas de uma abordagem marxista ao direito internacional em contraponto à abordagem convencional: *i*) avançar na identificação de definições que diferenciem o caráter do direito internacional e suas doutrinas em diferentes fases históricas e identifiquem os grupos/classes/Estados que são os principais motores e beneficiários; *ii*) identificar as restrições estruturais sobre a transformação democrática do direito internacional contemporâneo; *iii*) salientar o elemento de indeterminação que caracteriza a interpretação do direito internacional sobre textos e fatos, ocupando o meio termo entre a objetividade completa e a indeterminação radical, a fim de criar espaço para regras interpretativas e estratégias que contribuam para o bem-estar das classes subalternas; e *iv*) tomar consciência das vozes dissidentes, em particular das TWAIL (CHIMNI, 2004, p. 3-4).

O fato de Chimni se voltar ao marxismo vem também de reconhecê-lo como poderosa ferramenta metodológica para compreender a sociedade, essencial no desenho de proposições que informariam uma transição pacífica para um futuro melhor (CHIMNI, 2017). O marxismo permitiria, segundo ele, o desenho de uma história mais coerente e significativa do direito internacional ao usar as intuições do materialismo histórico para explicar melhor as mudanças, visitando as doutrinas e regras da disciplina, ligando-as a realidades extratextuais (CHIMNI, 2004, p. 4).

Voltado à necessidade de pensar sobre objetivos de longo prazo, Chimni propõe revisitar a ideia de socialismo. Porém, no âmbito de uma perspectiva reformista que, inclusive não excluiria a confiança em instituições de mercado, para o autor, o socialismo não deveria ser visto como um ideal fixo ou um conceito congelado. O "velho modelo socialista" teria perdido muito de sua atração após o colapso do "socialismo existente de fato" e a crescente evidência de violações aos direitos civis e políticos dos cidadãos socialistas

(CHIMNI, 2004, p. 29). Assim, o socialismo para ele é percebido como expressão das aspirações de igualdade e justiça dos povos subalternos. Idealmente, deveria ser realizado por meios não violentos, por meio de lutas coletivas de diferentes grupos oprimidos e marginais, excluindo todo tipo de pensamento dogmático e práticas antidemocráticas (CHIMNI, 2006, p. 21). Posteriormente, na ocasião do lançamento da segunda edição de *International law and world order: a critique of contemporary approaches*, o autor afirma que, em última análise, o compromisso assumido não deveria ser nem com o marxismo tampouco com o socialismo, mas, sim, com a emancipação humana (CHIMNI, 2017).

Embora o Manifesto traga os principais elementos daquilo que viria a ser definido amplamente como TWAIL e que ainda seja um dos artigos mais citados no âmbito desse movimento, o trabalho de Chimni se coloca, em verdade, em uma importante intersecção da teoria jurídica internacional. De um lado, é facilmente identificável como parte das TWAIL ao adotar a perspectiva do Sul global e destacar o papel do imperialismo no direito internacional; de outro, ao focar nas classes, na produção e no capitalismo global, seu trabalho é explicitamente marxista (KNOX, 2017). Na segunda edição de *International law and world order: a critique of contemporary approaches*, ao apresentar criticamente as abordagens contemporâneas do direito internacional, o autor opta por não dedicar um capítulo às TWAIL, já que essas, especialmente as de segunda geração, estariam, conforme seu entendimento, representadas pelo que denomina IMAIL, o que, alega, tornaria essa omissão meramente aparente. Dada a amplitude das abordagens de Terceiro Mundo, mesmo que possam de fato convergir, a identificação de IMAIL com TWAIL obscurece também o quanto o marxismo de Chimni é distinto em relação às TWAIL (KNOX, 2017).

Chimni afirma que a opção pela IMAIL busca sinalizar a importância primária de sua orientação marxista-materialista, contudo, aberta às necessárias influências do feminismo socialista e das teorias pós-coloniais; a primeira contribuindo para a diminuição efetiva da disparidade de gênero no marxismo e a segunda auxiliando para melhor explicar e compreender as sociedades não ocidentais. Se, por um lado, Chimni elege a IMAIL como abordagem ideal para enfrentar os problemas do direito internacional contemporâneo, por outro, retira o destaque esperado das TWAIL em sua obra mais recente e de maior maturidade. No texto, define as TWAIL como: "uma rede informal de acadêmicos do Terceiro Mundo que formulam críticas à história, às estruturas e ao processo do direito internacional a partir do ponto de vista dos povos do Terceiro Mundo, em especial dos grupos marginalizados e oprimidos" (CHIMNI, 2017, p. 15).

4. Críticas da Crítica

As críticas internas, aquelas feitas por acadêmicos alinhados às TWAIL ao próprio movimento, são recorrentes em seus escritos sobre as TWAIL. Uma das mais expressivas é aquela formulada pelos adeptos das abordagens terceiro-mundistas autodenominados *membros da segunda geração de "Twailers"* (TWAIL II), a partir da década de 1990, que buscavam se diferenciar dos seus antecessores históricos, os internacionalistas do momento pós-colonial (TWAIL I).

Em síntese, os membros das TWAIL I denunciaram a legitimação da submissão dos povos do Terceiro Mundo pelo direito internacional colonial, deram ênfase ao papel dos recém independentes Estados do Terceiro Mundo, por meio da afirmação dos princípios de igualdade soberana e da não intervenção, fortalecendo a crença de que a não rejeição das estruturas do direito internacional moderno resultaria na transformação do sistema internacional. Ao adotarem uma postura otimista com relação aos meios no direito internacional, tornaram-se fonte de críticas da segunda geração (ANGHIE e CHIMNI, 2003), segundo a qual não bastaria reivindicar mudanças de conteúdo se os mecanismos e estruturas do direito internacional, produtos do encontro colonial, não permitem a realização das aspirações terceiro-mundistas. Os acadêmicos da segunda geração criticaram mais enfaticamente os próprios Estados pós-coloniais, preferindo defender diretamente os povos do Terceiro Mundo, vítimas diretas da desigualdade de tratamento perpetrada pelos mecanismos e técnicas do direito internacional moderno.

Entretanto, a proposta de segmentação das TWAIL foi questionada por George Galindo (2016), sob o argumento de que essa divisão enfraquece um dos principais objetivos das abordagens terceiro-mundistas: o combate à produção acadêmica *mainstream*. Segundo Galindo, o projeto das TWAIL deveria ser visto como um movimento intelectual contínuo, formado por uma longa tradição, em vez de sucessivas gerações marcadas por diferentes posturas e prioridades. Menciona o anacronismo no estudo da história do direito internacional, que teria impedido Chimni e Anghie de perceberem que tanto os autores da primeira quanto da segunda geração buscavam, na verdade, dar respostas a diferentes questões em diferentes contextos históricos. Problematiza, ademais, a adoção de uma linha evolutiva entre a primeira e a segunda geração, que implicaria assumir uma ideia de progresso que aponta para a superioridade do segundo momento. Por fim, entende que a divisão das TWAIL em períodos enfraquece a construção de sua identidade, especialmente a partir do olhar de seus críticos externos.

Além das críticas internas, atualmente, as TWAIL também têm sido alvo de críticas, que atestam sua incapacidade de abordar problemas concretos (HASKELL, 2014), ou mesmo do silêncio perante narrativas de diversidade. Para Singh (2010, p. 95), por exemplo, as omissões das histórias dos povos tribais seriam reflexo de certa insensibilidade tanto do Estado indiano como do próprio Chimni, em um contexto no qual as TWAIL teriam falhado em dar a devida atenção à existência dos povos tribais.[7] Por essa razão, Singh (2010, p. 97-103) afirma que, para repensar a categoria Terceiro Mundo, seriam necessárias ações que tornassem possível a inclusão de novos atores e novas visões ao direito internacional, as quais deveriam, por sua vez, emergir da periferia dos subalternos e da metaperiferia dos povos tribais.

Para Haskell (2014, p. 403), ainda que as categorias abrangidas pelas TWAIL tenham se expandido consideravelmente, elas não teriam levado a qualquer inovação metodológica ou teórica no âmbito da literatura sobre a natureza específica do direito internacional ou suas tendências imperialistas. Mais do que isso, no limite, teriam por efeito reforçar as próprias condições em relação às quais se propõem a transcender. Para o autor, a maioria das reformas propostas pelas TWAIL, quando não são extremamente genéricas, não

---

[7] Na Índia, os povos tribais preferem se identificar como *"Adivasi"*, que significa, literalmente, "habitantes originais". No entanto, na região nordeste do país, as comunidades preferem chamar-se de povos indígenas (OIT, 2009, p. 18). Alguns países não se referem a povos "indígenas" e "tribais", mas preferem usar termos locais ou nacionais, muitos dos quais se referem a locais onde as pessoas vivem tradicionalmente suas vidas como, por exemplo, "habitantes das colinas", "pastores", "caçadores-coletores", "campesinos". Nas últimas décadas, entretanto, a maioria dos países e regiões contribuíram com interpretações práticas acerca do que são os povos indígenas e tribais (OIT, 2009, p. 13).

tendem a parecer tão diferentes dos modelos europeus liberais equivalentes. Mesmo Chimni, considerado dentro da tradição de TWAIL como um dos seus mais radicais representantes, ao combinar suas diferentes perspectivas para denunciar o direito internacional como domínio da luta de classes da elite transnacional contra uma classe oprimida globalmente, teria dificuldades para fornecer uma agenda alternativa, sobretudo na tentativa de descobrir o que exatamente pode ser considerado não convencional no discurso cotidiano do direito internacional (HASKELL, 2014, p. 404).

De outro lado, em termos metodológicos, a virada antropológica dentro das pesquisas de TWAIL para focar no nível "molecular" da vida material entre a resistência subalterna ao direito internacional não seria também necessariamente uma receita para escapar dos romantismos concorrentes do "*outro* não europeu" ou do "modelo de estado europeu" (HASKELL, 2014, p. 405). Tais limitações teriam suas origens na suposta resistência das TWAIL quanto à tradição intelectual marxista, com o que Haskell vê como uma tendência caricatural sobre o marxismo a partir de um conjunto limitado de proposições excessivamente simplificadas (HASKELL, 2014, p. 407).

Em especial em relação a Chimni, a sua perspectiva particular sobre o direito no âmbito da teoria marxista o leva a uma concepção mais generosa do direito internacional do que aquela que seria tipicamente encontrada em outras teorias críticas e marxistas (ÖZSU, 2017). Chimni (2017, p. 450) não vê o direito simplesmente como um reflexo da estrutura econômica da sociedade. Seria também em várias instâncias constitutivo das relações de produção, contribuindo diretamente para as contradições e transformações das relações econômicas. Nesse cenário, porém, para Knox (2017), ausente uma reflexão mais sustentada sobre o que precisamente conecta direito internacional e capitalismo, é difícil saber quais os limites do que é possível na ordem mundial existente, e sua teoria não daria conta da conexão persistente entre direito internacional e imperialismo.

5. Contribuições das TWAIL para Pensar o Direito Internacional

A despeito de suas limitações, as TWAIL convidam o pesquisador do direito internacional a encontrar formas inovadoras de abordar a disciplina, buscando conhecer o direito internacional sob o ponto de vista dos povos do Terceiro Mundo. Valorizam, por exemplo, a metodologia da relação reversa, que coloca o foco não apenas na história do vencedor, mas também na perspectiva dos povos que foram subjugados pelo direito internacional. Priorizam o historicismo global em oposição ao ocidental; a revisitação crítica das doutrinas que deram origem à disciplina; o foco mais nas continuidades e não tanto nas rupturas; o anacronismo do método histórico, que exige atenção para o movimento do significado do passado como fonte ou racionalização do presente.

Com isso, as TWAIL impulsionam um tipo de direito internacional que seja delineado como produto da inteiração entre culturas, buscando construções que destaquem a importância dos povos subjugados. Como resultado, são abordagens que não só contestam a realidade dos institutos e instituições internacionais, mostrando como as doutrinas "universais" são, a bem da verdade, eurocêntricas e imperiais, mas também buscam trazer ao direito internacional conhecimentos descartados e radicados na realidade dos povos do chamado Terceiro Mundo e, por isso, impulsionam a construção de um saber baseado em experiências locais de luta e resistência. Assim, a amplitude e o ecletismo de suas abordagens fazem com que o movimento abranja e dialogue com contribuições teóricas também trabalhadas nessa obra, em particular abordagens pós-coloniais, historicistas, feministas e étnico-raciais.

Ainda, é possível afirmar que as TWAIL contribuem com a diversificação das análises do direito internacional quando consideram não apenas as perspectivas dos *Estados* (como os realistas e positivistas fazem) ou dos *indivíduos* (como os liberais e naturalistas fazem) (RAJAGOPAL, 2003, p. 401), mas especialmente na história viva dos povos dominados. Nesse sentido, como lembra Baxi (2006, p.720), após a chegada do Terceiro Mundo ao direito internacional, não foi mais possível entender o direito internacional como a história do direito das nações à completa exclusão do *direito dos povos*.

Referências

ANGHIE, Antony. Francisco de Vitoria and the colonial origins of international law. *Social & Legal Studies*, v. 5, n. 3, p. 321-336, 1996.

ANGHIE, Antony; CHIMNI, B.S. Third World approaches to international law and individual responsibility in internal conflicts. *Chinese Journal of International Law*, v. 2, n. 1, p. 77-103, 2003.

ASHCROFT, Bill; GRIFFITHS, Gareth; TIFFIN, Helen. *Postcolonial studies*. The key concepts. 3. ed. Londres e Nova York: Routledge, 2013.

BAXI, Upendra. What may the 'Third World' expect from international law? *Third world quarterly*, v. 27, n. 5, p. 713-725, 2006.

CHIMNI, B.S. An outline of a marxist course on public international law. *Leiden Journal of International Law*, v. 17, p. 1-30, 2004.

CHIMNI, B.S. Third World approaches to international law: a manifesto. *International Community Law Review*, v. 8, p. 3-27, 2006.

CHIMNI, B.S. *International law and world order*: a critique of contemporary approaches. 2. ed. Cambridge: Cambridge University Press, 2017.

GALINDO, George. Splitting TWAIL? *Windsor Yearbook of Access to Justice*, v. 33, p. 37-56, 2016.

HASKELL, John. TRAIL-ing TWAIL: Arguments and blind spots in Third World approaches to International Law. *Canadian Journal of Law and Jurisprudence*, v. XXVII, n. 2, p. 383-414, 2014.

KNOX, Robert. Imperialism, commodification and emancipation in international law and world order. 29 dez. 2017. Disponível em: ejiltalk.org/imperialism-commodification-and-emancipation-in-international-law-and-world-order/. Acesso em: 18 ago. 2018.

ORGANIZACIÓN INTERNACIONAL DEL TRABAJO (OIT). *Los derechos de los pueblos indígenas y tribales en la práctica: una guía sobre El Convenio N. 169 de la OIT*. Departamento de Normas Internacionales del Trabajo, 2009.

ÖZSU, Umut. *Chimni's "relatively autonomous" international law*. 27 dez. 2017. Disponível em: ejiltalk.org/b-s-chimnis-relatively-autonomous-international-law/. Acesso em: 18 ago. 2018.

PAHUJA, Sundhya. *Decolonizing international law*: development, economic growth and the politics of universality. Cambridge: Cambridge University Press, 2011.

RAJAGOPAL, Balakrishnan. International law and social movements: challenge of theorizing resistance. *Columbia Journal of Transnational Law*, v. 41, n. 2, p. 396-433, 2003.

SINGH, Prabhakar. Indian international law: from a colonized apologist to a subaltern protagonist. *Leiden Journal of International Law*, v. 23, n. 1, p. 79-103, 2010.

Referências Complementares

ALVAREZ, José. Contemporary international law: An 'empire of law' or the 'law of empire"? *American University International Law Review*, v. 24, n. 5, p. 811-842, 2009.

ANGHIE, Anthony. *Imperialism, sovereignty and the making of international law*. Cambridge: Cambridge University Press, 2007.

ESLAVA, Luis; PAHUJA, Sundhya. Between resistance and reform: TWAIL and the universality of international law. *Trade, Law and Development*, v. 3, n. 1, p. 103-130, 2011.

GALINDO, George. A volta do Terceiro Mundo ao direito internacional. *Boletim da Sociedade Brasileira de Direito Internacional*, v. 119, n. 24, p. 46-68, 2013.

KNOX, Robert. Marxist approaches to international law. *In*: ORFORD, Anne; HOFFMANN, Florian (eds.). *The Oxford Handbook of the Theory of International Law*. Oxford: Oxford University Press, 2016, p. 306-326.

LORCA, Arnulf. International law in Latin America or Latin American international law? Rise, fall, and retrieval of a traditional of legal thinking and political imagination. *Harvard International Law Journal*, v. 47, n. 1, p. 283-305, 2006.

OKAFOR, Obiora Chinedu. Critical Third World approaches to international law (TWAIL): Theory, methodology, or both? *International Community Law Review*, v. 10, p. 371-378, 2010.

RAJAGOPAL, Balakrishnan. *International law from below: development, social movements and Third World Resistance*. Cambridge: Cambridge University Press, 2003.

TOURME-JOUANNET, Emmanuelle. *What is a fair international society?* International law between development and recognition (French Studies in International Law). Hart Publishing: United Kingdom, 2013.

Capítulo 2. A Pós-Colonialidade do Direito Internacional[1]

Sundhya Pahuja[2]
Tradução: *Gabriel Antonio Silveira Mantelli e Sinuhe Nascimento e Cruz*

Como devemos entender a relação entre o direito internacional e o imperialismo? Que influência isso poderia ter sobre a forma como vemos o direito internacional contemporâneo? De acordo com um ponto de vista, o direito internacional é simplesmente uma "capa de legalidade" jogada sobre a subjugação dos povos colonizados pelas potências imperialistas em uma distorção do verdadeiro espírito do direito internacional.[3] Por esse entendimento, atualmente tem-se a tarefa de livrar o direito internacional dos vestígios dessa apropriação indevida. Devemos aceitar a descolonização por seu valor intrínseco e buscar ampliar o escopo e o conteúdo do direito internacional de maneira culturalmente sensível. Alcançar a meta proposta por este simpósio de "prever novas ordens" exigiria, nesse sentido, o resgate do direito internacional do

---

[1] N.E.: Tradução de: PAHUJA, Sundhya. The postcoloniality of international law. *Harvard International Law Journal*, v. 46, n. 2, p. 459-469, verão 2005.
[2] A autora agradece a David Kennedy e aos editores deste periódico [*Harvard International Law Journal*] pelo convite em participar do simpósio, a Jean-Denis Greze por sua edição astuta, e a Patricia Tuiit, Nathaniel Bermann e Peter Fitzpatrick por seus comentários em versões anteriores deste artigo, assim como a Vidya Kumar e a Jeremy Baskin por conversas iluminadoras.
[3] WEERAMANTRY, Christopher. *Universalising International Law*, 2004, p. 4. Este é o ponto de vista dominante, mesmo que apenas por causa da ausência evidente do colonialismo no discurso dominante.

desvirtuamento do poder para tornar explícita a promessa de universalidade e igualdade de soberania do direito internacional bem-intencionado.[4]

De acordo com outra visão, existe a crença de que o direito internacional sempre esteve envolto e à serviço do imperialismo. Nessa corrente, as doutrinas e instituições do direito internacional são compreendidas como moldados pelas potências globais a fim de atender seus interesses. Aqueles que detêm poder atualmente mantêm a capacidade de criar e implementar direito internacional, agora facilitando práticas de (neo)colonialismo.

Entretanto, a maioria dos acadêmicos engajados com o "pós-colonial" de uma forma ou de outra hesitaria em abraçar qualquer uma dessas duas posições. Por um lado, a percepção do direito internacional como vítima inocente à espera de ser resgatada das deturpações do imperialismo é insustentável. Por outro lado, a visão de que o direito internacional serve abertamente ao imperialismo é igualmente impopular entre os que estão engajados neste debate. Eles geralmente não estão dispostos a aceitar esse quadro tão abrangente e sua respectiva demanda por abandonar o direito internacional como um local de contestação, seja histórica ou contemporaneamente. E, assim, há uma irresolução que perturba qualquer tentativa de caracterizar o direito internacional nitidamente, seja como um dos lados dos anjos ou na sua ligação diabólica com o imperialismo.

Em vez de simplesmente atribuir isso à indeterminação da linguagem ou à natureza formal do direito, é importante investigar a qualidade dessa irresolução e perguntar se ela é, *em si*, significativa.[5] Indiscutivelmente, há algo de distintivo sobre a relação implícita no "pós-colonial" – tanto uma ruptura quanto uma continuidade com formas passadas de dominação – e algo particular sobre a capacidade do direito de ser tanto apropriado para fins imperialistas quanto usado como uma força para a libertação.[6]

---

[4] Para uma exposição desta ideia (*"not an espousal of the position"*), ver STRAWSON, John. Book Review, *Melbourne University Law Review*, v. 5, p. 513, 2004 (resenhando Christopher Weeramantry, *Universalising International Law*, 2004).

[5] Para um estudo eloquente sobre as ambivalências do direito internacional em relação ao Império e seus legados, ver: *Amsterdam University International Law Review*, v. 14, n. 6, p. 1.521, 1999.

[6] Ver, genericamente: FITZPATRICK, Peter. "Gods ould be needed..." American empire and the rule of (international) law. *Leiden Journal of International Law*, v. 16, n. 3, p. 429, 2003; FITZPATRICK, Peter. Latin roots: imperialism and the formation of modern law. *CLAVE – Counterdisciplinary notes on race, nation and the state*, 2005 (no prelo) ([doravante:

Argumento que a qualidade dessa irresolução sugere que *o próprio direito internacional já é pós-colonial em si*, pois sustenta e contém em si o que poderíamos chamar de condição pós-colonial. De maneira sucinta, isso pode ser entendido não apenas como a autoconstituição circular do eu e do Outro, mas também como a inclusão paradoxal do excluído exigida pela reivindicação da universalidade desta constituição. Essa dinâmica explica tanto o efeito imperialista do direito internacional quanto sua tendência anti-imperialista. Fundamentalmente, se essa dinâmica é ou não abordada de alguma forma, parece indicar se uma abordagem do direito internacional provavelmente terá alguma aquisição crítica ou será, ao contrário, atraída para a reprodução das relações coloniais de poder.

No decorrer deste artigo, vou delinear as dimensões dessa pós-colonialidade e suas implicações levando em consideração dois exemplos. A primeira dimensão é a universalização do direito internacional por meio da descolonização; e a segunda dimensão é o sucesso limitado das recentes tentativas de "descolonizar" os direitos humanos, reescrevendo-os em bases mais "verdadeiramente" universais.

1. A Pós-Colonialidade do Direito Internacional

Comecemos por um conhecido truísmo da literatura pós-colonial: "a identidade europeia ou ocidental é constituída em oposição a uma alteridade por ela mesma construída".[7] Em outras palavras, a constituição do Ocidente

FITZPATRICK, Peter. *Latin roots*]. Manuscrito nos arquivos do *Harvard International Law Journal*).
[7] DARIAN-SMITH, Eve; FITZPATRICK, Peter. Laws of the postcolonial: an insistent introduction. *In*: DARIAN-SMITH, Eve; FITZPATRICK, Peter. *Laws of the postcolonial*, 1999, p. 1. Como Kumar observou, é apropriado evitar a identificação de um momento inaugural da teoria pós-colonial. Ainda que essa compreensão sobre a relação entre colonialismo e produção do conhecimento ocidental, particularmente conhecimento sobre o "Outro", seja comumente reputada à obra de Eward Said, até mesmo Said concordaria que a linhagem se estende para além de si mesmo "à luz dos seus numerosos (relativamente menos conhecidos) precursores, entre eles, dentre outros, Franz Fanon, C. L. R. James, Chinua Achebe, Anta Diop, W. E. B. Du Bois, Romiila Thapar, Aimé Cesaire, sem mencionar a inundação de autores da "literatura do Commonwealth britânico" escrevendo nas décadas de 1960 e de 1970." KUMAR, Vidya. A propleptic approach to postcolonial legal studies? A brief look at the relationship between legal theory and intellectual history. *Law, Social Justice and Global Development Journal*,

depende da construção de um "Outro" em relação ao qual o Ocidente define a si mesmo. A este Outro são atribuídas características que o Ocidente tanto rejeita quanto ostensivamente carece: o Outro é essencialmente o que o Ocidente *não é*. Este Outro não existe como tal na medida em que não é um ser com qualquer essência antes desta autoconstituição circular do Ocidente. Não obstante, tal construção traz efeitos e consequências reais para aqueles povos nela compreendidos, para aqueles que são diferencialmente concebidos como "selvagens e bárbaros, ou mesmo aqueles que são vistos como menos ocidentais do que deveriam ser".[8] Curiosamente, essa autoconstituição dá origem a uma "exclusão definidora de certos povos com base em características ostensivamente opostas àquela identidade".[9] A "exclusão definidora surge" quando as características atribuídas ao Outro são ostensivamente rejeitadas, mas tornam-se como essenciais à identidade do Ocidente por meio do processo de definição negativa.

O que é menos frequentemente observado, e que poderia ser dito para "iniciar o momento definidor do pós-colonialismo" é que "a exclusão desses outros é intrinsecamente antitética à pretensão ocidental de reclamar o universal para si, uma vez que tal pretensão requereria a inclusão, por parte do Ocidente, de todos aqueles Outros excluídos de sua constituição".[10] Em outras palavras, o Ocidente reivindica para si mesmo a característica do "universal". Sua razão pode ser aplicada a todos. Seu conhecimento do mundo é definidor, e o mundo é conformado (como único) dentro deste conhecimento. Entretanto, para que esta reivindicação seja verdadeira, para que os valores do Ocidente *sejam* universais, faz-se necessário que o que se encontra excluído, pelo próprio ato da autoconstituição, seja incluído. Aqueles que habitam o Outro, aqueles compreendidos neste processo, encontram-se assim "divididos entre a exclusão por representarem o que é radicalmente oposto ao Ocidente e a demanda por assimilarem e participarem daquilo que é propriamente ocidental".[11]

---

v. 2, 2003. Disponível em: http://www2.warwick.ac.uk/fac/soc/law/elj/2003_2/kumar/ (última modificação em 23 de fevereiro de 2005). Acesso em: 21 abr. 2005.
[8] DARIAN-SMITH, Eve; FITZPATRICK, Peter. 1999, p. 1. Ver Nota 7, *supra*.
[9] DARIAN-SMITH, Eve; FITZPATRICK, Peter. 1999, p. 1. Ver Nota 7, *supra*.
[10] [10] DARIAN-SMITH, Eve; FITZPATRICK, Peter. 1999, p. 1-2. Ver Nota 7, *supra*.
[11] DARIAN-SMITH, Eve; FITZPATRICK, Peter. 1999, p. 2. Ver Nota 7, *supra*.

Este paradoxo – da autoconstituição circular do Outro e do eu combinada com a aplicabilidade universal daquela reivindicação – explica, ao menos em parte, a dinâmica ambígua do direito internacional e sua intrigante contenção tanto da promessa libertadora quanto do perigo imperialista. Ademais, isto também explica o porquê de estratégias baseadas na produção de uma "genuína" universalidade, ou na revalorização do Outro, ou até mesmo projetos dirigidos à revelação da política do direito internacional de uma forma não específica, serem destinadas a reproduzir o impulso imperialista. Vamos nos voltar brevemente para dois exemplos para melhor entender essa ideia.

2. Descolonização Enquanto "Universalização" do Direito Internacional

É um lugar-comum nos textos clássicos de direito internacional pontuar que, após a ocorrência da descolonização, o direito internacional tornou-se verdadeiramente universal e que uma real comunidade de Estados passou então a existir. Esta universalidade reside no fato de que aqueles que haviam sido excluídos do domínio da soberania estariam, agora, incluídos e poderiam participar do sistema internacional em pé de igualdade enquanto Estados soberanos.[12]

Pode-se argumentar, no entanto, que, dado o fato de o direito internacional já haver se tornado *universalmente aplicável* durante o período da colonização enquanto o sistema determinante de direito a governar as relações ao redor do globo, esta mudança não consistiu em uma mudança em direção à universalidade enquanto tal, mas uma mudança que parte de um universalismo para outro. Esta mudança, então, ilustraria a pós-colonialidade do direito internacional.

Aonde quer que o direito internacional vá, ele arroga já possuir a jurisdição para atuar enquanto direito, e de ser extensível a todos. Ao mesmo tempo que o direito internacional reivindica ser extensível a todos, há uma formação de e uma diferenciação entre o eu que é sujeito do direito e do Outro que é englobado pelo discurso do direito, mas que não está apto a ser reconhecido como sujeito dentro desse domínio.

[12] Ver: ANGHIE, Antony. *Imperialism, sovereignty and the making of international law*, 2004, p. 197.

De fato, desde o começo, o direito internacional teve de postular, delimitar e diferenciar entre os eus e os Outros. Conforme Antony Anghie demonstrou em relação a Francisco de Vitoria e sua defesa ostensiva dos índios, o direito deveria ser universal na medida em que pudesse ser aplicável *aos* índios. Não obstante, os indígenas ainda tinham de ser diferenciados; caso contrário, como poderiam suas terras ser justificadamente apropriadas?[13]

Em se tratando do assunto próprio do direito internacional, o Estado-nação, uma constituição similar do direito e do sujeito existe. De fato, conforme John Strawson oportunamente observou, a Paz de Vestfália de 1648 pode ser entendida como "outorgadora do monopólio da personalidade jurídica aos poderes europeus" em vez de ter firmado a doutrina da soberania estatal em si.[14] Essa circularidade inevitável ainda é aparente na relação doutrinária do direito internacional com o Estado-nação. Por exemplo, é evidente na tendência do direito internacional a oscilar (in)decisivamente entre o reconhecimento de um Estado-nação preexistente e a declaração de que um Estado nascente passará a existir a partir de então, revelando um direito que define a si mesmo enquanto fundado no consentimento dos Estados, as entidades de fato jurídicas por ele definidas.

A inauguração circular do direito e do sujeito e a aquisição de personalidade jurídica pelo Estado-nação são acompanhadas por uma reivindicação universal feita tanto em termos espaciais quanto temporais. A "moderna" nação se estende por toda a Terra. Os termos da "cortesia" internacional, passando a ser "sociedade" e agora "comunidade", "efetua um fechamento ao redor da nação e confirma seu alcance universal, porque esses termos estão implicados no espraiamento da nação, não deixando nenhum espaço que não seja nacional".[15]

No entanto, a nação também faz uma reivindicação universal em dimensão temporal. Apresenta a si mesma como a forma axiomática da organização

---

[13] ANGHIE, Antony. *Imperialism, sovereignty and the making of international law*, 2004, p. 197 (Capítulo 1).
[14] STRAWSON, John. 2004, p. 516. Ver Nota 4, *supra*.
[15] Ver: PAHUJA, Sundhya; BUCHANAN, Ruth. Law, nation and (imagined) international communities. *Law Text Culture*, v. 8, p. 137, 2004. Ver, também: FITZPATRICK, Peter. *Modernism and the gounds of law*, 2001, p. 121; ANGHIE, Antony. Finding the peripheries: sovereignty and colonialism in nineteenth century international law, *Harvard International Law Journal*, v. 40, n. 1, p. 1, 1999.

social "moderna". Povos não constituídos enquanto nação só podiam ser concebidos como não constituídos *ainda* enquanto nações. Embora eles existissem no mesmo momento de fato, estavam organizados conceitualmente como existindo no passado. O presente da nação era o futuro da não nação. Isto é, para que a nação fosse universal, deveria haver alguma maneira de garantir esta realidade. Formas não nacionais de organização política e social deveriam ser mantidas em sua particularidade, ou *não* universalidade, tanto para possibilitar sua dominação quanto para manter sua inclusão enquanto não sujeitos no âmbito do direito. E foi aí que este notável arsenal conceitual entrou em jogo, pavimentando sobre historicismo – "a ideia de que, para se entender algo, se deveria entendê-lo enquanto unidade e no contexto de desenvolvimento histórico".[16] Assim, uma distinção poderia ser feita entre as partes "civilizadas" e "não civilizadas" do mundo por meio da qual a colonização e a apropriação de terra seriam facilitadas e justificadas.

Portanto, a autofundação – do direito internacional e de seus sujeitos nacionais – ocasionou o que poderíamos chamar de "cisão" entre o eu e o Outro. Esta cisão possui o efeito de constituir tanto o que é criado – ou fundado – quanto seu oposto, aquilo que não é. Todavia, a constituição e a diferenciação entre aquilo que está sendo ostensivamente fundado e o que não está – a nação – também devem realizar uma reivindicação para tornar-se universal. O efeito paradoxal desta abrangência é assegurar a imutabilidade desta cisão enquanto oculta sua ocorrência tornando-a assim autorizativa e tão aparentemente quanto universalmente verdadeira.[17]

Em suma, é a universalidade putativa da nação que a torna aberta à apropriação por parte dos movimentos de libertação protonacionais. A não nação é igualmente povoada – por povos que não podem ser constituídos de uma forma completa ou limitada. Esse excesso é evidenciado pelo fato de que os nacionalistas colonizados se opunham ao "ainda não" da resposta historicista à reivindicação da libertação nacional com um insistente "agora".[18] E assim a versão da "sala de espera" da história foi desafiada por aqueles que não estavam dispostos a aceitar que eles eram incapazes de se autogovernar.[19]

---

[16] CHAKRABARTY, Dipesh. *Provincializing Europe*, 2000, p. 6.
[17] Essa segurança dura apenas um instante e, portanto, deve ser constantemente reiterada.
[18] CHAKRABARTY, Dipesh. 2000, p. 9. Ver Nota 16, *supra*.
[19] CHAKRABARTY, Dipesh. 2000, p. 9. Ver Nota 16, *supra*.

Para os presentes propósitos, é significativo notar que as lutas bem-sucedidas foram aquelas que tomaram a forma de lutas pela *libertação nacional* e não de lutas pela descolonização. Embora alguns tenham atribuído essa continuidade à subsunção pelas elites descolonizadoras das estruturas imperiais de domínio ou à aceitação (muitas vezes através da educação) da episteme do colonizador,[20] em termos jurídicos internacionais, a única forma de descolonizar era por meio da autodeterminação enquanto Estado-nação.[21] De fato, diversas doutrinas mutuamente reforçadoras do direito internacional existem para sustentar essa afirmação. Elas incluem as regras a respeito do reconhecimento do caráter de Estado e da investidura de personalidade jurídica internacional exclusivamente no Estado-nação – reforçadas por doutrinas como a do *uti possidetis* – que garantiram não apenas que a forma do Estado-nação fosse "a única forma de adentrar no mundo e ser reconhecido como um ator dotado de posições jurídicas dentro dele",[22] mas também que a definição territorial do novo Estado permanecesse a única a ele legada pelos poderes coloniais.[23] Portanto, enquanto a reivindicação universal da nação contivesse a perigosa possibilidade emancipatória – aquela aplicável a todos – adotar esta particular forma de Estado-nação era a única forma de vir a tornar-se "alguém" e adentrar na comunidade das nações. Ou seja, a conquista da "autodeterminação" se deu através de uma relação contraditória com as categorias do direito internacional que se tornaram "verdadeiramente" universais unicamente pela concessão de *status* formal legal aos novos sujeitos, tornando-os comensuráveis com suas formas.

Contudo, essa contenção não era o fim da história, porque embora (quase) todos os novos territórios descolonizados tivessem recebido reconhecimento legal formal enquanto Estados-nação mais cedo ou mais tarde, eles ainda não conseguiram superar sua particularidade. Apenas porque os novos Estados

---

[20] Ver, por exemplo: GUHA, Ranajut. On some aspects of the historiography of Colonial India. *In*: GUHA, Ranajit; SPIVAK, Gayatri Chravorty (ed.). *Selected Subaltern Studies*, 1988, p. 37.
[21] Ver, por exemplo: OTTO, Dianne. Subalternity and International Law: the problems of global community and the incommensurability of difference. *Social & Legal Studies*, v. 5, n. 3, p. 337 e 339, 1996.
[22] FITZPATRICK, Peter. 2001, p. 127. Ver Nota 15, *supra*.
[23] *Uti Possedetis Jure*: "terás a soberania dos territórios que possuir por direito". Neste ponto e se é uma regra do direito internacional consuetudinário, um princípio geral do direito, ou uma "prática simples", ver: CASSESE, Antonio. *International law*, 2001, p. 57.

independentes rejeitaram o determinismo histórico de que eles não estavam prontos para a independência, isto não significa que o Ocidente tenha aceitado totalmente a rejeição e abandonado suposições históricas ou entendimentos sobre o mundo. De fato, de algum modo, esta adaptação responsiva do direito internacional às lutas por libertação nacional trouxe o Outro selvagem para uma relação mais próxima ainda com o Ocidente, necessitando de uma nova forma de contenção. Mesmo quando a promessa de universalidade foi capturada na medida da atribuição da forma jurídica de nação a essas entidades, outros mecanismos conceituais foram engendrados para afetar a contínua contenção do Outro selvagem, enquanto sua infinita transformação em uma moderna, ou universal, nação foi continuamente reeditada.

Portanto, não é coincidência que as noções de "desenvolvimento" e "subdesenvolvimento" tenham nascido no mesmo momento em que a descolonização estava em curso.[24] De acordo com essa profunda narrativa histórica, a não universalidade das novas nações formadas foi entendida em contradição às (ocidentais) nações universais e foi mantida uma vez mais através da ideia de que as formas não modernas de organização social existiam no passado histórico e que as presentes nações ocidentais eram exemplares do futuro para aquelas nações não modernas. Assim, em vez de diferentes tipos de entidades, tanto potencialmente nacionais quanto não nacionais, e existindo de forma heterônoma lado a lado, a nação moderna existia em um "tempo homogêneo vazio".[25] Conforme Chatterjee pontuou,

> [A]o imaginar [...] a modernidade [...] como um atributo do tempo em si, esta visão é bem-sucedida não apenas por marcar as resistências a ela como arcaicas e datadas, mas também por assegurar para o capital e a modernidade seu triunfo último, independentemente do que algumas pessoas pudessem acreditar ou esperar, porque, afinal de contas, o tempo não permanece parado.[26]

---

[24] Ver: ESCOBAR, Arturo. *Encountering development: the making and unmaking of the Third World*, 1995; ESTEVA, Gustavo. Development. *In*: SACHS, Wolfgang (ed.). *The development dictionary*: a guide to knowledge as power, 1992, p. 6.
[25] ANDERSON, Benedict. *Imagined communities*: reflections on the origin and spread of nationalism, 1983.
[26] CHATTERJEE, Partha. *The politics of the governed*, 2004, p. 5.

Esse entendimento do mundo autorizou – necessitou, de fato – contínuas intervenções para fazer do Terceiro Mundo "moderno". Do sistema de tutela e mandato[27] às contemporâneas intervenções do Fundo Monetário Internacional e do Banco Mundial, bem como as outras incontáveis instituições desenvolvimentistas e organizações de auxílio, os povos selvagens, primitivos, atrasados e, finalmente, subdesenvolvidos do mundo foram reconstituídos como Outros pelo Ocidente. A noção de cortesia das nações (civilizadas) deu lugar a uma comunidade internacional fundada em "valores universais". Estes valores formaram a base sobre a qual tais intervenções ocorreram, com base na noção de que estes valores são, e devem ser, universalmente reconhecidos. Tal fundamentação putativa permite à noção de comunidade internacional conter e conformar uma escalar progressão de nações, indo "desde as democracias liberais mais 'avançadas' a nações quase coerentes, sempre prestes a cair no abismo de uma alteridade selvagem última que ainda persiste [...] e tem de ser transcendida para alcançar a plenitude enquanto nação".[28] Esses "valores universais" tornam-se uma espécie de matriz generativa a partir da qual podemos ver a produção de um tipo particular de nação (universal).[29] Não só a "nação" é produzida por essa matriz, mas também a comunidade internacional. Em vários documentos justificando intervenções de tipos diversos,[30] a comunidade internacional é imaginada como sendo composta pela aglutinação de nações particulares, mas, ao mesmo tempo, também é colocada como sendo a fonte de valores "universais", dos quais instituições internacionais lançam mão para justificar a caracterização desses valores particulares enquanto universais.[31] Assim, há uma relação circular entre a nação e a comunidade internacional na qual cada uma reforça a reivindicação do

---

[27] Ver, por exemplo: ANGHIE, Antony, 1996 (Capítulo 3), conforme Nota 12, *supra*; RAJAGOPAL, Balakrishnan. *International law from below*: development, social movements and Third World resistance, 2003 (Capítulo 3).

[28] FITZPATRICK, Peter. 2001, p. 127-128. Ver Nota 15, *supra*.

[29] Ver: PAHUJA, Sundhya; BUCHANAN, Rurh. Difference without plurality: nation-building and the imperializing logic of international law, *International Law and Imperialism, Paper Presented at the Second Joint Workshop of Birkbeck and the Foundation for New Research in International Law, Londres* (11 maio 2004).

[30] Ver, por exemplo: World Commision on the Social Dimension of Globalization, a Fair Globalization: Creating opportunities for all. 2004. Disponível em: http://www.ilo.org/public/english/wcsdg/docs/report.pdf. Acesso em: 21 de abr. 2005.

[31] Ver: PAHUJA, Sundhya; BUCHANAN, Rurh, 2001. Ver Nota 15, *supra*.

Outro à universalidade. Ao mesmo tempo, contudo, a matriz da possibilidade exclui aqueles tipos de nações que falham em passar no teste de adequação a um tipo específico de nação universal.

Assim sendo, a universalização do direito internacional após o processo de descolonização pode ser vista, por um lado, como uma captura pelos povos recém-descolonizados da promessa de um direito de aplicação geral e, por outro, como demonstrativa de que essa promessa só poderia ser cumprida pela adoção de formas jurídicas já comensuráveis com o direito internacional. Essa demanda por comensurabilidade é produzida na medida em que a universalização é um processo definido que requer uma específica forma de ser "universal", mas que depende de uma afirmação paradoxal de que o que está sendo universalizado já é universal. E então o processo garante a sua própria ocorrência. Essa dinâmica é também visível no domínio dos direitos humanos, em que as contemporâneas tentativas de conferir a estes direitos o verdadeiro caráter de "universais" podem ser vistas como o exemplo quase inverso do que fora acima exposto. De fato, como se para intensificar o eco, alguns têm se referido a esse processo como a "descolonização" dos direitos humanos.[32]

3. Refundando os Direitos Humanos

Entre as abordagens pós-coloniais para o direito internacional, há diversas tentativas que vão em direção a uma nova concepção dos direitos humanos, uma que seja mais aderente aos novos tempos. Tais abordagens admiravelmente tentam trazer diferentes perspectivas para encarar os direitos humanos, ou incorporar diferentes vozes dentre aqueles que ditam o direito. Acadêmicos representantes desta linha reconhecem não ser mais possível negar a especificidade cultural do regime de direitos humanos e que tem se tornado cada vez mais insustentável acolher uma visão de direitos humanos que ignore as origens coloniais do direito internacional. Eles se valem de um conjunto persuasivo de exemplos dos efeitos excludentes do contemporâneo regime

---

[32] Ver, por exemplo: WRIGHT, Shelly. *International human rights, decolonization and globalization: becoming human*, 2001.

de direitos humanos, especialmente em relação aos povos indígenas.[33] Nesse esforço, há, por vezes, uma positiva ênfase na forma como a hierarquização existente entre direitos civis e políticos, de um lado, e os econômicos, sociais e culturais, de outro, perpetua a existência de estruturas coloniais de opressão.[34] Isso é exacerbado pela concomitante ênfase dada à figura do indivíduo em detrimento do coletivo.[35]

Frequentemente, essas abordagens traçam uma conexão entre as limitações dos direitos humanos e sua universalidade putativa. A universalidade é encarada como tendo sido temporariamente apropriada pela "noção euro-americana de universalidade", que "é necessário desistir se os direitos humanos continuarem a ter relevância universal".[36] Quando o problema é colocado desta forma, o que aparenta ser necessário é a produção de padrões mais inclusivos de comportamento que transcendam as diferentes culturas, encontrar valores que sejam compartilhados e que transformem uma universalidade culturalmente específica em uma real universalidade.

Abordagens dessa linha estão seguindo os passos de internacionalistas radicais do Terceiro Mundo que tentaram tirar vantagem da universalização do direito internacional por meio da descolonização e refundação da disciplina em bases verdadeiramente mais universais, tanto por mecanismos como o poder de voto adquirido na Assembleia Geral das Nações Unidas quanto por suas atividades acadêmica e intelectual.[37] Tal processo de universalização requereria que "muitas outras perspectivas universais, oriundas de todas as tradições culturais do mundo, pudessem e devessem ser incorporadas ao direito internacional de modo que ele se desenvolvesse a ponto de ser capaz de

---

[33] WRIGHT, Shelly. *International human rights, decolonization and globalization:* becoming human. 2001.

[34] Ver, por exemplo: WRIGHT, Shelly. *International human rights, decolonization and globalization*: becoming human, 2001, p. 190.

[35] Ver, por exemplo: WRIGHT, Shelly. *International human rights, decolonization and globalization*: *becoming human*, 2001, p. 67.

[36] WRIGHT, Shelly. *International human rights, decolonization and globalization: becoming human*, 2001, p. 131.

[37] Exemplos incluem a tentativa de se estabelecer uma nova ordem econômica internacional, assim como o estabelecimento da Conferência da ONU sobre Comércio e Desenvolvimento. Por um estudo útil sobre esses desenvolvimentos, ver: KÖRNER, Peter *et al*. *The IMF and the debt crisis*, 1986, p. 5-73, p. 128-161 (Tradução de Paul Knight).

atender às necessidades do século XXI".[38] Em uma variante pós-colonial mais autoconsciente, os acadêmicos do direito internacional dos direitos humanos revelam as origens ocultas do valor positivo nos valores universais ostensivamente ocidentais ao reconhecer a troca de valores entre colonizador e colonizado.[39] Em outras palavras, tais abordagens justificam que a universalidade do direito internacional e/ou dos direitos humanos com base no argumento de que os valores culturais não europeus estão igualmente habilitados a informar valores universais ou até mesmo já terem moldado valores universais através do processo de intercâmbio colonial.

Isso, obviamente, nos traz de volta à questão do universal, pois se o argumento é de que os direitos humanos seriam melhores se eles fossem genuinamente universais, "verdadeiramente aplicável a todos", então, indiscutivelmente, faz-se necessário explorar a relação entre o conceito de universalidade em si e "os esforços bizantinos ao poder e ao conhecimento colonial",[40] para não mencionar sua relação com o cristianismo.[41] Similarmente, o projeto de refundar os direitos humanos em outras bases culturais deixa sem examinar o modo pelo qual o direito moderno marca sua autoridade através de gestos originários.[42] Indiscutivelmente, não importa qual o conteúdo normativo ou os fundamentos filosóficos que sustentam um sistema, a busca por fundações é em si uma busca por autoridade. É um ato de descobrimento e narração de uma origem que coloca um limite ao dizer "este é o nosso começo", e é a partir daqui que existimos e passamos a possuir sentido. O efeito é então autorizativo e autorizador. Ao fundar a autoridade, a narrativa da origem

---

[38] WEERAMANTRY, Christopher. 2004, p. 2-3. Ver Nota 3, *supra*.
[39] Ver, por exemplo: WRIGHT, Shelly, 2001. Ver Nota 32, *supra*.
[40] DIRKS, Nicholas. *Castes of mind: colonialism and the making of modern India*, 2001, p. 10.
[41] Uma entrada para "universalidade" no *The Oxford English Dictionary* define-a como uma "extensão para o mundo inteiro..." do catolicismo romano. *The Oxford English Dictionary*, v. 19, 2. ed. 1989, p. 85. De fato, as origens cristãs dos direitos humanos, assim como a substituição das ortodoxias sagradas pelas seculares pelas fundações e pelo projeto em andamento dos direitos humanos, é um projeto intimamente relacionado e subexplorado no direito internacional. Ver, genericamente: BEARD, Jennifer. Understanding international development programs as a modern phenomenon of early and medieval Christian theology, *Australian Feminist Law Journal*, v. 18, p. 27, 2003 (que discute as origens cristãs do direito internacional).
[42] FITZPATRICK, Peter. *Modernism and the gounds of law*, 2001, p. 121. Ver, também: BEARD, Jennifer; PAHUJA, Sundhya (ed.). Divining the source: law's foundation and the question of authority. *Australian Feminist Law Journal*, v. 19, 2003. Edição especial.

apaga a possibilidade de um outro ser ou de um ser de outra forma. Ademais, isso previne o sujeito da narrativa de ser mais do que a origem permite. O sujeito é fixo: é sempre aquele gestado em sua origem. Teorias e narrativas de autodeterminação e soberania são inextricavelmente ligadas a narrativas de autoridade da lei, bem como aquelas relacionadas ao Estado e à sua prerrogativa de legitimação do poder e da violência.[43]

É difícil saber se ao refundar os direitos humanos, mesmo em bases ainda desconhecidas e ricamente diversas, seria, por fim, possível escapar da violência originária da criação do sujeito de direito, e, portanto, do Outro – mesmo que o eu seja agora remodelado. De fato, tal refundação pode atuar nos impulsos imperialistas do direito internacional, desta vez delineando poderosamente o que significa ser humano.

Assim, com efeito, os projetos voltados para a refundação parecem conceder uma existência muito sólida ao Outro, tentando, por exemplo, revalorizar culturas que foram desvalorizadas. Nisso há uma sutil aceitação subjacente de certas essências ou identidades fixáveis e um concomitante deslizamento em certas "visões antropológicas que conferiram explicações culturais ao mundo colonizado".[44] Desse modo, enquanto é de fato central analisar as práticas de criação de conhecimento de tal forma que um Outro para a Europa foi construído, é crucial explorar a construção do Outro em termos de sua centralidade para a construção do eu. Essa exploração poderia implicar uma consideração da necessidade de o eu ser "inteiro"[45] ou de ter uma identidade que possa ser consertada. Tal interpretação estaria em contraste com a compreensão de que a construção revela fatos sobre o Outro enquanto um ser.

Em vez de sentir a angústia que muitos estudiosos contemporâneos de direitos humanos têm em relação ao enigma familiar da escolha aparente, devemos decidir entre o mito da universalidade e o niilismo do relativismo cultural; a oscilação deve ser entendida e abraçada como sintomática da qualidade

---

[43] DERRIDA, Jacques. Force of law: the "Mystical Foundation of Authority". *In*: Gil ANIDJAR, Gil (ed.). *Acts of religion*, 2002, p. 231. Ver, também: HINDESS, Barry. *Discourses of power*: from Hobber to Foucault, 1996.

[44] DIRKS, Nicholas. 2001, p. 303. Ver Nota 40, *supra*.

[45] Ver: BEARD, Jennifer. *The political economy of desire:* law, development and the nation state (no prelo, 2005); BEARD, Jennifer. Representations of the liberal state in the art of development, *Griffith Law Rev*iew, v. 10, p. 6, 2002.

pós-colonial do direito e da impossibilidade radical de fechamento que ela gera. Numa tentativa de "descolonizar" os direitos humanos, é importante reconhecer que a divisão entre o eu e o Outro não é tanto "compreendida dentro dos alicerces da civilização do Iluminismo"[46] como o é o fundamento em si. É esta "cisão" que conforma as categorias que são a base de tal pensamento. Reconhecer isto pode nos levar a um entendimento mais relacional, no qual somos forçados a levar em conta a impossibilidade de um ser fixo e determinado – tanto para nós mesmos quanto para nossos Outros – de forma que se abrem, em vez de se ampliarem, reorganizarem, ou mesmo revalorizarem as categorizações das quais o colonialismo e o imperialismo dependiam e, sem dúvida, de que os direitos humanos ainda dependem.[47]

4. Conclusão

O "pós" no pós-colonial não designa um estado claramente além nem depois do colonial. Em vez disso, denota uma "continuação do colonialismo na consciência dos povos anteriormente colonizados e nas instituições que foram impostas no processo de colonização".[48] Entre as principais instituições está o direito internacional, que, de uma forma ou de outra, foi formado a partir das exigências do imperialismo. No entanto, se o direito internacional era filho do imperialismo, "não é apenas uma criança obediente, mas uma criança com inclinações edipianas".[49] E embora o direito internacional seja suscetível ao poder, ele também mantém uma relação de oposição ao poder. Essa irresolução pode ser entendida como sintomática da "pós-colonialidade" do direito internacional. Essa pós-colonialidade, em parte, descreve a maneira pela qual o direito internacional deve continuamente efetuar uma cisão entre o "eu" e o "Outro", tornando o que é excluído crucial para a formação do

---

[46] WRIGHT, Shelley. 2001, p. 186. Ver Nota 32, *supra*.
[47] Essa ideia de pensar por meio da relacionalidade é inspirada por minhas leituras de Jean-Luc Nancy. Ver: NANCY, Jean-Luc. *The inoperative community*, 1991; NANCY, Jean-Luc. *Sense of the world*, 1997; NANCY, Jean-Luc. Finite history. *In*: NANCY, Jean-Luc. *The birth to presence*, 1993, p. 143. Essas provocações não chegam próximas ao argumento de Nancy, mas provocam o leitor a explorá-las com atenção.
[48] DAVIES, Margaret. *Asking the law question*, 2. ed., 2002, p. 278.
[49] FITZPATRICK, Peter. *Latin roots*. 2001, p. 3. Ver Nota 6, *supra*.

incluído, mas também reivindica a universalidade antitética a esta exclusão na qual sua abrangência traz essa instabilidade produtiva para o coração do direito internacional.

Comentário ao Capítulo 2:
"A Pós-Colonialidade do Direito Internacional" – Abordagens Pós-Coloniais e Descoloniais no Direito Internacional

Fernanda Frizzo Bragato
Gabriel Antonio Silveira Mantelli

1. Primeiros Aportes: Estudos Pós-Coloniais

Pós-colonialismo é uma categoria conceitual originada nas discussões sobre a descolonização das colônias africanas e asiáticas após a Segunda Guerra Mundial (CORONIL, 2008). Enquanto construção teórica, o pós-colonialismo pode ser visto como um desdobramento crítico do pós-estruturalismo, do desconstrutivismo e do pós-modernismo – escolas de pensamento essencialmente europeias – e atualmente são considerados como maiores expoentes dos estudos pós-coloniais: Gayatri Spivak, Ranajit Guha, Homi Bhabha e Dipesh Chakrabarty. Porém, antes mesmo de se constituir em um campo teórico autônomo, os temas e as preocupações que posteriormente seriam teorizados devem sua formulação a pensadores como Frantz Fanon, W. E. B. Du Bois, Edward Said, C. L. R. James, Aimé Cesaire e outros(as).

O pensamento pós-colonial é disruptivo e propõe uma alternativa aos discursos estabelecidos (sobretudo eurocêntricos), com o propósito de ampliar o conhecimento com outra perspectiva: a daqueles que, até agora, foram apenas objeto de conhecimento e não seus protagonistas (YOUNG, 2003; CORONIL, 2008). A proposta do pós-colonialismo é abrir novas possibilidades para o conhecimento, liberando-o da necessidade de se referir a um *locus* privilegiado de enunciação (ocidental), como condição de sua legitimidade. É um estímulo para "descolonizar" o conhecimento, no sentido de permitir a inclusão de outras falas, variadas visões de mundo, histórias esquecidas, outros valores que não somente os ocidentais, e, assim, propor alternativas ao eurocentrismo (QUIJANO, 2005). Assumir o paradigma pós-colonial é assumir reservas quanto à racionalidade ocidental, por ser ela uma matriz uniformizante (pois se arvora na condição de único pensamento possível), mas não universal, já que ignora ou subalterniza a existência de outras formas de pensamento, racionalidades e valores. Trata-se da necessidade de diversificar o *locus* epistemológico de enunciação, substituindo-o por um campo interdiscursivo e intercultural complexo, ocupado por muitos atores.

O escopo dos estudos pós-coloniais foi se tornando, ao longo do século XX, cada vez mais amplo e variado, indo desde a crítica literária até os estudos sociais, a história e a antropologia (GANDHI, 1998). Apesar da amplitude de seu objeto, não se pode designar o escopo dos estudos pós-coloniais a partir do critério histórico-cronológico, seja pela extensão do período das descolonizações formais (de fins do século XVIII à década de 70 do século XX), seja porque ele não significou o fim da hegemonia política e econômica das metrópoles coloniais ocidentais. Precisamente porque o pós-colonialismo problematiza certos mitos ligados à ideia de modernidade e às permanências contemporâneas do colonialismo nas relações de poder é que o critério cronológico não é o mais adequado para situar este campo teórico (BHAMBRA, 2014).

2. A Voz da América Latina: Pensamento Descolonial

O afastamento do critério cronológico permite alargar os estudos pós-coloniais até o contexto latino-americano, pois apesar de ter sido considerada parte do Terceiro Mundo e de ter produzido reflexões críticas sobre o moderno colonialismo, foi apenas tangencialmente mencionada nas discussões dos teóricos pós-coloniais. Porém, os estudos latino-americanos sobre dependência deram significativos aportes para a configuração do pós-colonialismo (BHAMBRA, 2014). O pensamento pós-colonial ganhou impulso em torno de três décadas após o fim da Segunda Guerra Mundial, no campo acadêmico do mundo anglossaxão, quando finalmente a América Latina foi incluída como objeto dos estudos pós-coloniais (CORONIL, 2008). Os estudos pós-coloniais reconfiguram-se, na América Latina, à luz do programa de pesquisa Modernidade/Colonialidade formado, entre outros, por Edgardo Lander, Aníbal Quijano, Enrique Dussel, Catherine Walsh, Arturo Escobar, Fernando Coronil, Ramón Grosfoguel, Nelson Maldonado-Torres e Santiago Castro-Gomez (BEVERLEY e OVIEDO, 1993). A partir dos trabalhos desses autores, cria-se o campo do pensamento descolonial (*"pensamiento decolonial"*) (ESCOBAR, 2003)

O ponto de partida de ambas as perspectivas teóricas é a crítica da modernidade a partir do desvelamento do colonialismo como um fenômeno muito mais complexo que a simples ocupação e administração de territórios (BHAMBRA, 2014). O colonialismo assume, na perspectiva pós-colonial, a dimensão de um discurso sobre a representação do outro. A dimensão discursiva do colonialismo é destacada na obra seminal de Edward Said, *Orientalismo*, em que mais que ocupação territorial, o colonialismo produziu modos de ser e de existir por meio do discurso. O conteúdo representacional desse discurso é explicitado por Frantz Fanon em *Os condenados da terra* e *Pele negra, máscaras brancas*, em que o outro é representado como degenerado e habita a zona da não existência. Partindo da contribuição desses autores, Homi Bhabha apresenta como características do discurso colonial a estereotipação, a ambivalência e a mímica e aponta que "o objetivo do discurso colonial é apresentar o colonizado como uma população de tipos degenerados com base na origem racial de modo a justificar a conquista e estabelecer sistemas de administração e instrução" (BHABHA, 2013, p. 124). Esse discurso não apenas produz o outro, mas o (des)qualifica e determina a necessidade de sua superação. O que o pós-colonialismo advoga é que a dominação ocidental tornou-se possível a partir do discurso colonial que representa o outro como sujeito degenerado por meio de estratégias de inferiorização, subalternização e desumanização que são internalizadas por aqueles representados como tal.

As reflexões de Edward Said acabaram chamando atenção para o tema que se tornou central para o debate latino-americano sobre modernidade/

colonialidade: a crítica ao eurocentrismo. O eurocentrismo é um modelo de conhecimento que representa a experiência histórica europeia local como universal e que se tornou mundialmente hegemônico desde o século XVII. Por um lado, a cultura ocidental é representada como a parte ativa, criativa e informadora, cuja missão é transportar ou difundir a modernidade em todo o mundo. Por outro lado, todas as outras culturas (o Resto) são representadas como elementos passivos e receptivos do conhecimento, cuja missão é acolher o progresso e a civilização da Europa. A característica do Ocidente seria a racionalidade, o pensamento abstrato, a disciplina, a criatividade e a ciência; o restante das culturas é visto como pré-racional, empírico, espontâneo, imitativo e dominado pelo mito e pela superstição (CASTRO-GÓMEZ, 2005). Levar o desenvolvimento e o progresso ao resto do mundo tornou-se um fardo/missão para os europeus.

O eurocentrismo encontra sustentação em uma particular e hegemônica compreensão de história: o historicismo, que Dipesh Chakrabarty (2000) apresenta como uma ideologia de progresso ou desenvolvimento que se consolidou no século XIX. O historicismo é uma perspectiva de história que faz com que tomemos o arcabouço teórico da modernidade europeia (cidadania, Estado, sociedade civil, esfera pública, direitos humanos, igualdade perante a lei e o indivíduo) como única fonte válida de produção de conhecimento, porque a Europa é colocada como vetor do progresso dentro de uma trajetória linear-histórica em que toda cultura tem como finalidade tornar-se aquilo que a Europa já se tornou. O historicismo faz com que a modernidade e o capitalismo sejam vistos não apenas globalmente, mas como algo que se tornou global com o tempo, na medida em que se originou na Europa e depois se espalhou para o resto do mundo. Aníbal Quijano (2005), por sua vez, observa que o historicismo tornou possível que uma perspectiva própria de conhecimento – o eurocentrismo – se transformasse na forma hegemônica da produção do conhecimento. Nesse sentido, o eurocentrismo assenta-se sobre o dualismo Oriente *versus* Ocidente, primitivo *versus* civilizado, tradicional *versus* moderno-mítico-mágico *versus* científico, sempre atribuindo o signo de superioridade a um dos polos deste dualismo. O polo superior desse dualismo sempre é identificado com aquilo que a Europa representa. Esta é, como Enrique Dussel (2000) defende, uma leitura da modernidade como fenômeno meramente intraeuropeu.

Edward Said chamou a atenção e os teóricos pós e descoloniais avançaram na crítica da chamada geopolítica do conhecimento, apontando para o fato de que a produção e a reprodução do conhecimento são históricas, situadas e ideologicamente orientadas. O grande mérito de Said foi ter visto que os discursos das ciências humanas que construíram a imagem triunfalista do "progresso histórico" são baseados em uma maquinaria geopolítica de conhecimento e, consequentemente, de poder. Este mecanismo declarou como "ilegítima" a existência simultânea de diferentes vozes culturais e formas de produzir conhecimento em todo o mundo. Com o nascimento das ciências humanas nos séculos XVIII e XIX, testemunhamos a gradual invisibilização da simultaneidade epistêmica do mundo. À expropriação territorial e econômica que a Europa fez das colônias (colonialismo) corresponde uma expropriação epistêmica (colonialidade) que condenava o conhecimento produzido fora dela a ser apenas o "passado" da ciência moderna (CASTRO-GÓMEZ, 2005).

3. Discutindo Modernidades: Desníveis entre Pós e Descoloniais

Apesar das convergências teóricas com o campo pós-colonial, o grupo de pensadores descoloniais latino-americanos recuam um pouco mais no tempo para destacar a conquista e a colonização das Américas no processo de construção da modernidade-colonialidade. Em vez de considerar a modernidade ocidental como um fenômeno puramente intraeuropeu derivado da Reforma Protestante, da Revolução Francesa e da Revolução Industrial, Enrique Dussel (2005) tem afirmado que a modernidade é um fenômeno mundial produzido por relações assimétricas empreendidas pela Europa e suas colônias. Segundo ele, a modernidade tornou-se possível apenas com a conquista da América. A modernidade não é um fenômeno da Europa como um sistema independente, mas de um "sistema mundial" em que a Europa assume o centro e a posição de destaque, estendendo seu domínio colonial ao resto do mundo.

Localizando as origens da modernidade na conquista da América e do controle do Atlântico depois de 1492, Dussel (2005) identifica duas modernidades: a primeira foi consolidada durante os séculos XVI e XVII e correspondeu ao *ethos* cristão, humanista e renascentista que floresceu na Itália, Portugal, Espanha e em suas colônias americanas. O ego conquistador da primeira modernidade constituiu a proto-história do *ego cogito* desdobrada na segunda modernidade. A segunda modernidade, que ideologicamente foi representada como a única modernidade, começou no final do século XVII com o colapso geopolítico da Espanha e o surgimento de novas potências (Holanda, Inglaterra, França). O pensamento descolonial reivindica a adoção de uma perspectiva mundial na explicação da modernidade, em vez de uma visão mais estreita que a vê como um fenômeno intraeuropeu. Walter Mignolo (2011) também entende que a conquista da América significou não apenas a criação de uma nova "economia mundial" (com a abertura do circuito comercial que ligava o Mediterrâneo ao Atlântico), mas também a formação do primeiro grande "discurso" (em termos de Said e Foucault) do mundo moderno.

A primeira modernidade de que fala Dussel é um grande silêncio no Orientalismo de Said e dos pós-coloniais. Como o colonialismo é um ponto cego para a teoria dominante sobre a modernidade, a primeira modernidade e o colonialismo americano são um ponto cego para a maior parte da teoria pós-colonial também. O orientalismo corresponde à segunda modernidade e não trata do discurso colonial que já começara no início da conquista da América, com a dominação dos índios e dos negros. Pelas mãos dos pensadores descoloniais que entraram na cena acadêmica depois do pós-colonialismo, a introdução da conquista da América na crítica da visão monolítica da modernidade foi uma contribuição central para o debate pós-colonial. Isso porque esse deslocamento das origens modernas para a conquista da América possibilitou o desenvolvimento de muitas categorias de análise.

De qualquer forma, ambos os referenciais teóricos coincidem em considerar o colonialismo mais do que um mero processo de ocupação e exploração econômica, mas como um discurso. Discurso que possibilita formas de vida, estruturas de pensamento e ações incorporadas ao *habitus* dos atores sociais e que podem ser reunidas na categoria da colonialidade. A categoria "colonialidade" assume diferentes significados: 1) o lado obscuro da modernidade (MIGNOLO, 2011); 2) a persistência das relações de poder colonial até hoje; 3) a inexistência de um mundo descolonizado. Um dos principais conceitos--chave do pensamento descolonial é precisamente a colonialidade do poder. Este conceito foi cunhado pelo sociólogo peruano Anibal Quijano (2005).

Por meio da colonialidade, é possível ver a dominação de outros fora do núcleo ocidental como uma dimensão necessária da modernidade e a existência de uma representação hegemônica e de um modo de saber que reivindica universalidade para a experiência euroamericana, que chamamos acima de eurocentrismo. A "colonialidade do poder", por sua vez, refere-se a uma estrutura específica de dominação através da qual as populações nativas da América foram submetidas desde 1492. A primeira característica da colonialidade do poder é a dominação por meios não exclusivamente coercitivos. Não foi apenas uma questão de reprimir fisicamente os dominados, mas de naturalizar o imaginário cultural europeu como um modo único de se relacionar com a natureza, com o mundo social e com a própria subjetividade. Em seguida, aponta para a violência epistêmica na primeira modernidade sobre outras formas de produzir conhecimento, imagens e símbolos.

Mesmo com o fim do colonialismo, o sistema mundial colonial-moderno alcançou toda a humanidade e persiste ainda hoje controlando todo o escopo da existência social pelas instituições interdependentes e sistemicamente organizadas. O poder colonial estabelece uma relação baseada na superioridade étnica, epistêmica e moral dos colonizadores sobre os colonizados. Consequentemente, o poder colonial não apenas reprime, mas também produz uma imagem de brancura como um tipo de subjetividade hegemônica incorporada ao *habitus* da população na periferia do sistema-mundo. E serve para erradicar qualquer outro sistema de crenças que não favoreça a visão ocidental-capitalista. Isso porque, para o pensamento descolonial, o poder que sustenta o sistema capitalista mundial é colonial, no sentido de que é exercido com base na crença na superioridade ocidental que mina a própria possibilidade de outros modos de ser, saber, comportar-se. Essa crença permite controlar formas de produção econômica (trabalho e recursos naturais), a construção do conhecimento (a ciência como única forma legítima de conhecer – desrespeito), bem como a essencialização e hierarquização de identidades subjetivas (raça e gênero como elementos centrais de negação da humanidade) (CASTRO-GÓMEZ, 2005). Introduzindo a categoria de colonialidade do poder, o pensamento descolonial acrescenta ao debate pós-colonial outra dimensão esquecida: as coordenadas econômicas, sociais e políticas do sistema mundial capitalista a partir de uma perspectiva histórica, porque entende o discurso colonial como central para a hegemonia capitalista.

4. Barbárie Jurídica? Direito Internacional e Pós-Colonialismo

A tônica da interdisciplinaridade é recorrente tanto dos estudos pós-coloniais quanto nos descoloniais, especialmente na forma de ferramenta metodológica para ganho de substância analítica e por meio de elementos teóricos capazes de revelar relações de poder em objetos de estudo tidos como isentos dessas forças. Na ciência política, por exemplo, a tônica é a de analisar como as categorias conceituais dessas abordagens podem ser utilizadas para compreender mobilizações sociais de alteridade; já no campo dos *development studies*, as abordagens pós-coloniais aparecem como teorias críticas do desenvolvimento e buscam compreender o ideário global de desenvolvimento, revelando o caráter colonial e etnocêntrico desse discurso (ESCOBAR, 1995). Todavia, mesmo com a possibilidade de ganho analítico trazido por estes trabalhos, diversos estudos brasileiros apontam para o fato de que pensamento pós-colonial não tem tido tanto impacto nos ambientes brasileiros quanto é possível perceber em outras partes da América Latina.

No direito, a produção dentro do debate pós-colonial é ainda mais marginal. A construção de um movimento jurídico pós-colonial foi capitaneada por um pequeno grupo que, nos anos 2000, estabeleceu o rótulo de uma teoria jurídica pós-colonial (ou *postcolonial legal theory*, em inglês). Nessa corrente, aparecem estudos que normalmente focam tanto o papel do direito durante o processo colonial quanto os continuísmos contemporâneos de um mundo pós-colonial. Alpana Roy (2008, p. 319), por exemplo, expõe que é uma tarefa difícil definir o espaço preciso em que os estudos coloniais ocupam em relação ao direito. Todavia, é possível dizer que a relação é de ordem crítica, um espaço já familiar em outras abordagens críticas – a crítica ao positivismo liberal. No caso brasileiro, parte dos trabalhos se utiliza da abordagem pós-colonial para problematizar institutos tradicionais do direito brasileiro, com destaque para produções nas áreas de direitos humanos, da criminologia, em questões envolvendo povos indígenas e comunidades tradicionais e movimento conhecido como novo constitucionalismo latino-americano.

No campo do direito internacional, agora observando especialmente a produção fora do país, a abordagem pós-colonial é utilizada como vertente da corrente de internacionalistas críticos denominada TWAIL (*Third World Approaches to International Law*) e enfatiza, entre outros aspectos, o caráter imperialista das categorias jurídicas do direito internacional, como nos debates sobre a característica eurocêntrica dos direitos humanos e na influência do direito internacional enquanto um campo discursivo ambíguo e complexo (GALINDO, 2013; CHIMNI, 2006; ANGHIE, 2006 e 2015).

O artigo de Sundhya Pahuja se insere na agenda de estudos do grupo TWAIL, ao mesmo tempo que se coloca em uma posição intermediária de crítica ao direito internacional. A noção de pós-colonialidade, para ela, seria capaz de explicar por que o direito internacional é capaz de abarcar e estruturar, abarcar e comtemplar, ao mesmo tempo, relações imperialistas e contrárias a elas. Quando Pahuja defende que "embora o direito internacional seja suscetível ao poder, ele também mantém uma relação de oposição ao poder" e que "[e]ssa irresolução pode ser entendida como sintomática da 'pós-colonialidade' do direito internacional", ela rejeita a sua condição essencialmente colonial, pressupondo que, assim como outras estruturas de poder, o direito internacional pode ser descolonizado. Peter Fitzpatrick (2001) – um dos precursores do movimento *postcolonial legal theory* –, no mesmo sentido, aponta para a permanente tensão e oscilação do direito entre as suas dimensões de determinabilidade e responsividade. Fitzpatrick sustenta que a ideia da modernidade é construída por meio de um processo de diferenciação e exclusão do outro – o colonizado, o nativo, o escravo, etc. Se o direito estivesse preso a essa mesma rigidez apresentada pela modernidade (enquanto narrativa histórico-política), estaria condenado a ser impotente no sentido de impedir a queda da civilização rumo à barbárie.

Entretanto, segundo o autor, isso não pode ocorrer porque o direito não é passível desse mesmo tipo de posicionamento. O direito é chamado para dar certeza diante da incerteza. Ele pressupõe incerteza, responde a ela. Uma certeza atingida simplesmente "seria" uma realidade estática, permaneceria "sendo" um dado pronto em si, sem qualquer necessidade de um chamado pelo direito. Para o direito, sempre precisa haver algo mais. O direito não pode ficar aprisionado em uma posição fixa, pois isso o tornaria inútil e ineficiente para todos os fins práticos. E é paradoxal, por definição: precisa combinar aquilo que é determinado com aquilo que está além de qualquer possibilidade de determinação; estabelece aquilo que está fora do direito e, ao mesmo tempo, progressivamente assimila o que estava fora sem nenhum prejuízo à sua estrutura. O direito assimila, integra e por vezes redefine e reinventa as suas origens sem necessidade de rompimento (FITZPATRICK, 2001). Na dimensão responsiva do direito, cabe falar em descolonização, inclusive no campo internacional. "Descolonizar" o direito internacional, nesse contexto, teria como propósito demarcar a dualidade desse direito – suas tendências imperialistas e emancipatórias.

Tal dualidade produz, no âmago do direito internacional, o que a autora chama de instabilidade crítica. De um lado, o direito internacional seria, em si, pós-colonial. Quer dizer, assim, que o direito internacional não precederia as categorias em que ele se funda (como as noções de Estado e universalidade, por exemplo). Ao contrário, o direito internacional produziria e modelaria essas categorias; seria um gerador e mantenedor de um conteúdo particular para o universal. Então, na medida em que o direito internacional não poderia ser considerado universal, mas, sim, detentor de valores, categorias e formas sociais particulares ou ocidentais, teríamos uma instabilidade crítica. Com esse raciocínio, o que Pahuja procura desvendar é a maneira como certos atores e determinadas narrativas acabam silenciados. Isto porque, segundo ela, essa instabilidade cria categorias que tornam invisíveis aqueles que não se conformam com as particularidades do direito internacional. De outro lado, essa instabilidade advém da lacuna existente entre a promessa de justiça do direito internacional e a personificação do direito internacional em uma agenda regulatória fechada.

5. Considerações Finais

O pós-colonialismo compreende um arsenal teórico que tem início com os movimentos anticoloniais africanos, se estendendo até a crítica historigráfica indiana e se intenficando em estudos interdisciplinares, no âmbito de abordagens culturais e, no caso latino-americano, de(s)coloniais. No direito internacional, abordagens pós-coloniais intensificam narrativas historigráficas, propõem alternativas às epistemologias eurocêntricas e servem de estrutura teórica para se refletir em campos discursivos típicos do direito internacional, como o ideário de desenvolvimento e os direitos humanos.

No artigo de Pahuja, a autora propõe um olhar específico para a definição do próprio direito internacional, encarado como pós-colonial em si. O direito internacional, nos moldes contemporâneas, seria fruto direto da instituição global da descolonização. A partir disso, seria possível constatar como a construção de binarismos (eu e Outro, Europa e resto do mundo, etc.) tem reflexo direto na forma de pensar o fenômeno jurídico, assim como revelar como a estrutura do direito internacional se formatou tanto à mercê do regime colonial como em oposição a ele.

Pensando a partir da América Latina, em que o debate descolonial ganha cada vez mais relevância no direito, abrem-se agendas de pesquisa no direito internacional. A possibilidade de se pensar o pós-colonialismo de forma ampla, incluindo estudos de diversas tônicas que se deparem com o momento colonial e que busquem vocalizar narrativas subalternas, é uma agenda que emerge para se pensar o direito internacional. Para além dos níveis conceituais e ontológicos entre os estudos pós-coloniais e descoloniais, parece existir, para o caso brasileiro, especialmente no direito, a tarefa de localização desse debate e de compreensão dessa literatura. E, no campo crítico, a possibilidade de inclusão de relatos históricos, exemplos normativos e dinâmicas sociojurídicas próprias do continente americano para enriquecer o debate pós-colonial no direito internacional.

Referências

ANGHIE, Antony. The evolution of international law: colonial and postcolonial realities. *Third World Quarterly*, v. 27, n. 5, p. 739-753, 2006.
ANGHIE, Antony. Imperialism and international legal theory. *In*: ORFORD, Anne; HOFFMAN, Florian (orgs.). *The Oxford Handbook of the Theory of International Law*. Oxford: Oxford University Press, 2015. p. 156-173.
BEVERLEY, John; OVIEDO, José. Introduction [The postmodernism debate in Latin America]. *Boundary 2*, Durham, v. 20, n. 3, p. 1-17, 1993.
BHABHA, Homi. *O local da cultura*. Belo Horizonte: Editora da UFMG, 2013.
BHAMBRA, Gurminder K. Postcolonial and decolonial dialogues. *Postcolonial Studies*, v. 17, n. 2, p. 115-121, 2014.
CASTRO-GÓMEZ, Santiago. *La poscolonialidad explicada a los niños*. Bogotá: Universidad del Cauca, Universidad Javeriana, 2005.
CHAKRABARTY, Dipesh. *Provincializing Europe*: postcolonial thought and historical difference. Princeton: Princeton University Press, 2000.
CHIMNI, Bhupinder S. Third World approaches to international law: a manifesto. *International Community Law Review*, Leiden, v. 8, p. 3-27, 2006.

CORONIL, Fernando. Elephants in the Americas? Latin American postcolonial studies and global decolonization. *In*: MORAÑA, Mabel; DUSSEL, Enrique D.; JÁUREGUI, Carlos A. (ed.). *Coloniality at large*: Latin America and postcolonial debate. Durham: Duke University Press, 2008. p. 396-416.

DUSSEL, Enrique. Ética da libertação na idade da globalização e da exclusão. Petrópolis: Vozes, 2000.

DUSSEL, Enrique. Europa, modernidade e eurocentrismo. *In*: LANDER, Edgardo (org.). *A colonialidade do saber*: eurocentrismo e ciências sociais. Perspectivas latino-americanas. Buenos Aires: Colección Sur Sur, CLACSO, 2005. p. 55-70.

ESCOBAR, Arturo. *Encountering development:* the making and unmaking of the Third World. Princeton: Princeton University Press, 1995.

ESCOBAR, Arturo. Mundos y conocimientos de otro modo: el programa de investigación de modernidad/colonialidad latinoamericano. *Tabula Rasa*, Bogotá, n. 1, p. 51-86, jan./dez. 2003.

FANON, Frantz. *Os condenados da terra*. Juiz de Fora: UFJF, 2005.

FANON, Frantz. *Pele negra, máscaras brancas*. Salvador: SciELO-EDUFBA, 2008.

FITZPATRICK, Peter. *Modernism and the grounds of law*. Cambridge: Cambridge University Press, 2001.

GALINDO, George Rodrigo Bandeira. A volta do terceiro mundo ao direito internacional. *Boletim da Sociedade Brasileira de Direito Internacional*, Belo Horizonte, v. 1, n. 119-124, p. 46-68, 2013.

GANDHI, Leela. *Postcolonial theory*: a critical introduction. Nova York: Columbia University Press, 1998.

MIGNOLO, Walter. *The darker side of western modernity*: global futures, decolonial options. Durham: Duke University Press, 2011.

QUIJANO, Anibal. Colonialidade do poder, eurocentrismo e América Latina. *In*: LANDER, Edgardo (org.). *A colonialidade do saber*: eurocentrismo e ciências sociais. Perspectivas latino-americanas. Buenos Aires: Colección Sur Sur, CLACSO, 2005. p. 227-278.

ROY, Alpana. Postcolonial theory and law: a critical introduction. *Adelaide Law Review*, v. 29, p. 315-357, 2008.

SAID, Edward W. *Orientalismo*: o Oriente como invenção do Ocidente. São Paulo: Companhia das Letras, 2007.

YOUNG, Robert J. C. *Postcolonialism*: a very short introduction. Oxford: Oxford University Press, 2003.

Capítulo 3. Histórias do Direito Internacional: Significância e Problemas para uma Visão Crítica[1]

Marttii Koskenniemi
Tradução: *Laura Sanchotene Guimarães* e *Julia Bergmann*
Revisão da tradução: *Fabrício Lemos* e *Fábio Morosini*

1. Introdução

Deixe-me agradecer a Jeff Dunoff pela introdução e, é claro, pelo convite para visitar pela primeira vez Temple e a Filadélfia. Preciso dizer que me sinto apreensivo de enfrentar a situação de dois dias de discussão sobre temas que venho ponderando há tantos anos com amigos, muitos dos quais vejo na plateia. Esta é uma situação realmente excepcional, e estou ansioso para dois instigantes, agradáveis dias.

Falarei hoje, assim como já fiz no passado recente, sobre a história do direito internacional. Devo confessar que nunca me vi como um historiador até recentemente, quando, ao passar os olhos pelo jornal de manhã, tendo a acreditar que nada de realmente interessante parece ter ocorrido desde a Revolução Francesa. Mas talvez esta seja a natureza do trabalho histórico;

---

[1] N.E.: Tradução de: KOSKENNIEMI, Martti. Histories of international law: significance and problems for a critical view. *Temple International Law & Comparative Law Journal*, v. 27, n. 2, p. 215-240, 2013. N.A.: Esta é uma versão revisada da apresentação inaugural concedida na Escola de Direito Beasley da Universidade Temple, em 12 de abril de 2013.

fica-se, nele, completamente imerso. Então, espero que tenham paciência comigo, pois as presentes reflexões também se desenvolverão a partir do meu trabalho atual sobre a história do pensamento jurídico internacional desde o fim da Idade Média até as Guerras Napoleônicas. No curso desse trabalho, tive de confrontar uma série de questões metodológicas. O que é fazer história do direito internacional, e, especialmente, história do direito com uma veia *crítica*? Nesta conversa, irei colocar em primeiro plano algumas dessas questões sem qualquer pretensão de exaustão. Os comentários buscam, outrossim, identificar uma série de questões pertinentes sobre as quais qualquer um que lide com o passado do direito internacional – eu inclusive –, e a relação deste passado com o presente, terá de pensar.

O interesse na história do direito internacional cresceu tremendamente nos últimos anos. Faz dez anos desde a inauguração do *Journal of the history of international law*. Nessa década, foram publicados cerca de 24 teses doutorais e outros estudos da história do direito internacional pelo Instituto Max Planck para História Legal Europeia em Frankfurt, sob a liderança do seu formidável diretor Michal Stolleis; outra série teve início com a Editora Brill na Holanda. Apenas algumas semanas atrás, em Berlim, um grande evento celebrou o lançamento com mais de mil páginas do *Oxford Handbook of the History of International Law*.[2] E para apontar um desenvolvimento particularmente importante – o repentino interesse na história dos direitos humanos. Até não muito tempo atrás, direitos humanos eram considerados paradoxalmente tanto como universais e perpétuos quanto como bastante recentes; pareciam, de alguma forma deslocados da história, ao máximo, sujeitos a ocasionais celebrações da ascensão dos atuais humanitarismos. Graças ao trabalho de estudiosos como Annabel Brett, Diethelm Klippel, Samuel Moyn, e outros, contudo, os direitos foram situados em contexto, e deu-se início a um vigoroso debate acerca das continuidades e rupturas que conduziam o seu papel histórico.[3]

Acredito que as razões dessa guinada para a história são óbvias. O aumento dramático das instituições jurídicas internacionais nos anos 1980 e 1990 e a utilização de vocabulários jurídicos na política internacional criaram

---

[2] FASSBENDER, Bardo; PETERS, Anne (ed.). *The Oxford Handbook of the History of International Law*, 2012 [a seguir mencionado como *The Oxford Handbook*].
[3] Ver: KOSKENNIEMI, Martti. Rights, history, critique. *In:* ETINSON, Adan. (ed.). *Human rights:* moral or political? 2018.

expectativas sobre a expansão do "Estado de Direito" e o ajustamento pacífico de disputas internacionais que falharam em ser atingidas até o início do novo milênio. A narrativa sobre o progresso de paz e justiça que acompanhou o surgimento de novas instituições – a Organização Mundial do Comércio, órgãos de tratados de direitos humanos, o Tribunal Penal Internacional – foi enfraquecida por elevados conflitos sociais e religiosos, frequentemente acompanhados por violência interna e internacional, de forma que obscureceu as novas instituições. Vemos hoje, acredito eu, uma repercussão oriunda de decepções que refletem na plausibilidade das narrativas herdadas. O papel não valorizado de juristas e intelectuais na participação de intermináveis projetos e reformas institucionais tornou-se bastante problemático, não sendo mais uma opção de carreira tão atrativa para as novas gerações. Alternativamente, o que parece necessário é um melhor entendimento de como chegamos onde estamos agora – uma narrativa mais completa e realística da história do direito internacional e das instituições.

Minha apresentação hoje se procederá em três partes. Falarei, primeiramente, sobre a história do direito internacional nas suas formas tradicionais como narrativas construídas em suposições não apenas familiares, mas também frágeis e contestadas, sobre o que é o direito internacional como "direito" e como o "desenvolvimento" jurídico internacional deveria ser compreendido. Todos os historiadores têm uma dívida com os seus antecessores. Precisamos lidar com essas narrativas respeitosamente, inclusive quando acreditamos que os seus princípios operativos aparentam ser metodológica ou ideologicamente suspeitos – como acredito que fazemos no que diz respeito a antigos modos de pensar sobre nossa herança disciplinar. A segunda parte examinará o eurocentrismo da história do direito internacional, tópico sobre o qual já escrevi anteriormente[4] e que permanece fonte de todas as formas de dificuldades metodológicas. Na terceira parte, examinarei os benefícios e limites da "virada contextual" na história do pensamento jurídico e político, e no direito internacional especificamente. Precisamos de mais leituras contextuais do direito internacional do passado. Entretanto, ao mesmo tempo, como juristas

---

[4] Ver, por exemplo: KOSKENNIEMI, Martti. Histories of international law: dealing with eurocentrism. *Rechtsgeschichte*, Alemanha, v. 19, p. 152, 2011 [a seguir mencionado como KOSKENNIEMI, *Histories of international law: dealing with eurocentrism*].

críticos sempre soubemos, o direito não pode ser o mero reflexo do contexto social ou histórico, ele contém, e deve conter, um aspecto utópico, de quebra de contexto. Como integrar esse ponto nos estudos da história do direito internacional é, talvez, o maior desafio metodológico atual. Colocando em outros termos, à medida que a conscientização da história aumenta, esta deve ser acompanhada por uma compreensão mais complexa das relações entre o historiador, nós mesmos e o passado.

2. Tradições Lineares

Aqueles de nós que adentraram no direito internacional nos anos 1970 e 1980 aprenderam a pensar sobre ele por meio de uma narrativa histórica muito específica, a de progresso humanitário. Um aspecto disto foi a secularização. Aprendemos a pensar em episódios como a Guerra dos Trinta Anos na Europa, ou a destruição de comunidades nativo americanas nos séculos XVI e XVII, como resultado de uma combinação letal de fervor religioso e ambição imperial. Paradoxalmente, aprendemos essa narrativa de ativistas protestantes como Hugo Grotius, cuja forma de ver o universo, naturalista e de orientação científica, também incluía uma visão adequada das atividades militares da Companhia Holandesa das Índias Orientais. A ideia de providência operando em direito internacional fora tema de uma série de posições filosóficas desenvolvidas por outro protestante, Immanuel Kant, cujo famoso ensaio *Ideia de uma História Universal com um Propósito Cosmopolita*, de 1784, traçou as bases para um entendimento histórico do Iluminismo europeu como a tomada de consciência do *telos* universal da humanidade: a liberdade realizada por instituições públicas sob uma constituição.[5] Aprendemos a apreciar a Paz de Westphalia como um primeiro passo a ser complementado pela também gradual liberação dos indivíduos das amarras das suas comunidades. Se a Liga das Nações ou a Carta das Nações Unidas ainda eram, talvez, partes

---

[5] KANT, Immanuel. *Idea for a universal history with a cosmopolitan purpose*, 1784, reimpressão em *Political writings* p. 41 (edição de Hans Reiss, tradução de H.B. Nisbet, Cambridge Univ. Press rev. ed. 1991). Abordei temas como este em KOSKENNIEMI, Martti. *On the idea and practice for universal history with a cosmopolitan purpose. In:* PURI, Bindu; SIEVERS, Heiko (ed.). Terror, peace and universalism: essays on the philosophy of Immanuel Kant, 2007, p. 122.

necessárias da natureza estadista da ordem internacional – bastante falhas como tal –, então aprendemos com Kant a ver esse estado das coisas como um momento temporário antes que a "paz perpétua" fosse realizada em alguma forma de ordem global em que as reivindicações legítimas de comunidades e indivíduos seriam sopesadas sob o "Estado de Direito" internacional. Sucessivas invocações de um "momento grociano" nos recordaram da teleologia da nossa disciplina.

No entanto, isso era material de livros didáticos e discursos nas Nações Unidas, cujo objetivo era apenas lembrar-nos do papel do direito internacional em narrativas aceitas de progresso modernista. Nos anos 1970 e 1980, não havia muita historiografia jurídica internacional profissional. Aquilo que existia representava dois contrastantes estilos e sensibilidades. Havia os historiadores "idealistas" como Alsatian, o jurista franco-germânico Robert Redslob, cujo livro *Histoire des grands principes du droit des gens* ("História dos grandes princípios do direito das gentes"), de 1923, fora a narrativa de um passado europeu desde a antiguidade europeia: Grécia, Roma, então a Idade Média, pela Renascença e as Reformas, pelo Iluminismo, o Concerto europeu do século XIX, até a Primeira Guerra Mundial.[6] Ao observar dois milênios de pensamento jurídico ocidental, ele viu a operação de quatro "grandes princípios", os quais identificou como *pacta sunt servanda* (a força vinculante dos tratados); a liberdade do Estado; a igualdade dos Estados; e a solidariedade internacional.[7] Centenas de páginas para assegurar ao leitor de que tratados eram vinculantes, Estados eram livres, e suas relações eram regidas por igualdade e solidariedade. Pode-se questionar que mundo Redslob estava descrevendo! Mas a sua narrativa fora fortemente atrelada ao conhecido entendimento do que era importante na história europeia. Tudo culminou, para ele, na Revolução Francesa e o futuro curso da história consistiria na universalização de seus princípios.

Redslob não foi o primeiro tampouco o último dos historiadores jurídicos a examinar o passado pelas lentes dos "grandes princípios" ou de temas universais como, por exemplo, pacifismo e império, ou soberania e a comunidade internacional. Mais recentemente, Emmanuelle Jouannet interpretou o

---

[6] REDSLOB, Robert. *Histoire des grands principes du droit des gens depuis l'antiquité jusqu'à da veille de la Grande Guerre*, 1923.

[7] REDSLOB, Robert. *Histoire des grands principes du droit des gens depuis l'antiquité jusqu'à da veille de la Grande Guerre*, 1923, p. 21-41.

desenvolvimento do direito internacional do período inicial do Iluminismo ao presente como o embate entre princípios de liberdade individual e o bem comum – ou liberalismo e social-democracia, traduzido-se em uma oposição de projetos políticos.[8] Histórias mais tradicionais focaram em juristas individuais ou em pensadores europeus de relevância para os fins humanitários com os quais o direito internacional se associava. O jurista suíço Ernst Reibstein, por exemplo, perpassou quase todo cânone da profissão desde escolásticos espanhóis até pensadores políticos ou jurídicos alemães, como Johannes Althusius, Samuel Pufendorf ou Christian Wolff, como integrantes de uma tradição de direito natural que lentamente construía a estrutura de uma ciência racional de soberania, paz e humanitarismo, com os quais aprendemos a associar com o direito internacional.[9] Esses trabalhos ainda merecem ser lidos nos dias de hoje – ainda que devamos agora desconfiar de sua sugestão implícita, e por vezes explícita, de que a história é a passagem de grandes ideias ou diálogos acerca de temas perpétuos por séculos, uma grande corrente de ser. Os trabalhos idealizam o passado obcecados com o que nós somos obcecados, embora de forma menos madura, mais primitiva, por vezes deixando de ler juristas passados tendo por referência os *seus* próprios projetos ou contextos religiosos ou políticos, como atores em mundos de pensamento e atuação geralmente bastante diferentes dos nossos. Associado a essa objeção "contextualista" – para a qual retornarei – há problemas jurisprudenciais com essas histórias. A visão do direito como "ideias" ou "princípios" desenvolvida em grandes tratados acadêmicos é uma visão respeitável, mas também bastante criticada do direito. Claramente, o direito também é, e talvez sobretudo seja, uma prática social envolvendo o funcionamento de instituições públicas poderosas. Não é necessário ser um realista jurídico para apresentar dúvidas sobre a utilidade de pensar o direito em termos de ideias expostas nas inclinações filosóficas dos juristas ou nas obras de teóricos políticos. Contudo, se ao menos alguma coisa da crítica realista está correta, e o direito é também sobre o uso

---

[8] Ver: JOUANNET, Emmanuelle. *The liberal-welfarist law of nations:* a history of international law. New York: Cambridge University Press, 2012 (tradução de Cristopher Sutcliffe).
[9] Ver, por exemplo: REIBSTEIN, Ernst. *Johannes althusius als fortsetzer der schule von Salamanca:* untersuchungen zur ideengeschichte des rechtsstaates und zur altprotestantischen naturreschtslehre, 1955; REIBSTEIN, Ernst. *Völkerrecht: einte gescichte seiner ideen in lehre und praxis,* 1958.

institucional de poder, então a história do direito deve mirar além de grandes princípios ou de temas filosóficos eternos.

Outra forma de compor a historiografia do direito internacional é exemplificada pelos juristas alemães Carl Schmitt e Wilhelm Grewe, ambos escrevendo enquanto bombas caíam sobre Berlim, durante a fase final da Segunda Guerra Mundial. O realismo jurídico de Schmitt e a sua posterior visão do direito como parte de uma "ordem concreta de pensamento" são hoje bastante conhecidos e inspiraram a sua busca por ordenamentos jurídicos determinados por um poderoso centro, que erradia sua influência pelo mundo.[10] Ideias similares inspiraram *The epochs of international law*, de Grewe,[11] publicado em inglês em 2000, o livro didático de história do direito internacional mais amplamente utilizado nos dias de hoje. Ele também apresenta a versão "realista" do passado do direito internacional, assim como a sucessão de grandes impérios: o Império espanhol, o Império francês, o Império britânico, e então o que Grewe optou por denominar "condomínio anglo-americano" do século XX.[12] Como Schmitt, Grewe pensou o direito como uma ramificação (superestrutural) dos projetos e atividades que se expande do centro imperial às periferias.[13] A história do direito internacional então se tornaria a história do poder imperial, a sucessão de grandes "épocas" imperiais seguindo umas às outras: espanhola, francesa, britânica e anglo-americana. E no coração do direito internacional estariam os Estados, guerra e diplomacia, estratégia e, sobretudo, poder militar. Violência, ou a ameaça desta, apenas enrijeceria o direito – como manifestado na centralidade do equilíbrio de poder para tais histórias. E ainda, essa visão tão ultrarrealista do direito é tão vulnerável a objeções quanto as suas oposições. Nunca há um único ponto que determina o direito – assim como a história imperial jamais poderá ser apenas o que o imperador comanda. Pelo contrário, impérios são sempre divididos contra

---

[10] SCHMITT, Carl. *der nomos der Erde: im völkerrecht des Jus Publicum Europaeum*, 1950; KOSKENIEMI, Martti. International law as political theology: how to read nomos der Erde? *Constellations*, v. 11, n. 492, p. 505-07, 2004.

[11] GREWE, Wilhelm G. *The epochs of international law*, 1984 (tradução de Michael Byers, revisão e edição de De Gruyter, 2000).

[12] Ver, por exemplo: GREWE, Wilhelm G. *The epochs of international law* (tradução de Michael Byers, revisão e edição de De Gruyter, 2000, p. 575-579.

[13] Ver, por exemplo: GREWE, Wilhelm G. *The epochs of international law* (tradução de Michael Byers, revisão e edição de De Gruyter. 2000, p. 296.

si mesmos, o capital imperial – uma fonte frugal de frações litigando sobre políticas de cunho imperialista visadas por críticas anti-imperialistas. Ambos os lados utilizam o direito e, como vocês nos Estados Unidos sabem tão bem, por vezes a periferia de fato triunfa. A visão realista de que o direito é mero servo do poder contém uma verdade importante – por vezes negligenciada, especialmente por juristas de direito internacional –, mas ostenta uma visão excessivamente simples do que o "poder" é e sobre como ele funciona, inclusive como ideias jurídicas e os próprios conceitos operam como "poder" ao indicarem os atores, os processos, e, até certo grau, os próprios objetivos da política imperialista. A ideia de poder imperial como causa única determinante do direito é não menos reducionista do que a visão do direito como força predominante da história.

O que une as visões "idealistas" e "realistas" é a visão (kantiana?) da existência de que há uma única história "universal" na qual o passado se desenvolve lentamente diante dos olhos do historiador, seguindo uma única trajetória de significados que pode ser capturada por molduras conceituais como "soberania", "direitos humanos", "império", desenvolvimento", "capitalismo" ou "progresso", por exemplo. Conforme desenvolverei mais adiante de forma mais detalhada, é verdade ser impossível escrever uma história do direito internacional que não incluísse um elemento teleológico. No entanto, isso não quer dizer que existiria uma única teleologia natural inserida na história, sendo papel do historiador revelá-la. Pelo contrário, histórias individuais tendem a ser bastante antiuniversais, altamente concentradas em trazer à tona pontos de vista específicos dos historiadores. Isso talvez seja mais facilmente visto pelo exemplo do papel-chave da Bélgica nesse campo.

3. Histórias Belgas: Laurent, Nys, Descamps

Em *The gentle civilizer of nations*, contei a história de como o direito internacional profissional "começou" na Bélgica do final dos anos 1860 e início dos anos 1870.[14] Então, é também perfeitamente lógico que os primeiros esforços

---

[14] Ver: KOSKENNIEMI, Marttii. *The gentle civilizer of nations: the rise and fall of internarional law 1870-1960*, 2002, p. 12-19, p. 39-41.

na escrita profissional de historiografia do direito internacional viessem da Bélgica e incorporassem um ponto de vista distintivamente belga. Não tanto tempo atrás, enquanto preparava meu próprio trabalho histórico, encontrei 18 volumes de *Histoire du droit des gens e des relations internationales*, de François Laurent, então professor de história em Ghent e Bruxelas.[15] De modo não pouco apreensivo, dando os primeiros passos do meu próprio trabalho, abri o primeiro desses volumes – mas fui logo confortado porque não havia hipótese em que eu pudesse ter intentado trabalho similar. Para aqueles que (ainda?) não estão familiarizados com a história de Laurent, recomendo como importante marcador temporal. O primeiro volume tratou dos grandes impérios do Oriente Médio, dos babilônios e assírios, seguido por volumes sobre egípcios, gregos e romanos. Quando Laurent chegou ao quarto volume (sobre cristianismo), escreveu um novo prefácio, referindo que seus amigos o estavam contatando, apontando que aquela não era realmente a história do direito das nações, mas a história da humanidade. Por essa razão, a partir daquele momento, os demais volumes apresentam dois títulos nas páginas: à esquerda, mantém-se *Histoire du droit des gens*, mas à direita consta *Études sur l'histoire de l'humanité* – estudos sobre a história da humanidade. A alteração não fez diferença quanto ao conteúdo. A história do direito internacional é a história da humanidade. Isso, é claro, é uma mentalidade familiar.

O aluno e biógrafo de Laurent, Ernest Nys, eventualmente tornou-se o primeiro historiador da nova profissão de direito internacional, servindo como professor de história do direito em Bruxelas e escrevendo uma série de estudos amplos e específicos acerca da história do direito internacional.[16] Lembramos de Nys como um dos membros do grupo de juristas e intelectuais do *Institut de Droit Internacional*, o Instituto de Direito Internacional, no qual o direito internacional "profissional" moderno foi forjado. Mas como a maioria dos membros belgas do Instituto, ele também era membro do *Conseil Supérieur de l'État Indépendant du Congo*, do Rei Leopoldo, o conselho de governo do que era, de fato, território privado e empreitada industrial do Rei Leopoldo.

---

[15] LAURENT, François. *Histoire du droit des gens et des relations internationales* (1851-1870).
[16] Ver, por exemplo: NYS, Ernest. Études *de droit international et de droit politique*. Bruxelas: Alfred Castaigne, 1901; NYS, Ernest. *Les origines du droit international*. Bruxelas: Alfred Castaigne, 1894; NYS, Ernest. *The Papacy considered in relation to international law*. Londres: Henry Sweet, 1879. Tradução de Ponsoby A. Lyons.

Então, talvez não tenha sido por acidente quando, em 1904, ele listou 45 Estados no mundo, destes, sendo 22 Estados europeus; 21 americanos; e os três remanescentes como Japão, Libéria e o Estado Independente do Congo.[17]

Outro belga da mesma geração que serviu como Secretário-Geral do *Institut de Droit International* foi Baron Edouard Descamps, de quem se pode lembrar por duas razões. Uma, por seu papel como membro do *Committee des juristes* que redigiu o Estatuto da Corte Permanente de Justiça Internacional em 1922 – a antecessora da atual Corte Internacional de Justiça. De acordo com o art. 38(3) do Estatuto, a corte em Haia deveria aplicar "princípios gerais do direito reconhecidos por nações civilizadas".[18] Comentários ao estatuto tratam essa formulação como "antiquada", mas apreciam esse ponto, especialmente por abrir as portas para que a Corte pudesse recorrer na sua jurisprudência a outras fontes além de tratados e costumes. Especialmente nos primórdios da Corte, estava longe de ser óbvio que, se assim não o fosse, os materiais disponíveis para tanto eram suficientes, e os idealizadores [do Estatuto] buscavam evitar que a Corte fosse autorizada a decidir *non liquet*. Dos registros do Comitê, verifica-se que fora Baron Descamps quem sugeriu a inclusão daquele conjunto de materiais – princípios integrando as culturas jurídicas de "nações civilizadas" – como parte do "direito internacional" que a Corte poderia se utilizar para decidir seus casos.[19]

Entretanto, deveríamos também lembrar de Descamps por outro fato, a saber, a publicação, em 1903, de obra de 600 páginas, intitulada *L'Afrique nouvelle: essai sur l'état civilisateur dans les pays neufs et sur la Fondation, l'organization et le gouvernement de l'État Indépendant du Congo*, um ataque contra os interesses comerciais britânicos que parecia sugerir que havia algo de dúbio acerca da missão civilizatória no Congo.[20] Não há dúvidas de que Descamps fora, como muitos europeus daquele tempo, convencido de que colonização e civilização

---

[17] NYS, Ernest. *Le droit international*: les principes, les théories, les faits. University Press, 1904. p. 117-118, p. 126.

[18] Estatuto da Corte Permanente de Justiça Internacional, art. 38(3), dec. 16, 1920, 6 L.N.T.S. 391.

[19] Ver: Am. *Ass'n for Int'l Conciliation. The draft scheme of the permanent court of international justice*, 157 INT'L Conciliation 509, p. 511-514, 1920.

[20] Ver: DESCAMPS, Baron Edouard. *L'afrique Nouvelle: essai dur l'état civilisateur dans les pays neufs et sur la fondation, l'organization et Le Gouvernement de L'état Indépendant du Congo*. Paris: Librairie Hachette, 1903.

andavam lado a lado e, como muitos, sentiu-se especialmente ligado à colonização por seus próprios governantes. Para ele, assim como para Laurent, não restam dúvidas de que a história do direito internacional fora a história da humanidade, e essa história, novamente, era em grande parte a narrativa de como ideias e população europeias dominariam a humanidade.

Essa pode ter sido uma ideia belga, mas também é uma ideia europeia por excelência. A visão de que a Europa "provavelmente legislará para todos os outros continentes" se reveste de um brilho expressamente providencial nos ensaios políticos de Kant, o qual se expandiu no curso do século XIX e início do século XX para a visão de que o desenvolvimento da Europa também representava o futuro da humanidade – uma visão bastante central na consolidação intelectual do direito internacional como instituição e como prática profissional.[21] Não é à toa que, ao final do século XX, a sensação tenha sido de que o direito internacional carregara uma herança fortemente eurocêntrica. A sua história, também, foi a história de como europeus fizeram ou pensaram nas suas relações com outros povos e continentes.

4. Eurocentrismo

Histórias tradicionais são terrivelmente eurocêntricas.[22] Locais europeus como Monastério e Osnabruque (Vestfália), Utreque e Viena, Haia, Paris e Genebra são centrais para a historiografia da matéria, locais onde nós, juristas internacionalistas, nos encontramos constantemente ainda hoje. É frustrantemente difícil e, de fato, por vezes impossível de exercer o direito internacional sem o imaginário europeu, sem mencionar o "direito romano", a "Renascença", ou o "Iluminismo", por exemplo. Ou, ainda, sem fazer referência a princípios técnicos como a regra do tiro de canhão, ideia de que o domínio marítimo da costa do Estado deva ser determinado em referência à capacidade da tecnologia militar europeia do século XVIII. Não se pode escrever a história do direito internacional sem recorrer a conceitos como *jus gentium*, o qual

---

[21] KANT, Immanuel. *Idea for a universal history with a cosmopolitan purpose.* Ver Nota 5, *supra.*
[22] Ver, por exemplo: KOSKENNIEMI, Martti. *Histories of international law: dealing with eurocentrism*, 2011. Ver Nota 4, *supra*; ver, também: LORCA, Arnulf Becker. *Eurocentrism in the history of international law.* The Oxford Handbook, 2014, p. 1.034.

imediatamente nos leva à forma em que o Império Romano imaginava as suas relações comerciais com estrangeiros, aos quais arrogantemente relegava à categoria uniforme de não cidadãos de Roma. E que tipo de história seria aquela que não focasse as Guerras Napoleônicas, nos debates do balanço de poder e o "concerto" no escopo do Congresso de Viena de 1815? Parece mesmo impossível escrever sobre história do direito internacional sem escrever sobre a história do que europeus fizeram e escreveram, como eles imaginaram a Europa, e a conduta da sua expansão.

No entanto, o problema com historiografias tradicionais não se dá apenas porque os eventos e ideias – a *essência* da história do direito internacional – tendem a ser eurocêntricos. Os próprios *standards da historiografia* são europeus. Para escrever uma história confiável e profissional, sobre o tema, deve-se adotar noções europeias de relevância, para que mesmo a crítica do eurocentrismo aparente surgir de preocupações e vinculações políticas europeias. Isso é um problema muito mais difícil de se lidar do que meramente retrair as narrativas tradicionalmente ditas por europeus. Nos anos 1960 e 1970, uma primeira geração de juristas não europeus e não americanos, frequentemente atuantes nas Nações Unidas, começaram a escrever outros tipos de história. Mencionei aqui R. P. Anand, um diplomata indiano, intelectual e historiador jurídico, que escreveu trabalhos acerca do direito marítimo e comercial nas Índias Orientais e os contatos de comércio entre o Império Moghul e as comunidades vizinhas do subcontinente indiano, antes e durante os primeiros anos posteriores à chegada dos europeus.[23] Outro exemplo é Taslim O. Elias, diplomata nigeriano, juiz na Corte Internacional de Justiça, e historiador das relações internacionais de tratados nos mundos saarianos e subsaarianos antes da penetração europeia.[24] Esses textos foram entusiasticamente recebidos e expandiram significativamente os horizontes disciplinares. Ainda assim, não é difícil compreender as razões pelas quais as gerações mais recentes de juristas internacionais não europeus e não americanos tenham apresentado relutância em continuar esse tipo de trabalho. Essas novas histórias sempre tenderam a sugerir o seguinte: que não europeus *também* tinham direito internacional; que eles também pensaram que tratados eram vinculantes; que imunidades

---

[23] ANAND, Ram Prakash. *Studies in international law and history: an asian perspective*, 2004.
[24] ELIAS, Taslim Olawale. *Africa and the development of international law*, 1972.

diplomáticas deveriam ser honradas; e que a guerra deveria ser travada de acordo com regras mínimas de humanidade. Em outras palavras, a sugestão implícita naqueles trabalhos parecia ser que "nós também éramos europeus", que comunidades não europeias também reconheciam e seguiam parâmetros que eram familiares a europeus, assim, perversamente confirmando aquilo que os europeus sempre souberam – isto é, que os *standards* europeus, entre outros, não são realmente "europeus", mas sim universais. Uma nova geração de historiadores pós-coloniais não mais tenta demonstrar que pessoas não europeias também aderem – e sempre aderiram – a *standards* cujas autoridades são escritores europeus. Em vez disso, inicialmente, eles buscam se afastar de qualquer comprometimento *a priori* a esses parâmetros. Esses *standards* e a disciplina neles baseada, sugerem eles, são um aspecto da colonização europeia. Em vez de demonstrar como todos, na verdade, aceitaram os seus princípios, o que deve agora ser demonstrado é como, precisamente, eles têm sido impostos a todos de maneira a dar suporte à dominação europeia. O agora clássico *Imperialism, sovereignty and the making of international law*, de Tony Anghie, inspirou muitos outros estudos da década passada, cujos objetivos não foram de escrever sobre direito internacional como um projeto civilizatório ou como um instrumento de progresso humanitário, mas sim como histórias de escravização e de destruição de modos de vida indígenas pelo mundo – a universalização de um império tecnológico comercialmente desenhado.[25]

O problema, parecem sugerir os novos historiadores, é que é impossível escrever histórias de direito internacional – ou mesmo participar do direito internacional em instituições profissionais ou acadêmicas atuais – sem que isso seja feito por meio de um vocabulário e um conjunto de técnicas e entendimentos que são cúmplices de uma história de dominação europeia. Participar dessas práticas eurocêntricas – aceitar que o engajamento em debates diplomáticos ou acadêmicos é possível apenas por meio destas práticas – é perpetuar essa história e fechar avenidas para o pensar e atuar de formas

---

[25] ANGHIE, Antony. *Imperialism, sovereignty and the making of international law*, 2005, p. 23-28; ver, também: BERMAN, Nathaniel. *Passion and ambivalence*: colonialism, nationalism and international law, 2012, p. 44 [a seguir mencionado como BERMAN, *Passion and ambivalence*]; JOUANNET, Emmanuelle. *Universalism du droit international et impérialisme*: le vrai faux paradoxe du droit international? *In*: JOUANNET, Emmanuelle; FABRI, Hélène Ruiz (eds.) *Imperialisme et droit international en europe et aux* états-unis, v. 13, 2007, p. 15, p. 18-21.

diferentes, é prevenir que se imagine outros futuros para o mundo que não aqueles abertos por Laurent, Kant e outros pensadores europeus. Ademais, parece difícil inventar repentinamente novos vocabulários – ou substituir a imaginação construtiva pelo recuo nostálgico que celebra as formas de viver de comunidades nativas anteriores à chegada dos europeus. Críticos pós-coloniais parecem estar entre duas estratégias: ou se aceita a universalidade dos *standards* herdados e se concentra na demonstração da hipocrisia europeia – para mostrar que os próprios europeus jamais cumpriram com esses padrões – ou se rejeita esses *standards* e se acusa o direito internacional de ser cúmplice da dominação imperial. Bons trabalhos têm sido realizados em ambos os lados desde os anos 1980, mas há especialmente dois problemas remanescentes: com o que se deve substituir o vocabulário existente e como evitar compartilhar com um realismo ingênuo para o qual o direito internacional seria mero véu superestrutural sobre as relações de poder? O acordo intelectual entre a história pós-colonial e as narrativas imperiais de Grewe e Schmitt podem ou não ser tema de preocupação. Entretanto, parece óbvio que o realismo jurídico, como base da historiografia do direito de qualquer um, não é propenso a narrativas contrastantes quanto ao funcionamento do nexo direito/poder.

A história do direito internacional parece equilibrada entre duas alternativas. Ou em operar com os vocabulários herdados e buscar lidar com os problemas que surjam da sua associação com causas políticas duvidosas, da melhor forma que se possa, ou completamente rejeitar esses vocabulários para substituí-los por algo mais conveniente. Cada alternativa apresenta um aspecto de reducionismo que torna difícil recomendá-los, *prima facie*, como melhor ou pior. Cada um apresenta lições vitais a serem oferecidas, mas também contêm a propensão de se tornar uma armadilha intelectual, cegando os adeptos das ironias e rupturas da história, as suas viradas contraintuitivas e contradições.

Em um trabalho recente, tentei estabelecer quatro estratégias com as quais colegas tentaram lidar com o eurocentrismo enquanto evitavam se comprometer a quaisquer das alternativas.[26] Uma fora simplesmente contar a história

---

[26] Ver: KOSKENNIEMI, Martti. *Histories of international law: dealing with eurocentrism*, 2011, ver Nota 4, *supra*.

do compromisso do direito internacional com projetos coloniais e imperiais específicos; os fatos são comumente terríveis o suficiente para chocar o interlocutor a uma consciência anticolonialista. Isso é o que a *Leyenda negra* se propôs a cumprir nas mãos de protestantes como Guilherme de Orange e Hugo Grotius, ao mesmo tempo que desviava a atenção de estratagemas coloniais dos seus países. Há inúmeros momentos nos quais a retórica do direito ou de direitos foi acompanhada por objetivos imperialistas. Pense na forma com que os direitos do homem em Paris foram acompanhados pelo maior número de importação de escravos no Haiti, por volta de 1790, por exemplo, ou a relutância com que os membros da Assembleia Nacional se movimentaram para findar a escravatura – e, ainda assim, de forma apenas temporária – no Caribe francês. Ou pense na virada para o império formal, dos anos 1870 em diante, no entusiasmo com que juristas internacionais celebraram o reinado do Rei Leopoldo no Congo em 1885, ou o seu silêncio quando aviões italianos espalhavam gás sobre Abissínia em 1936. Geralmente, é suficiente apenas expor os fatos (apesar de provavelmente não nos chocarmos tão facilmente como antigamente – mas cinismo é tema longo demais para ser tratado aqui). A questão de a acusação ser ao *direito* ou aos *juristas* pode ser deixada para depois, quando a complexidade do momento possa ser devidamente reconhecida. Será que o direito *verdadeiramente* amparou a colonização dessa forma; os juristas estavam *realmente* unidos nos seus entendimentos do que o direito teria ordenado – e qual a influência que eles tiveram? O direito é, como o "genealogista" de Nathaniel Berman gostaria de saber, o Capitão do Manobrista Imperial, e será que os papéis dos dois por vezes não se alternariam?[27]

Uma segunda estratégia é remeter às origens coloniais desta ou daquela instituição que costumeiramente tem sido considerada como originalmente "europeia". Soberania e propriedade são típicas; o conteúdo de cada uma fora crucialmente forjado em um contexto colonial de maneira a incluir ou excluir formas de chefia ou posse indígenas. O trabalho de Anghie sobre imperialismo apresenta a boa questão sobre se o direito internacional como um todo nasceu da colonização de territórios não europeus.[28] Sem os encontros (*encounters*) nos séculos XVI e XVII, os europeus seriam facilmente capazes de construir

---

[27] BERMAN, Nathaniel. *Passion and ambivalence*, 2012, p. 41, p. 45. Ver Nota 25, *supra*.
[28] ANGHIE, Antony, 2005, p. 13-15. Ver Nota 25, *supra*.

as suas relações sob o antigo princípio do *jus gentium*, talvez modernizado para um *Droit public de l'Europe*, fundamentado em costumes locais europeus, formas de fé e comunidade política. Uma terceira maneira de se fazer o trabalho histórico, sem pressupor a existência de um projeto europeu homogêneo de colonização pelo direito que então seria ou endossado em princípio – contra a hipocrisia europeia – ou rejeitado de plano em um único ato de provocação pós-colonial, é pensar em termos de ideias híbridas coloniais e anticoloniais e usos do vocabulário herdado. Qualquer que seja a origem ou o conteúdo das principais noções de direito internacional, muitas destas noções têm sido utilizadas de formas inovadoras para também apoiar ideologias ou práticas anticoloniais. Soberania, autodeterminação nacional, força vinculante dos tratados, e a ideia de direitos humanos inalienáveis são todos exemplos óbvios de noções que se propagaram largamente e encontraram apoiadores e adversários nos mais variados locais. Existem novos estudos, por exemplo, acerca de como juristas do Terceiro ou do "semiperiférico" Mundo utilizaram conceitos jurídicos tradicionais para defender seus estados contra o poderio europeu na América Latina, Ásia e norte da África.[29] Conceitos jurídicos internacionais são como quaisquer outras noções de direito – indeterminadas quanto ao seu conteúdo e passíveis de uso para incontáveis causas contraditórias. Durante os anos 1960 e 1970, apelos à "soberania permanente sobre recursos naturais" (*permanent sovereignty over natural resources* – PSNR) foram também feitos em termos de equidade jurídica e igualdade soberana, com ênfase na responsabilidade quanto a privações e injustiças prévias.[30] A história do destino daquela iniciativa e do ainda mais ambicioso projeto de uma "Nova Ordem Econômica Internacional", o qual não obteve sucesso nos seus mais importantes objetivos – apesar de ter alcançado algumas conquistas –, constitui excelente explicação das possibilidades e dos riscos de um comprometimento de reforma jurídica nas instituições existentes.[31] Sem dúvida, deveria haver mais pesquisas sobre

---

[29] Ver, por exemplo: BERMAN, Nathaniel. The appeals of the Orient: colonized desire and the War of the Riff. In: KNOP, Karen (ed.). *Gender and human rights*, p. 195, p. 223-229; LORCA, Arfulf Becker. *Mestizo international law*: a global intellectual history, 1850-1950, 2015; OBREGÓN, Liliana. *Between civilization and barbarism*: creole interventions in international law, *Third World Quartely*, v. 27, p. 815, p. 820-824, 2006.

[30] ANGHIE, Antony, 2005, p. 216, p. 317. Ver Nota 25, *supra*.

[31] Ver: PAHUJA, Sundhya. *Decolonising international law*: development, economic growth and the politics of universality, 2011, p. 103-159.

o que ocorreu com essas investigações. Por fim, uma quarta estratégia é a de seguir o conselho de Dipesh Chakrabarty, para "provincializar a Europa".[32] Isso significa abrir mão do hábito, aprendido de Laurent e Kant, e seguido por praticamente toda a história jurídica internacional do século XX, de pensar as histórias europeias como histórias universais; história mundial como história da expansão europeia; e história das ideias políticas e jurídicas como a narrativa do homem europeu debatendo sobre temas e conceitos pela história, com um sentido universal. No lugar de pensar a história do direito internacional como "história da humanidade" (Laurent), esta pode ser pensada como um "projeto" de um número limitado de indivíduos, para exercer influência política ou para reunir recursos materiais em contextos específicos. Eu por vezes penso no meu próprio *The gentle civilizer of nations* nesses termos, como um esforço para afastar o direito internacional de abstrações históricas ou conceituais, para pensá-lo em termos humanos, como um conjunto de iniciativas jurídicas por homens que definiram a si próprios como autoridades do campo e, assim, tinham muito a ganhar se eles de fato triunfassem. Poder-se-ia, em outras palavras, buscar contextualizar o uso do vocabulário de direito internacional em referência ao que os seus falantes nativos gostariam de atingir por seu intermédio – como a promoção das razões de uma empreitada colonial; reforçar o *status* internacional de seu próprio país; tentar trabalhar a favor ou contra a expansão do comércio; ou simplesmente como um instrumento para a influência política de empregadores. É bastante comum que advogados tenham clientes e que advoguem por eles. Foi o lastro ideológico do direito internacional como representante de algo maior que fez com que historiadores relutassem em diminuí-lo à estatura humana. Entretanto, acredito que sinais de uma mudança a esse respeito estão emergindo.

5. Vitoria e Nós: Lidando com Anacronismo

Há duas semanas, participei de uma conferência em Madri sobre o legado de Francisco de Vitoria, clérigo dominicano-espanhol cujo trabalho nas Índias

---

[32] Ver: CHAKRABARTY, Dipesh. *Provincializing Europe:* postcolonial thought and historical difference, 2000.

e no direito da guerra teve grande influência em gerações subsequentes. Os conferencistas frequentemente se referiam a Vitoria como "um grande jurista" ou um "ativista de direitos humanos" de cujas posições humanitária e "anti-imperialista" teríamos muito a aprender. Isso, esta forma corriqueira de mencionar o segundo escolástico espanhol, é obviamente anacrônica. O que Vitoria, antes de tudo professor de teologia em Salamanca, teria pensado se ele soubesse que seria rebaixado a "jurista" ou referido como "estudioso de direitos humanos" em um mundo em que a expressão "direitos humanos" não fazia sentido em ambas as línguas latina e espanhola e no qual ideias que associamos com liberdade em uma comunidade secular, eram francamente heréticas? Vitoria, afinal, era a favor de atear fogo a hereges! Como se deve reagir à projeção rotineira dos conceitos atuais, vocabulários e vieses a pessoas de outras épocas e outras preocupações? Certamente, o anacronismo cala nossos ouvidos ao que Vitoria estava realmente tentando transmitir à sua plateia em Salamanca. Certamente, devemos a Vitoria a chance de entendê-lo em *suas* palavras, em vez das nossas.

Contudo, a maior parte da história do direito internacional do século XX opera precisamente no sentido oposto. Ela considera nossos conceitos e instituições atuais como pontos de partida e trabalha retroativamente para esboçar uma "tradição" que opera como um diálogo através de gerações sobre temas tão familiares como soberania, diplomacia, tratados, limites humanitários para guerra e assim por diante, adquirindo gradualmente maturidade em nossas instituições atuais, as Nações Unidas, ou os mecanismos de tratados de direitos humanos. Atualmente, historiadores raramente pensam nesses termos. Eles aprenderam a ser cautelosos quanto a esse tique, essa "precursorite", essa visão do passado tão predominantemente significante quanto precursora do presente. Pensar em termos de "tradições" abranda a história e apaga suas interrupções, transformações e incomunicabilidades. Pode até ser uma completamente imaginária, violenta maneira de fundir pessoas e momentos tão diferentes quanto um italiano protestante em Oxford no findar do século XVI (Gentili); um intelectual espanhol contrarreformista (Vitoria); um holandês eclético trabalhando para uma corporação de comércio (Grotius); e um *littérateur* huguenote à procura de emprego na Neuchâtel do século XVIII (Vattel). Esses homens se preocupavam com os negócios políticos em uma relativamente larga escala – mas suas preocupações e contextos, seus "projetos", eram, contudo, amplamente diferentes e dificilmente compreensíveis em termos de suas contribuições para a "tradição" que veio a viger muito depois de eles saírem de cena.

Hoje em dia, a maioria dos historiadores anglo-americanos consideram anacronismo um pecado mortal.[33] A historiografia – especialmente o estudo do pensamento jurídico e político – não deveria extrair seus temas dos contextos cronológicos aos quais eles pertencem, à medida que isto poderia convir a algum projeto contemporâneo. Ela deveria analisar esses temas em face dos debates e lutas que pertenceram ao mundo em que eles viveram e produziram seu trabalho. Ou, como declarado pelo mais famoso dos historiadores contextuais, Quentin Skinner, textos históricos ou eventos deveriam ser estudados formulando questões sobre o que o autor do texto ou agente pretendia *atingir* com esse texto ou ação, tendo em vista convenções linguísticas disponíveis e para o público ao qual foi direcionado. O objetivo do processo deveria ser compreender a intenção do agente ao posicionar o texto ou o ato no local e época em que foi produzido.[34] Nessa – "historicista" – visão, toda ideia é um produto do momento em que nasce e opera. Ela surge de preocupações do período e frequentemente sobrevive a compromissos polêmicos juntamente com outras ideias adjacentes a ela naquele momento. Ideias não têm significado trans-histórico. Elas fazem parte de vocabulários e sistemas de pensamento que surgem em períodos particulares, prosperam e morrem. Seus significados são completamente atrelados a esses sistemas e não podem ser compreendidos separadamente.

Uma leitura contextual de Vitoria, então, pareceria bem diferente da maior parte das considerações contemporâneas. Destacaria que as suas aulas acerca dos indígenas, ou sobre guerra justa, eram elaboradas no contexto de magistério a futuros clérigos na organização do sacramento da penitência.[35] O contexto intelectual adequado não seria de forma alguma uma tradição de direito internacional, mas a "Segunda Parte da Segunda Parte" da *Summa*

---

[33] Fui inspirado, entretanto, pela defesa de anacronismo de Anne Orford. Ver: ORFORD, Anne. On international legal method, *London Review of International Law*, v. 1, p. 166, p. 170-177, 2013.

[34] SKINNER, Quentin. *Visions of politics: regarding method*, v. 1, 2002, p. 86-87.

[35] KOSKENNIEMI, Martti. *Empire and international law*: the real Spanish contribution, 2011, p. 61.

Theologiae de Tomás de Aquino, que lida com a virtude da justiça – e não "direito" – e se amplifica em uma série de perguntas e respostas sobre as condições de absolvição que os sacerdotes deveriam levar em consideração. Eles também eram dados publicamente como sumários de uma série maior de palestras que lidava com outros aspectos da justiça restaurativa, os direitos de propriedade e de troca, preço justo e usura, que obtiveram relevância imediata no pensamento sobre dois importantes pontos de preocupação para teólogos naquele momento: a expansão da cultura comercial na Europa e em terras imperiais e os *standards* de comportamento que cristãos deveriam seguir quando lidassem com não cristãos.[36] Entretanto, quase nada desse contexto foi alguma vez incluído na história jurídica que celebra Vitoria como o "fundador" do direito internacional. Em vez disso, a imagem de Vitoria tem sido coberta por imagens anacrônicas sobre a juridicidade internacional e a proteção dos direitos humanos. Quase nenhuma atenção foi dada a Vitoria como intelectual contrarreformista, preocupado com a expansão da influência de Lutero e as reformas teológicas que o seu colega e amigo Domingo de Soto desenvolvia no Concílio de Trento – o qual ele não pôde pessoalmente atender devido a problemas de saúde –, também preocupado com o estado das almas de homens comerciantes como os *cambistas* espanhóis na Antuérpia, os quais pediram uma segunda opinião de Vitoria em 1530 acerca de como a sua atividade profissional era pecaminosa e, se assim o fosse, o que eles poderiam fazer sobre o assunto.[37] Vitoria não tinha uma resposta direta, mas pode-se imaginar que deva ter sido a carta, e as mudanças no mundo do qual emergiu, que o inspiraram a devotar meticulosa atenção à justiça de trocas comerciais, assim como a direitos de propriedade e jurisdição, ao direito natural e *jus gentium* nas suas palestras em Salamanca.

À exceção das leituras de Annabel Brett e Richard Tuck,[38] Vitoria ainda não foi objeto de estudos contextuais mais amplos no mundo anglófono, não

---

[36] Ver: VITORIA, Francisco de. *Comentarios a la secunda secundae de Santo Tomás* (edição de Vicente Beltrán de Heredia, 1932).

[37] Ver: GRICE-HUTCHINSON, Marjorie. *The school of Salamanca*: readings in Spanish monetary theory 1544-1605, p. 38-58.

[38] BRETT, Annabel. *Liberty, right and nature*: individual rights in later scholastic thought, 1997, p. 124-40; TUCK, Richard. *The rights of war and peace: political thought and the international order from grotius to Kant*, 1999, p. 51-77; ver, também: PAGDEN, Anthony. *The fall of natural man: the american indian and the origins of comparative ethnology*, 1982, p. 84-99.

sendo o mesmo caso com o ativista político protestante Hugo Grotius, especialmente no que diz respeito ao seu trabalho como conselheiro jurídico da Companhia Holandesa das Índias Orientais no início do século XVII. O seu longo trabalho, *De jure praedae*, descoberto no seu *Nachlass* apenas no século XIX, foi meticulosamente situado em contexto por Martine van Ittersum, enquanto outros leram os seus textos teológicos com especial atenção à sua recepção no meio predominantemente puritano da Revolta Holandesa.[39] Outro trabalho contextual, aquele sobre Alberico Gentili, por Diego Panizza, que discutiu os trabalhos deste jurista bartolista, como membro do "partido da guerra" na Inglaterra de Elisabete I e como alvo de críticas religiosas por membros puritanos do corpo docente da Faculdade de Direito de Oxford.[40] Mais recentemente, o baluarte de ideologias universalistas, direitos humanos, foi também sujeito a leituras contextuais por Samuel Moyn,[41] entre outros. Esses trabalhos talvez ainda não sejam lidos por juristas internacionais na extensão que se esperaria, mas não tenho dúvidas de que eles no futuro contribuirão para o enfraquecimento das ideologias progressistas que têm sido partes inextirpáveis da história do direito internacional.

6. Os Limites do Contextualismo

Ainda que o contextualismo possibilite uma abordagem elucidativa para o exame dos mundos jurídico e político do passado, não o faz sem suas dificuldades. Particularmente, tende a depender de uma separação "positivista" entre o passado e o presente que encoraja relativismo histórico, que de fato é uma atitude completamente acrítica que pode acabar suprimindo esforços para encontrar padrões históricos que possam ter dado causa a experiências de dominação e injustiça dos dias de hoje.[42] Sugerir que o passado é literalmente

---

[39] GROTIUS, Hugo. *Commentary on the law of prize and booty*, 1868 (edição de Martine Julia van Ittersum, Liberty Fund, 2006). Ver: VAN ITTERSUM, Martine Julia. *Profit and principle*: Hugo Grotius, *natural rights theories and the rise of dutch power in the East Indies* (1595-1615), 2006.
[40] DIEGO PANIZZA, Diego; GENTILI, Alberico. *Giurista ideologo nell'inghilterra elisabettiana*, 1981.
[41] MOYN, Samuel. *The last utopia: human rights in history*, 2010.
[42] A conexão entre historicismo e positivismo foi feita há muito tempo (especificamente em referência a Weber) em Leo Strauss. *Natural right and history*, 1953, p. 9-80. No entanto, meu

"outro país" cujos costumes e pensamentos podem ser descobertos apenas com grande dificuldade e cujos esquemas conceituais, uma vez revelados, não podem ser submetidos a criticismo por padrões baseados no "sistema de valores" dos dias de hoje é atacar tanto as narrativas progressistas dos tradicionalistas quanto as críticas pós-coloniais do envolvimento do direito internacional com império e colonização. Tanto antes quanto depois de Anghie, juristas críticos têm apontado para a maneira com a qual Vitoria lidava com os índios; sujeitava-os sob o vocabulário teológico que justificava que os europeus os disciplinassem.[43] Partindo da perspectiva de um contextualismo rigoroso, no entanto, atacar Vitoria como um legitimador do colonialismo significaria que "alguns padrões de análise historiográfica foram abandonados".[44] Em continuada discussão sobre a matéria, Ian Hunter notou que ambos os lados na controvérsia sobre o legado de Vitoria utilizaram "um princípio global de justiça capaz de incluir povos europeus e não europeus dentro da 'história universal' do desdobramento [do *jus gentium*]".[45] Nesse passo, eles – falsamente – aprimoraram suas próprias tendências e preconcepções decorrentes de seus próprios locais de fala, transformando-os em padrões universais que, então, são impostos aos outros. Contudo, operar com algo como "justiça universal" ou uma "tradição histórica" é negligenciar o senso cronologicamente delimitado em que os agentes históricos e suas obras e textos deveriam ser compreendidos. É cometer o pecado do anacronismo.

Entretanto, há muito tempo sabe-se que não se consegue sustentar uma clara separação entre o objeto da pesquisa histórica e o próprio contexto do pesquisador; que o estudo da história é inevitavelmente – e proveitosamente – condicionado pelos preconceitos e preconcepções do historiador,

---

debate foi muito mais influenciado por Anne Orford, *The past as law or history? The relevance of imperialism for modern international law*. In: JOUANNET, Emmanuelle; RUIZ-FABRI, Hélène (eds.). *Tiers-Monde: bilan et perspectifs* (forthcoming 2013 e Orford, p. 107-177; ver Nota 33, *supra*.
[43] Ver, por exemplo: WILLIAMS, Robert. *The american indian in the western legal thought: the disclosures of conquest*, 1992, p. 96-108); BARRETO, José-Manuel. Imperialism and decolonization as scenarios of human rights history. *In*: BARRETO, José-Manuel (ed.). *Human rights from a Third World perspective*: critique, history and international law, 2013, p. 140, p. 144-151.
[44] ZAPATERO, Pablo. Legal imagination in Vitoria. The power of ideas, *Journal of the History of International Law*, v. 11, n. 2, 221-271, 2009.
[45] HUNTER, Ian. Global justice and regional metaphysics: on the critical history of the law of nature and nations. *In*: DORSETT, Shaunnagh; HUNTER, Ian. *Law and politics in the British postcolonial thought: transpositions of empire*, 2010, p. 11, p. 11-12.

bem como por suas estruturas conceituais e interesses de conhecimento. "Historiadores", como Michel de Certeau observou, "partem de determinações atuais. Eventos atuais são seu verdadeiro ponto de partida".[46] A questão da intersecção do vocabulário-objeto com o vocabulário do próprio historiador já foi frequentemente levantada, mas talvez haja razão para nos lembrarmos de sua importância para o estudo crítico do direito e da história. As respostas que recebemos da história dependem das perguntas que fazemos – essas perguntas, novamente, dependem dos nossos projetos atuais, do nosso conhecimento e preconcepções, inclusive o nosso pensamento sobre para onde o presente está agora nos levando. Como Hans-Georg Gadamer consumava enfatizar, "A história é apenas presente para nós à luz da nossa posteridade".[47] Isso é precisamente o que nós vemos quando nossos problemas atuais com a "globalização" nos levam a examinar o passado dos nossos conceitos jurídicos e instituições herdados.

É importante responder às preocupações sobre anacronismo, porque muitas delas são evidentemente relevantes para a historiografia do direito internacional. É verdade que as preocupações atuais não devem nos impedir de tentar compreender textos jurídicos antigos ou eventos em seu próprio contexto. Por sua vez, é impossível libertar-se completamente do anacronismo – o positivismo ainda está equivocado. Todo estudo histórico pode – de fato, deve – confiar nas preconcepções e técnicas do próprio historiador. A questão é que isso não deve incapacitar o historiador de ouvir a voz do passado e de se engajar em um contato crítico – ou "dialogar", se preferir – com ela. Deixe-me brevemente levantar dois argumentos. Primeiro, o tipo de contextualismo "puro", que destaca a limitação do trabalho histórico à descrição de contextos passados ou "esquemas conceituais", não pode ter sucesso sozinho. Escolha e avaliação são tão necessariamente parte da história como qualquer outro estudo, talvez em uma forma especialmente intensa de história. E segundo, as escolhas e avaliações que permitem ao historiador ter contato com o passado devem refletir um esforço para obter uma melhor compreensão da natureza do presente, incluindo as causas da dominação e injustiça atuais,

---

[46] CERTEAU, Michel de. *The writing of history*, [N.T.: p. 11[?]] (Tom Conley trans., 1988).
[47] GADAMER, Hans-Georg. *Philosophical hermeneutics*, [N.T.: p. 9[?]] (David E. Linge ed. & trans., 1976).

de maneira a contribuir para a sua erradicação. Eu não tenho nenhum problema com a velha visão marxista de que a validação de proposições sobre o mundo não pode depender da correspondência dessas proposições com algum (não proposicional) estado das coisas, mas como elas contribuem para o que, na falta de um termo melhor, pode ser chamado de emancipação humana. Ao comentar sobre essa visão, Hayden White notou que:

> Nós percebemos o passado e todo o espetáculo da história em geral em termos de necessidades sentidas e anseios que são fundamentalmente pessoais, tendo relação com as formas em que enxergamos nossas próprias posições no estabelecimento social atual, nossas esperanças e receios para o futuro, e a imagem do tipo de humanidade que nós gostaríamos de acreditar que representamos.[48]

Os limites do contextualismo tornam-se mais claramente visíveis nos esforços para definir qual é o "contexto" para um texto ou evento histórico. É aquele de escrever livros ou de argumentar e contra-argumentar em alguma disputa diplomática ou militar? Qual o papel que instituições e tradições da vida acadêmica desempenham para a avaliação da contribuição de um jurista, e será que essas instituições podem ser compreendidas sem considerar histórias mais abrangentes sobre a universidade na Europa, a ascensão das disciplinas profissionais e seu papel na formação do estado (europeu) moderno? E ainda há grandes questões levantadas por Ellen Meiksins Wood no início de sua recente série de livros sobre a história do pensamento político. Muitos historiadores, critica a autora, parecem se concentrar apenas no contexto intelectual – os textos produzidos pelo agente histórico, suas relações para com seus colegas, sua correspondência, e sua atividade dentro de alguma instituição intelectual ou política.[49] Em toda essa história, ela observa, há muito pouca "consideração substantiva sobre agricultura, a aristocracia e o campesinato, distribuição e posse de terras, a divisão social do trabalho,

---

[48] WHITE, Hayden. *Metahistory:* the historical imagination in nineteenth-century Europe, 1973, p. 283.
[49] Ver: WOOD, Ellen Meiksins. *Citizens to lords:* a social history of western political thought from antiquity to the Middle Ages, 2008, p. 8.

protesto e conflitos sociais, população, urbanização, negócios, comércio, manufatura, e a classe burguesa".[50]

Na história do direito internacional, também, há grandes perguntas a serem feitas sobre o papel cultural, político, e econômico do direito e dos juristas, as quais têm relação com a mudança de posição dos sistemas de conhecimento representados pela teologia, pela política, e pela economia. Embora seja necessário que um estudo sobre a obra de Vitoria perpasse por um comentário da *Summa Theologiae*, um adequado relato *daquela* atividade, novamente, deveria envolver alguma discussão sobre a história dogmática da teologia católica, incluindo o desafio nominalista que Vitoria enfrentou durante seu aprendizado em Paris. No entanto, deveria também considerar que a supressão da Revolta dos Comuneiros, em 1519-1521, no norte de Castela, a qual abalou a consciência política de seus contemporâneos, e cuja lição foi gravada no forte apelo por disciplina social no relato de Vitoria em 1528 sobre poder civil.[51] Nem deveria negligenciar a massiva expansão do comércio que seguiu o ingresso de prata das Índias nas redes de negócios que desafiavam atitudes religiosas e dramaticamente enfraqueceram a doutrina da Igreja.[52] Além disso, certamente o "contexto" de Vitoria não pode ser estritamente limitado ao momento em que ele viveu; afinal, aquele período era situado "dentro" de pedaços maiores da história, normalmente rotulados de "a ascensão do capitalismo," "renascença da consciência," "a Reforma," ou "a ascensão e queda do império Habsburgo", juntamente com hipóteses sobre as relações causais entre temas tão abrangentes. Mesmo que seja importante ler Vitoria "em contexto", isso é apenas uma preliminar ao trabalho de determinar qual é o contexto apropriado. Não há nenhuma razão *a priori* para pensar que a cronologia forneceria o padrão decisivo, em vez de, digamos, alguma presunção a longo prazo sobre o papel de "intelectuais orgânicos" ou relações entre religião e poder estatal. Questões relevantes para ler Vitoria

---

[50] WOOD, Ellen Meiksins. *Citizens to lords*: a social history of western political thought from antiquity to the Middle Ages, 2008, p. 9.
[51] Ver: VITORIA, Francisco de. On civil power. *In*: PADGEN, Anthony; LAWRENCE, Jeremy. *Political Writings*, [N.T.: Seção/Questão[?]] 10, 1991, p. 32-34.
[52] Ver, por exemplo: KOSKENNIEMI, Martti. Lus Gentium and the birth of modernity. *In*: NUZZO, Luigi; VEC, Milos (eds.). *Constructing international law*: the birth of a discipline, 2013, p. 3.

incluem a natureza do imperialismo espanhol, seus efeitos no campesinato castelhano, eventos acontecendo na esfera alemã – o uso do protestantismo para apoiar a independência de políticas territoriais – e a forma com que o alívio à proibição de usura facilitaria a expansão do comércio internacional ao legitimar operações de crédito de longa distância, por exemplo.[53]

Agora a simples questão é que, naturalmente, nenhum desses "contextos" aparece automaticamente na tela de um historiador do direito. Eles refletem a escolha do historiador – e essa escolha evidentemente depende de algum critério de relevância que permite que o historiador produza uma narrativa significativa do conjunto de textos e eventos que compõem o passado. Não requer mais que um olhar casual para a historiografia do século XX para perceber que os critérios de relevância variaram enorme e radicalmente; as formas de explicação histórica vieram e se foram enquanto os debates metodológicos entre historiadores prosseguiram – esses debates novamente refletindo maiores mudanças contextuais no entendimento contemporâneo do papel das ideias e dos fatos, casualidades psicológicas, e transformações materiais na produção do que para nós aparenta ser o contexto histórico real em que vivemos. É impossível, mas também altamente desnecessário, enfatizar a questão de que as histórias do passado que todos nós contamos sempre refletem nossas preocupações atuais, de que toda história é uma história do *presente*.

7. Escolhendo Escopo e Escala

Com essas últimas observações, deixe-me levantar algumas questões finais sobre como qualquer relato do passado do direito internacional é necessária e proveitosamente imbuído em preocupações e preferências contemporâneas e participa de debates e disputas atuais. Em razão de esses debates frequentemente terem consequências políticas, é especialmente útil que relatos que visam ter uma margem crítica estejam cientes desses debates e aprendam a usá-los de forma inteligente. Vou resumir as observações, seguindo

---

[53] KOSKENNIEMI, Martti. *The political theology of trade law*: The scholastic contribution. *In*: FASTENRATH, Ulrich *et al.*, (ed.). *From bilateralism to community interest: essays in honour of judge Bruno Simma*, 2011, p. 99-100 [doravante KOSKENNIEMI. *The political theology of trade law*].

Christopher Tomlins, por referência a escolhas de escopo e escala que estão compreendidas no estudo da história do direito internacional.[54]

Quanto à determinação do *escopo* de uma obra histórica, existem diferentes escolhas jurisprudenciais que devem ser feitas de início, que refletem no tipo de relato a ser produzido. Eu já apontei duas formas alternativas de examinar o direito internacional no passado: i) uma abordagem "idealista" que examina o passado por meio de "ideias", "regras", ou "princípios" que aparecem em textos canônicos ou que podem ser destacados de eventos ou práticas relevantes; e ii) uma abordagem "realista" que examina políticas imperiais, poder econômico ou militar. A primeira representa uma forma tradicional de escrever a história do direito internacional, mas tem como premissa uma definição de "direito" que é altamente contestada. Toda uma tradição "realista", desde a jurisprudência histórica francesa do século XVI em diante, rejeita pensar o direito como ideias abstratas e, em vez disso, propõe desviar a atenção para as práticas passadas e o uso de poder social. Tanto o "realismo" hobbesiano e a crítica dos historiadores do século XIX ao universalismo iluminista representam formas alternativas de compreender o direito como parte da vida de uma comunidade, como um aspecto das suas práticas e relações de poder. Na metade do século XX, esses realismos se proliferaram para buscar a presença do direito "em operação" nos padrões de tomada de decisão administrativos ou judiciais, na consciência de profissionais juridicamente qualificados, ou nas ideologias de legitimidade incorporadas nas estruturas hegemônicas da sociedade. As obras de Schmitt ou Grewe emanaram de tais críticas, assim como as obras de muitos estudiosos pós-coloniais que atacam o direito internacional ao associá-lo com a desgraça do colonialismo e do imperialismo.[55]

Escolher o escopo da história [para o historiador] requer, entre outras coisas, uma definição entre examinar textos jurídicos ou filosóficos produzidos em academias, atos profissionais e instrumentos de administrações públicas e ministérios de relações exteriores, ou então focar em interações e interesses econômicos, no desenvolvimento de tecnologia militar, ou no balanço estratégico do poder. Como se deve definir o escopo da história – deveria ser uma

---

[54] TOMLINS, Christopher. After critical legal history, scope, scale, structure, *Annual Review of Law and Social Science*, v. 8, p. 31-68, 2012, p. 31.
[55] Ver: LAGHMANI, Slim. *Histoire du droit des gens:* du jus gentium impérial au jus publicum europeaeum, 2004.

história de pensamento ou de atuação, uma história de regras ou de práticas? O grande interesse que juristas de direito internacional têm demonstrado quanto à legislação do império espanhol na América do século XVI e do início do século XVII apresenta cada um desses escopos. Se o escopo de um estudo é focado nas palestras dadas por estudiosos dominicanos em Salamanca, o relato resultante vai parecer bastante diferente de um que examina o que estava acontecendo no mesmo período no México ou no Peru entre os conquistadores ou os *encomenderos*. Por exemplo, o título do relato clássico de Lewis Hanke, *The spanish struggle for justice in the conquest of America*, já delimita o escopo de sua obra pela pesada inclinação normativa.[56] A obra sugere que os eventos são significativos na medida em que ilustram a "luta por justiça" travada por (alguns) espanhóis ao longo da conquista – uma espécie de antídoto para o famoso título de Las Casas, *A short account of the destruction of the Indies*.

É possível superar o dilema de definição (o direito internacional deve ser entendido como ideias ou como poder?) pelo acordo jurisprudencial de pensar o direito como um "fato institucional," uma amálgama de ideologias e práticas. Mas então seria possível focar nas instituições acadêmicas ou militares, e nas relações econômicas entre as instituições – espécies de propriedade e de contratos – e nas instituições de direito público e da administração – soberania e formas constitucionais? Eu levanto essas questões não para mostrar que é impossível fazer pesquisa histórica, mas que, antes que essa pesquisa possa começar no direito internacional, é necessário fazer algumas escolhas bastante consequenciais sobre o que é o "direito", que determinarão o escopo do estudo. Digamos que alguém queira pesquisar sobre o direito internacional no século XVIII. O escopo cronológico dessa pesquisa pode ser defendido pelo argumento de que, durante o Iluminismo, ocorreram inovações importantes nas ideias e sobre as práticas de estado, comércio internacional, guerra, e nas ideologias de legitimação política e jurídica como um todo. É possível contestar esse raciocínio argumentando que essa definição é completamente eurocêntrica – "Iluminismo", "direitos do homem", e "equilíbrio de poder" eram aspectos de debates e ideologias europeias, e, em vez disso, preferir focar na expansão do tráfico de escravos no mesmo século, ou no processo que levou à independência do Haiti em 1804, em que a Assembleia Nacional

---

[56] HANKE, Lewis. *The spanish struggle for justice in the conquest of America*, 1949.

fez o possível para limitar a aplicação da *Déclaration de Droits de L'homme et du Citoyen* à França Continental.

Entretanto, mesmo que alguém deseje manter-se dentro do antigo escopo eurocêntrico das histórias do direito internacional de tal período, ainda restariam outras questões para serem resolvidas. Nas histórias tradicionais, a obra de Immanuel Kant sobre figuras cosmopolitas do direito se mostra como um caso limite. A obra *Perpetual Peace* de Kant é um trabalho em direito internacional ou não?[57] Se é, então o direito internacional é em parte definido como uma filosofia – mas porque a perspicaz obra anti-idealista de Christian Grave sobre a diferença entre a moralidade privada e a moralidade dos estados – à qual Kant estava em parte reagindo – seria deixada de lado?[58] Afinal, estava muito mais próxima em espírito e conclusões práticas do trabalho sobre *Staatsklugheit* feito por influentes professores alemães de direito natural e das gentes, como Johann Hieronymus Gundling ou Gottfried Achenwall. Hobbes é parte da tradição (intelectual) do direito das gentes? Se é, (como a maioria admite), então certamente a tradição de *ragion di stato*, inaugurada pelo ativista contrarreformista Giovanni Botero na virada do século XVII, também deveria ser incluída na história do direito internacional?[59] Eu já argumentei em outros escritos que o direito internacional é uma "disciplina alemã".[60] Para sustentar esse argumento, eu incluí o bastante poderoso direito público alemão na história do direito internacional – Pufendorf, Thomasius, Achenwall, Jellinek, Schmitt, Kelsen... Novamente, eu reconheço que é uma escolha contestável. Sustentá-lo fará a história do direito internacional parecer bastante diferente das narrativas em que Emer de Vattel e escritores franceses como Abbé de Saint Pierre ou Jean-Jacques Rousseau desempenham um importante papel.

---

[57] Ver: KANT, Immanuel. Perpetual peace: a philosophical sketch. *In*: *Political writings*, 2007, p. 93. Ver Nota 5, *supra*.
[58] Ver: GRAVE, Christian. *Abhandlung* über *die verbindung der moral mit der politik oder einige betrachtugen wie es möglish sei, die moral des, privatlebens bey der Regierung der Staaten zu beobachten*, 1788.
[59] Ver: BOTERO, Giovanni. *The reason of State*. Tradução de P. J. Waley e D. P. Waley, 1956. Para um comentário útil e recente, ver: DESCENDRE, Romain. *L'état du monde*: Giovanni Botero entre raison d'état et geopolitique, 2009.
[60] Ver: KOSKENNIEMI, Martti. *Between coordination and constitution*: international law as German discipline, *Redescriptions: Yearbook of Political Thought, Conceptual History and Feminist Theory*, v. 15, p. 45, 2011.

De qualquer forma, a escolha determinará se o direito internacional será compreendido como um projeto governamental para administrar relações exteriores ou como um debate sobre a "paz perpétua" por intelectuais. E Adam Smith é parte da história do direito internacional? Deve-se ao menos dizer que definir esse ramo do direito de forma a *excluí-lo* seria compartilhar do vasto "esquecimento" em muito da história do direito internacional quanto à influência do pensamento econômico – e isso ocorre apesar do fato de que algumas das noções básicas de tal pensamento são incluídas no vocabulário de direito subjetivo de teóricos inquestionavelmente incluídos no cânone (como Vitoria ou Grotius).[61]

Finalmente, pode-se dizer que delimitar a história do direito internacional a relatos sobre reis e guerras e o equilíbrio de poder tende a continuar sendo um grande problema, especialmente ao ignorar a estreita relação que sempre existiu entre soberania e propriedade, direito público e privado no governo externo e império. É por isso que, em minha obra recente, eu tentei delimitar o escopo do "direito internacional" de modo a incluir o desenvolvimento de regras de direito privado quanto a propriedade e a contratos e examinar de perto a operação das companhias de comércio desde o século XVII até o século XIX, como contextos nos quais a cooperação entre ambos é claramente mais visível. Novamente, eu acho surpreendente que as leis globais da economia não tenham sido submetidas ao estudo dos juristas de direito internacional – mesmo que seja evidente que tudo sobre a economia é construído a partir de regras jurídicas e práticas de aplicação, como admitem os economistas institucionais.[62] Que o fato de o mercado não ser, e nunca ter sido, independente do poder público, mas, *a contrario sensu*, que o efeito da constante intervenção do estado não tenha inspirado os historiadores do direito internacional até agora a examinar como essa cooperação ocorreu. Contudo, são visíveis os sinais de uma mudança a esse respeito.[63] E não é errado presumir que essa mudança no escopo da história do direito internacional é completamente inspirada

---

[61] Ver, por exemplo: KOSKENNIEMI, Martti. *The political theology of trade law*, 2011, p. 95-101. Ver Nota 53, *supra*.

[62] Ver: DOUGLAS. North; THOMAS, Robert Paul. *The rise of western world: a new economic history*, 1973, p. 17-18.

[63] Ver, por exemplo: LUSTIG, Doreen. *International law and the business enterprise* (Março 2011). (Tese de Doutorado não publicada, New York University).

pelo interesse atual em entender as operações e a moralidade do que hoje é chamado de globalização.

Juntamente com a delimitação do escopo da história, há também a questão de *escala*. Histórias de direito internacional tendem a abranger grandes, até mesmo globais, conjuntos que deveriam determinar a essência do direito internacional de um período, como as "épocas" "espanholas", "francesas" ou "britânicas" discutidas por Grewe. Eu sou um grande admirador da história universal do tipo que Fernand Braudel produziu,[64] e um pouco menos da obra de Immanuel Wallerstein.[65] Suas grandes narrativas estruturais sobre a expansão europeia têm enorme poder de explicar as coisas para nós, incluindo explanações sobre a natureza e efeito do direito no mundo. Mas esses juristas tiveram pouco, quase nada, a dizer sobre o direito. Por outro lado, pelas mesmas razões que os historiadores contextuais destacaram, a ambição da história global tende a ser demasiadamente generalizante, e agregar o direito a ela poderia facilmente fundamentar-se sobre presunções duvidosas quanto às suas relações causais com o mundo social. Além do mais, certamente não é o único olhar abrangente que podemos utilizar para examinar o direito internacional. Outras alternativas podem ser classe ou religião, e, embora a relevância de ambas, ou pelo menos da segunda, tenha sido amplamente reconhecida, ainda há muito poucos estudos históricos que as utilizam como ponto de partida.

Qual seria a escala apropriada para o exame da obra de um indivíduo como Alberico Gentili? Qual a importância que se deve dar ao fato de que ele nasceu na Itália e estudou direito romano sob uma perspectiva bartolista? O (importante) fato quanto à religião, que ele se tornou um refugiado protestante na Inglaterra, certamente deveria desempenhar certo papel na contextualização de suas obras, mas exatamente qual? E quão importante pode ser focar essencialmente no ambiente de Oxford, suas dificuldades com os adversários puritanos no momento em que produzia seus textos mais importantes? Essas considerações têm frequentemente permeado as discussões sobre suas conquistas, e nelas, a escala continua mudando de larga para pequena,

---

[64] BRAUDEL, Fernand. *Civilization and capitalism*. 15th-18th Century: the wheels of commerce. Tradução de Siân Reynolds, 1992.
[65] Ver: WALLERSTEIN, Immanuel. *The modern workd-system: capitalist agriculture and the originins of european world-economy in the sixtheenth century*, v. 1, 2011.

de época para pessoal, geográfica para ideológica. Claramente, o fato de que ele era um jurista operando durante a "época espanhola" pode ser relevante para compreender seu famoso apelo pelo silêncio dos teólogos em assuntos jurídicos. Ou esse pedido foi feito em uma cisão entre os protestantes? A larga escala apropriada é a da "expansão imperial espanhola" – ou a luta contra a contrarreforma?[66] É possível que apenas possamos escolher a amplitude do olhar apropriado quando compreendermos um foco específico, o próprio Gentili, escrevendo em um lugar específico em um momento específico. Entretanto a escolha do local e do momento não poderá não influenciar, pelo que sabemos sobre o contexto em geral e assim por diante. A narrativa se move para frente e para trás entre uma escala mais ampla ou mais limitada de modo a gradualmente chegar à visão mais clara do seu objeto.

É quase uma prática inimaginável que os juristas de direito internacional de hoje adotem uma escala global, sem dúvida, parcialmente em razão da predominância de estudos biográficos anteriores nessa área. No entanto, meu primeiro contato com a disciplina foi com um livro de título (em finlandês) *O direito internacional da Finlândia*.[67] Existe a importante ideia de que a escala apropriada para a história do direito internacional é aquela de nação, e eu já disse que as melhores fontes alemãs sobre o assunto nos séculos XVIII e XIX consideravam-no "direito público externo" (*äusseres staatsrecht*). Aqui, a escala é a da política externa do país pelo ponto de vista do ministério de relações exteriores – as leis internas e disposições de tratados que regulam a conduta das relações internacionais. Isso tem uma relação muito próxima – também alemã – com a ideia ou ideologia quanto à primazia da política exterior, cujos desdobramentos nacionalistas parecem censuráveis para muitos juristas de direito internacional. O "direito das relações internacionais" ser ou não incluído em uma disciplina de direito internacional diz muito sobre a orientação ideológica do professor responsável. E, ainda assim, retratar o direito internacional como parte do arsenal jurídico de um país tem grande influência em mostrar uma verdade importante sobre o tema.

Evidentemente, existem dificuldades filosóficas formidáveis entre as diferentes escolhas de escala possíveis pelas alternativas disponíveis – o olhar

---

[66] Ver: PANIZZA, Diego. 2010. Ver Nota 40, *supra*.
[67] CASTRÉN, Eric. *Suomen Kansainvälien Oikeus*, 1959.

amplo da "história global", o nível intermediário da "história nacional", e a visão limitada da biografia – que têm relação com as ferramentas de compreensão disponíveis para os observadores atuais. Os vocabulários de causas políticas, que parecem ser necessários para fazer explicações de olhar amplo, têm, até então, dominado a história da diplomacia e os "realismos" relacionados. Aqui vemos impérios, grandes estados, políticos estadistas e seus juristas como os principais agentes nas nossas narrativas. Essas histórias foram desafiadas por lhes faltar um entendimento sociológico sobre o que faz com que impérios ou representantes de estados "agir da maneira que agem" – como eles operam em relação a outras forças sociais. Justin Rosenberg, Benno Teschke, e Ellen Meiksins Wood contestaram a predominância de um foco exclusivamente político no mundo internacional.[68] E o papel das classes sociais e dos meios de produção na formação dos agentes e relações mesmo em uma escala global? O "internacional" é, de alguma maneira, uma entidade significativa que pode ser examinada independentemente de forças sociais e econômicas que parecem ser responsáveis por aspectos tão importantes do modo em que o mundo se formou? Se isso for verdade, da mesma forma que Teschke argumenta que "a constituição, operação, e transformação das relações internacionais são fundamentalmente governadas por relações de propriedade social",[69] então isso deve certamente provocar uma mudança de foco na escrita da história do direito internacional. A distinção entre direito público e direito privado deveria ser descartada de modo a trazer à tona como as noções de propriedade e contrato, as estruturas do direito de família, herança e sucessões, bem como a forma corporativa têm se desenvolvido através do tempo. Um dos maiores problemas das histórias anteriores do direito internacional é que apenas escolheram a escala do Estado e traçaram as trajetórias da "soberania" – enquanto a rede global das relações de propriedade, completamente legalizadas como são, teria feito elas enxergarem muito mais adiante e muito mais

---

[68] Ver: WOOD, Ellen Meiksins. *Citizens to lords*: a social hstory of western political thought from antiquity to the middle ages, 2008; WOOD, Ellen Meiksins. *Liberty & property*: a social history of western political thought from the renaissance to enlightment, 2012; ROSENBERG, Justin. *The empire of civil society*: a critique of the realist theory of international relations, 1994; TESCHKE, Benno. *The myth of 1648*: class, geopolitics, and the making of modern international relations, 2003, p. 271.

[69] TESCHKE, Benno, 2003, p. 273. Ver Nota 68.

profundamente. Embora, agora, a história social já tenha entrado no mundo das relações internacionais, até então nenhuma reviravolta comparável se deu no mundo do direito internacional. O relato marxista de China Miéville sobre a história do direito internacional até agora foi a tentativa mais bem-sucedida de levar a determinação social de aspectos do mundo político internacional a sério, incluindo o direito internacional, apesar de a utilidade da "teoria da forma da mercadoria", como estrutura explicativa apropriada, ainda não ser completamente aceita.[70] Entretanto, escassez de debates *jurídicos* sobre o assunto é decepcionante.

Para começar, algo ainda pode ser dito para retratar a história do direito internacional como uma história de *ideologias* jurídicas. Apesar dos ataques que essa concepção tenha sofrido nas últimas décadas, ela ainda pode ser capaz de aproveitar o que a jurisprudência tem tratado, em certos casos, em termos de "ideologia jurídica do juiz," o complexo de pressupostos sobre o mundo obtidos com a formação jurídica, pela integração em uma classe e na profissão dos juristas, especialmente de juristas do direito internacional.[71] Já existem vários relatos sobre as obras e contextos dos assessores jurídicos de governos, dos oficiais, e ativistas de organizações internacionais governamentais e não governamentais que podem possibilitar a determinação de algo como a "ideologia de juristas de direito internacional competentes", uma "propensão" específica que possa unir os interesses da história do *pensamento* jurídico com o estudo da história social. Parece óbvio que a relativa falta de debates sobre *ius gentium* na Grã-Bretanha até a metade do século XIX foi causada, pelo menos em parte, pela perspectiva específica dos juristas ingleses, dispostos a enxergar o mundo através de uma combinação de leis empresariais e das prerrogativas imperiais da coroa, para os quais a ausência da adoção do direito romano adicionava algo. Na falta de outros termos para tratar da especificidade da perspectiva dos juristas ingleses, produto de uma contextualização complexa, a noção de "ideologia" pode diferenciar, de forma útil, aquele mundo daquele das universidades na Brandemburgo-Prússia em uma época na qual a governança da Europa Central começou a lidar com os desafios do que parecia

---

[70] MIÉVILLE, China. *Between equal rights:* a marxist theory of international law, 2005, p. 155-156.
[71] Ver: ROSS, Alf. *On law and justice*, 1959, p. 76.

ser uma esfera cada vez mais autônoma da "economia". Aqui, "ideologia" e "propensão" se tornariam pontos de encontro para a história do pensamento e causação social, apenas suficientemente flexíveis ou porosos para levar em conta tanto a história pontual quanto a diferencial, a formação de significados compartilhados em um contexto cultural e profissional vagamente definido que também seria suscetível a mudanças por forças externas.

8. Vendo (n)a História

A reviravolta para leituras contextuais de direito internacional marca um bem-vindo avanço da mais antiga busca por origens e um relato progressivo das doutrinas do direito internacional que acompanharam as histórias tradicionais. Ler Vitoria como um "jurista de direitos humanos" dificilmente será considerado um engajamento histórico sério com sua obra. No entanto, havia algo valioso na normatividade arrebatadora das histórias mais antigas, no modo que buscavam produzir "ensinamentos" das suas narrativas. Uma cuidadosa reconstrução do contexto não pode ser tudo. A história crítica também deve examinar como esses contextos se formaram e em que medida eles persistiram para transformação o mundo no que ele se tornou atualmente.

Existem muitas razões para continuar refletindo sobre os teólogos espanhóis do século XVI também em termos normativos. Enquanto compomos nossas narrativas sobre Vitoria e seus colegas, continuaremos divergindo de maneiras que demonstram nossas predisposições normativas – e nossos leitores vão continuar sendo diferentemente influenciados. Eles podem talvez ser comovidos por apelo de intelectuais pressionados pelas demandas do poder, da fé, e do desejo por integridade – ou eles podem ficar indignados com a sua hipocrisia e falta de sensibilidade em relação às consequências de seus ensinamentos. Quando mudam o escopo de sua visão de indivíduos e suas instituições para o mundo mais amplo, eles vão aprender sobre como o direito toma parte, como um apoiador ou um crítico, das operações militares, sobre construção de estado, sobre ambições imperiais, e sobre os vícios e virtudes de missões civilizadoras. Nesse processo, pode ser que nossos leitores achem estranho ou problemático aquilo que antes parecia inimaginavelmente familiar – o fato de que, por exemplo, a vasta pobreza no mundo possa ser sustentada pelo respeito teológico ao direito de propriedade cujos contornos, contudo, variaram drasticamente em diferentes contextos. Pode ser que eles descubram que nem "inclusão" nem "exclusão" aparecem, *a prima facie*, como bases beneficiais sobre as quais se movimentar no mundo, mas que toda relação tem suas específicas natureza e história, e, ainda que parâmetros e paradigmas se formem, eles nunca contam com a completa esfera de possibilidades futuras.

Isso me leva à última consideração. A redução de uma narrativa histórica ao seu contexto é correspondente ao modo pelo qual o historiador enquadra o contexto, decide seu escopo e escolhe sua escala. Contudo, história não trata somente de contextos desproporcionais milagrosamente desmoronando uns sobre os outros. Para contribuir com mudanças, historiadores devem aceitar que, independentemente de quão densa seja a descrição de um contexto que elaboraram, ela nunca exaure todas as possibilidades futuras. Também faz parte do acervo (*acquis*) jurídico crítico não focar apenas em como contextos reproduzem a si mesmos e suas adjacentes estruturas de dominação, mas também examinar momentos de quebra de contexto, ideias, e práticas que transformam aquilo que antes era tido como certo, bem como suas hierarquias supervenientes.[72] Historiadores estão familiarizados com a distinção entre grandes "eventos", que causam mudanças de contexto, e as rotinas monótonas através das quais o contexto simplesmente se reproduz.[73] Esses eventos baseiam-se no modo em que os limites de um contexto – qualquer contexto – são porosos e possibilitam interações e processos que podem levar à transformação do próprio contexto – uma "época" converte-se em outra, e pode ser que depois um historiador realista vá escrever. No prefácio de uma recente obra sobre "eventos," em direito internacional, os editores destacaram as oportunidades abertas por momentos ou atividades que surgem diante da normalidade cinzenta de práticas rotineiras do direito, e, em vez disso, promovem o avanço do direito, contribuem para cristalização de uma matéria ou

---

[72] Ver: UNGER, Roberto Mangabeira. *Social theory: its situation and its task:* a critical introduction to politics, a work in constructive social theory, 1987, p. 130-34; ver, também: KOSKENNIEMI, Martti. *From apology to utopia:* the structure of international legal argument, 2005, p. 548-561 (reedição com novo epílogo).

[73] Ver, por exemplo: JAY, Martin. Historical explanation and the event: reflections on the on the limits of contextualization. *New Literary History*, v. 42, p. 557, p. 564-568, 2011.

conteúdo que parece "'altamente inconsistente' com aquilo que veio antes."[74] Alguns eventos, raros como são, não podem ser reduzido ao seu contexto, mesmo que devamos ficar cautelosos de um direito internacional no qual "reforma" parece ter ocorrido exatamente dessa maneira.[75] "Eventos" estereótipos de quebra de contexto do mundo político são, obviamente, grandes revoluções – a Revolução Francesa e a Revolução de Outubro, mas também "1989", a Primavera Árabe e todo o processo que levou à queda do Ocidente. No entanto, "eventos" não têm de ser de larga escala; podem também ser atos minuciosos em que as expectativas não são alcançadas, em que a contagem é perturbada – atos de resistência ou, como Certeau indicou, de "desvio," um colapso de símbolos e portanto também da ordem política.[76]

A descoberta do novo mundo certamente foi um "evento" desse tipo, mas também o foi o afastamento da proibição de usura – colonialismo e expansão comercial sendo ambos parte do mundo em que Vitoria operava e ao qual ele deu articulação intelectual. Ele, assim como Grotius, usando materiais antigos de formas inovadoras, abriu possibilidades de pensar e agir para seus contemporâneos que não eram visíveis antes, ou, pelo menos, não da mesma forma. Atenção a esses eventos que causam quebras de contexto, ou momentos minúsculos em que o novo está sendo articulado pela primeira vez, certamente é tão necessário quanto a atenção às formas com que os contextos e suas articulações continuam se reproduzindo – a forma, por exemplo, que Vitoria e Grotius consideram seus escritos religiosos como parte central de suas obras. É necessário explicar a estabilidade, mas também é necessário explicar a mudança. É difícil pensar em uma tarefa que hoje seria mais importante do que encorajar uma vívida sensação da possibilidade que mesmo quando tudo parece estar atolado na rotina, já podemos estar vivendo um evento que finalmente a rompa.

---

[74] JOHNS, Fleur; JOYCE, Richard; PAHUJA, Sundhuya. *Introduction, in events:* the force of international law, 2011, p. 1, p. 2.

[75] Ver, por exemplo: KENNEDY, David. *When renewal repeats:* thinking against the box, New York University Journal International Law & Politics, v. 32, p. 335, 2000.

[76] Atenção: o "evento" que causa a quebra de contexto diante da rotina monótona da "mera existência" é um dos grandes temas da filosofia política continental. Para uma discussão recente, ver: BADIOU, Alain. L'Être et l'évènement, 1988. Para uma breve visão geral inglesa, ver, por exemplo: BADIOU, Alain. *Ethics:* an essay on the understanding of evil. Tradução de Peter Hallward, 2001, p. 66-69.

Comentário ao Capítulo 3: "Histórias do Direito Internacional: Significância e Problemas para uma Visão Crítica"

Fabia Fernandes Carvalho Veçoso
João Henrique Roriz

1. Contextualizando a Virada Historiográfica em Direito Internacional

Nos dias 12 e 13 de abril de 2012, foi organizado na Universidade de Temple, Filadélfia, um evento com o sugestivo título de *Engaging the writings of Martti Koskenniemi*.[1] Financiado pela cátedra Laura H. Carnell, ocupada por Jeff Dunoff naquela universidade, o workshop (fechado para convidados) reuniu estudiosos de diversas áreas, como história, direito, relações internacionais e ciência política. Parte do que tinha sido discutido foi publicado no volume 27 do Temple International and Comparative Law Journal. Entre os convidados, interlocutores próximos ao jurista finlandês, como David Kennedy, Jan Klabbers e Frédéric Mégret, compartilhavam a língua do homenageado (não seu vernáculo, mas seu discurso jurídico crítico). Outros, pelo que foi publicado no periódico, aparentemente elegeram-no como alvo. Pontos diversos da sua produção foram flanqueados: seu trabalho sobre fragmentação (Tomer Browde), seus escritos sobre direitos humanos (Ruti Teitel e Robert

---
[1] Disponível em: https://sites.temple.edu/iilppkoskenniemi2013/. Acesso em: 7 ago. 2018.

Howse), seu livro sobre a história do direito internacional (Samuel Moyn) e sua crítica à interdisciplinaridade com relações internacionais (Jeff Dunoff e Mark Pollack). Contudo, o convidado de honra, pelo menos no escrito resultante do evento, não se deixou levar pelas provocações. Seu conteúdo é alheio às tentativas de embate tentadas por seus comentadores.

Suspeitamos que localizar o meio da publicação possa auxiliar na compreensão do texto Histories of international law: significance and problems for a critical view. Como resultado da palestra de abertura, Koskenniemi manteve até os agradecimentos na redação do texto final publicado. Localizado e datado, Koskenniemi quis registrar o contexto da publicação. Talvez se esperasse dele um texto de engajamento maior com os acadêmicos de outras áreas presentes no evento. O patrocinador da ocasião, Jeff Dunoff, é uma das vozes mais ativas dentro do campo liberal que advoga pela (suposta) interdisciplinaridade entre relações internacionais e direito internacional. Todavia, Koskenniemi elegeu um tema mais íntimo aos internacionalistas: a história do direito internacional. O resultado publicado nas páginas do periódico de Temple não é um diálogo, mas sim vários autores escrevendo sobre temas diversos a partir da obra de Koskenniemi enquanto ele próprio se move para alhures. Entendemos que a escolha do tema e do lugar não foi ocasional: seu texto pode ser entendido dentro de um empenho longevo de alçar a história ao cerne do projeto do direito internacional e de capacitar os internacionalistas como protagonistas dessa empreitada.

O texto de Koskenniemi acompanha o "giro historiográfico" dado pela disciplina. A virada historiográfica relaciona-se com a constante necessidade de estabelecer relações entre o passado e o contexto presente de normas, instituições e doutrinas internacionais (GALINDO, 2005, p. 541). De forma importante, não se trata de um fazer historiográfico neutro ou descomprometido, mas sim de um olhar para o passado enquanto análise crítica do contexto atual do direito internacional. No texto em análise, Koskenniemi reflete sobre temas diversos, mas que convergem na defesa do estudo historiográfico do direito internacional e nas suas especificidades quanto a outros olhares possíveis. O texto constitui-se, assim, como um ponto de partida privilegiado para compreender o eixo crítico em análise. Neste comentário, ressaltaremos três argumentos centrais que Koskenniemi emprega em sua abordagem sobre a história do direito internacional, a saber: (i) as grandes narrativas,

(ii) o eurocentrismo, e (iii) o contextualismo. Obviamente, com essas escolhas, não pretendemos resumir suas ponderações teóricas nem seus recursos técnicos sobre a história e o fazer historiográfico, mas indicamos tais argumentos porquanto eles são centrais no texto em apreço aqui, assim como em outros escritos do autor.

2. Tradições Lineares: as Grandes Narrativas Históricas em Direito Internacional

Koskenniemi inicia seu texto apresentando ao leitor dois estilos tradicionais de se fazer história em direito internacional: as sensibilidades idealista e realista. Tais estilos teriam em comum a compreensão de que haveria uma única história universal, na qual o passado se desenrolaria lentamente perante os olhos do historiador, a partir de categorias como soberania, direitos humanos, império, desenvolvimento, capitalismo, progresso, entre outras possibilidades. Diante de tal dimensão teleológica, as diferenças entre as formas tradicionais de se fazer história do direito internacional seriam estilísticas. Enquanto idealistas, focariam seus esforços na transmissão de grandes ideias e princípios no decorrer dos séculos, estudando os juristas que articularam tais ideias e princípios; os realistas estariam mais preocupados em explorar o uso institucional do poder. Para os últimos, o direito seria algo que se desenvolve a partir de projetos e atividades que se expandem do centro para a periferia. Em poucas palavras, a história do direito internacional seria a história da sucessão de impérios.

A descrição dessas duas sensibilidades em história do direito internacional segue um esquema de oposições conceituais familiar aos leitores de *From apology to utopia* (KOSKENNIEMI, 2005).[2] Para Koskenniemi, os dois estilos são igualmente reducionistas, já que os idealistas veem o direito como uma ideia predominante da história e os realistas veem o poder imperial como único fator determinante do direito.

---

[2] O argumento desse livro foi apresentado de uma forma sintética neste artigo: KOSKENNIEMI, Martti. Entre a apologia e a utopia: a política do direito internacional (Tradução de João Roriz). *Revista de Direito Internacional*, v. 15, n. 1, p. 5-29, 2018.

Koskenniemi evidencia o aspecto teleológico dessas narrativas tradicionais de se fazer histórias do direito internacional, isto é, a compreensão de que haveria uma linearidade única, contínua e universal. Para ele, a questão crucial não é tanto salientar os diferentes estilos ou pontos de partida dos estudos historiográficos tradicionais, mas sim o pressuposto de que apenas uma única história universal estaria enraizada na disciplina.

Nessa chave, o título do artigo no plural ganha mais importância. Koskenniemi pondera que não é possível escrever uma história da área ao largo de opções teleológicas, sem um propósito maior que a estruture. Sua crítica é sofisticada: o problema está na pressuposição de que haveria apenas uma história universal possível, um único objetivo maior que orquestraria de forma exclusiva a narrativa. A desconstrução da universalidade é basilar para que o autor siga adiante e trate do caráter eurocêntrico da produção historiográfica da disciplina.

3. Formas de Lidar com o Eurocentrismo na História do Direito Internacional

O segundo ponto-chave do texto é o oferecimento ao leitor de caminhos concretos para lidar com o caráter eurocêntrico das narrativas históricas mais tradicionais produzidas no campo do direito internacional. De forma importante, Koskenniemi afirma que essas narrativas tradicionais não possuem foco apenas em eventos e ideias oriundos da Europa, mas que os próprios *padrões* historiográficos são europeus. Em outras palavras, os próprios critérios, métodos, objetos, regras e práticas que qualificam o campo como uma disciplina própria são marcados pela epistemologia feita na e para a Europa. Segundo o autor, ao escrevermos histórias da área, inevitavelmente adotamos noções europeias de relevância para que nossos esforços acadêmicos possam ser considerados adequados do ponto de vista do quanto é praticado no campo de estudos do direito internacional. Para Koskenniemi, lidar com essa forma de volta ao passado na disciplina constitui um desafio muito mais complexo do que simplesmente descartar as narrativas eurocêntricas mais tradicionais do campo.

Koskenniemi enfrenta essa questão dado o caráter resiliente do eurocentrismo em narrativas históricas do direito internacional e talvez também por ter se dedicado a contar uma das histórias mais influentes com a sua obra *The gentle civilizer of nations*, de 2001. Afinal, seria possível superar o eurocentrismo de uma vez por todas? Esse não é um questionamento isolado na disciplina. Para ilustrar, essa empreitada direcionou a elaboração do *Oxford Handbook of the History of International Law*, publicado em 2012. Segundo seus editores, "a história eurocêntrica do direito internacional tem se mostrado errada porque é incompleta" (FASSBENDER e PETERS, 2012, p. 2). Os editores também reconheceram o caráter violento que acompanhou a disseminação de regras ocidentais pelo mundo, o que envolveu a destruição de diversas culturas jurídicas (FASSBENDER e PETERS, 2012, p. 2). O *handbook* articula perspectivas de história global com escalas regionais e biográficas, além de trazer, dentre outros, questionamentos sobre métodos, teorias e temas. No entanto, há um problema sério em achar que é possível superar o caráter eurocêntrico por meio da simples adição de histórias mais diversas como o objetivo de construir uma narrativa histórica mais completa, sem problematizar os referenciais epistemológicos do ofício historiográfico. Desde então, muito tem sido discutido se a obra efetivamente alcançou tal objetivo.[3]

Essas considerações são importantes para que possamos compreender a especificidade da posição de Koskenniemi sobre o assunto. Para o autor, a elaboração de estudos históricos em direito internacional estaria diante de uma encruzilhada: ou nos conformamos com os dúbios projetos políticos europeus que historicamente foram associados ao direito internacional, ou tentamos substituí-lo por algo novo. Nenhuma das alternativas é adequada em sua opinião, e ele sugere quatro maneiras concretas para lidar com o eurocentrismo ao escrever histórias do direito internacional. De maneira resumida, essas estratégias seriam:

1. relatar o engajamento do direito internacional com determinados projetos coloniais e imperiais;
2. explorar as origens coloniais de instituições que tradicionalmente foram pensadas como europeias;

---

[3] Veja-se, a esse respeito, o dossiê especial publicado no *European Journal of International Law*: Book Review Symposium. Bardo Fassbender and Anne Peters (eds.). The Oxford Handbook of the History of International Law. *European Journal of International Law*, v. 25, n. 1, 2014, p. 287-341.

3. pensar o trabalho histórico em direito internacional em termos de um hibridismo entre ideias e usos coloniais e anticoloniais, para além de uma visão totalizante do direito internacional como um projeto monolítico europeu de colonização; e,
4. provincializar a Europa – e aqui Koskenniemi se inspira na obra de Dipesh Chakrabarty. Importante, essa é a forma como o próprio autor vê seu trabalho histórico em direito internacional, inclusive sua obra *The gentle civilizer of nations*.

4. A Guinada Contextualista e seus Limites para a História do Direito Internacional

Criticar as grandes narrativas quase que hagiográficas do direito internacional não seria uma tarefa muito difícil para as literaturas historiográficas que ganharam força na segunda metade do século XX. Particularmente, tentativas de laurear nomes como Francisco de Vitoria na figura de "precursor dos direitos humanos" ou mesmo de um "grande jurista", em vez de teólogo, facilmente foram taxadas como anacrônicas. A guinada contextualista na historiografia mirou nos empenhos forçosos de se buscar "tradições", de se escrever histórias laudatórias ou grandes narrativas.

O contextualismo de Quentin Skinner (e de seus seguidores) se destacou nessa empreitada de crítica ao anacronismo. Cabe ao historiador, na opinião do professor de Cambridge, se perguntar o que o agente ou o autor de um texto queria atingir de acordo com os recursos linguísticos disponíveis no momento. A busca pelo significado de um termo ou ideia deveria ser feita em seu contexto específico, o único lugar e tempo capazes de revelar as intenções e os atos de fala dos autores. Nessa corrente historiográfica, o significado das ideias estaria vinculado ao sistema linguístico e intelectual do período que ela surgiu, que não deveria ser transposto para outros contextos.

A guinada contextualista poderia ter conduzido os estudos de história do direito internacional, o que talvez relegasse os recursos epistemológicos de "como se fazer" história da disciplina nas mãos de historiadores ou sob sua vigilância. O que Koskenniemi propõe neste texto é não excluir por completo as teses oriundas dessa corrente historiográfica, mas mostrar a especificidade do direito internacional e, por conseguinte, protagonizar também discussões sobre o direito e, especialmente, as discussões sobre história feitas por juristas. O jurista finlandês apresenta primeiro o que entende como os limites do contextualismo para, em seguida, avançar o argumento de escopo e escala.

Koskenniemi trata dos limites do contextualismo a partir da rígida separação que essa escola propõe entre os tempos passado e presente. Para ele, o esforço "positivista" do contextualismo se baseia em um pretenso isolamento entre o objeto da pesquisa e o contexto do próprio pesquisador, como se fosse possível imergir por completo no tempo que se estuda, afastando-se do presente. Koskenniemi nega que tal separação seja possível: o estudo da história é, para ele, condicionado pelos entendimentos prévios, enquadramentos conceituais e interesses de conhecimento por parte do autor. A própria pergunta que motiva o pesquisador a se engajar com a história é elaborada no presente, além também de suas preconcepções e técnicas de pesquisa. Ademais, em sua opinião, o entendimento do presente move as escolhas e avaliações do pesquisador, "incluindo as causas da dominação e injustiça de hoje de forma a contribuir para a sua erradicação" (KOSKENNIEMI, 2013, p. 230). Citando a posição marxiana sobre a história, ele alude ao engajamento crítico do pesquisador. A liberdade total do anacronismo é mais que impossível; ela tampouco é desejável.

Com tais apontamentos de fundo, Koskenniemi explora então como o estudo do passado no direito internacional é necessariamente vinculado a preferências, debates e implicações políticas do e no presente. Para tanto, ele segue os apontamentos de Christopher Tomlins sobre escopo e escala.[4] Sobre o escopo, ele novamente faz uso das duas formas de lidar com o passado do direito internacional, as sensibilidades idealista e realista. Como mencionamos, a primeira examina o passado por meio das ideias, normas ou princípios que aparecem em textos canônicos e estão descoladas de eventos ou práticas.

---

[4] Além de escopo e escala, Tomlins sugere uma terceira categoria intitulada "estrutura", mas curiosamente Koskenniemi não faz uso dela. Tomlins entende estrutura como *"a way of making scope and scale elements of the same theoretical conjuncture. Specifically, I invoke Walter Benjamin's conception of constellation, which offers the means to place history at the very center of a theorization of law's visuality by enabling us to formulate historical meaning imagistically"* (TOMLINS, 2012, p. 33).

A segunda se ocupa de políticas imperiais, econômicas ou poder militar. Cada uma teria sua própria concepção de direito, e direcionaria o investigador para questões diferentes. Apesar de não apontar uma saída entre as duas opções, Koskenniemi esclarece que constrói seu argumento não para afirmar a impossibilidade do trabalho histórico, mas sim para salientar que esse trabalho envolve escolhas fundamentais sobre a forma de conceitualizar o que é direito. Tais escolhas determinam o escopo do trabalho.

Emparelhada ao escopo, também há a questão da escala nas narrativas históricas. Afinal, o pesquisador da história do direito internacional deveria se preocupar com a "história global" do seu objeto, com a intermediária "história nacional", ou se confinar com um tipo mais biográfico de história? Koskenniemi alerta que os estudos canônicos da área centraram-se em longos períodos globais, ou "épocas", como a "espanhola", a "francesa", ou a "britânica". Se por um lado ele concorda com o contextualismo sobre a tendência generalizante desse tipo de história, por outro ele insiste que a compartimentalização contextual tampouco é um bom caminho. "Parece provável que só podemos escolher as lentes amplas apropriadas depois de termos captado um foco estreito, (...) o indivíduo, escrevendo em um lugar específico em um momento específico" (KOSKENNIEMI, 2013, p. 236). É através de uma narrativa que vai-e-vem entre escalas amplas e focadas que o objeto se torna mais claro.

Koskenniemi acolhe parte da contribuição contextualista, mas o faz alertando para sua insuficiência e limites. Estudos críticos sobre o passado do direito internacional podem ir além de contextos e examinar momentos, ideias e práticas que rompem, que vão além do seu tempo. Se em textos anteriores ele é mais incisivo com historiografias universalistas, no texto em análise ele vê benefícios que revelam normatividades dos próprios autores, além de apontar "lições" para o presente. A partir da conexão entre os tempos passado e presente, Koskenniemi situa um elemento utópico na confecção historiográfica, um elemento que permite que o direito não fique preso a um contexto. Ao sugeri-lo assim, Koskenniemi acerca o ofício de se fazer histórias do direito internacional para um lugar mais próximo do jurista, capaz não apenas de ser sensível aos diversos usos do direito no passado e no presente, mas também de ponderar sobre a própria concepção crítica do direito.

5. Os Limites da História – a Contribuição de Anne Orford

A crítica mais contundente à virada historiográfica, e especialmente aos limites desse giro enquanto método para realização de estudos críticos em direito internacional, foi elaborada por Anne Orford em publicação recente sobre a própria obra de Martti Koskenniemi (ORFORD, 2017). Orford argumenta que todo o potencial crítico relacionado à publicação de *The gentle civilizer of nations,* marco da mencionada virada, teria se perdido com um determinado engajamento com a história que se seguiu à publicação de *The gentle civilizer of nations.* Importante, Orford critica tanto as publicações posteriores de Koskenniemi sobre história do direito internacional, quanto a de outros autores.

De forma bastante resumida, Orford argumenta que a virada historiográfica teve um efeito conservador no campo do direito internacional, pois os estudos que têm sido elaborados preocupam-se mais com o passado do que com o presente, como se fosse possível desconectar o direito internacional de experiências pretéritas como colonialismo e imperialismo. A virada historiográfica em direito internacional, em especial seu engajamento com a escola contextualista de história intelectual e os escritos de Skinner, torna difícil pensar no passado como um participante importante da prática do direito internacional no presente. Trata-se de uma ilusão pensar que é possível recomeçarmos a empreitada do direito internacional "do zero", sem considerar que nossos problemas contemporâneos se relacionam a conceitos que possuem enorme carga histórica.

Anne Orford não defende o total abandono da virada histórica. Sua crítica é direcionada a um tipo de trabalho interdisciplinar que bloqueia ou constrange estudos críticos na área. O engajamento do jurista internacionalista com a história como método seria um exemplo desse trabalho interdisciplinar problemático, como se houvesse apenas uma forma correta de se fazer história do direito internacional, a saber, o olhar contextualista. Orford defende a retomada do potencial crítico da virada historiográfica em direito internacional por meio da articulação não somente da história, mas também de aspectos sociológicos e da prática de direito internacional.

Nesse sentido, Orford (2017, p. 298-300) oferece uma poderosa redescrição do trabalho original de Koskenniemi em *The gentle civilizer of nations.*

Diferentemente das tradicionais narrativas de caráter celebratório, a principal contribuição da obra deve ser vista como uma história mais complexa e matizada sobre a disciplina. Em *The gentle civilizer of nations*, a história do direito internacional é a história da profissão dos juristas internacionalistas. O livro, assim, constituiu um exercício de experimentação que buscou criar narrativas politicamente engajadas sobre a emergência e transformação do campo. Em outras palavras, não se trata de fazer história de uma forma desinteressada, neutra ou sem trazer à tona seus pressupostos. O construto do livro de Koskenniemi possui enorme implicação política no presente, já que o argumento geral de que a história da disciplina é recente, e o resto seria uma tradição inventada, constituiu movimento crítico fundamental para repensarmos o direito internacional hoje (ORFORD, 2017, p. 300).

O texto de Koskenniemi comentado aqui nos dá algumas pistas de que ele, em diálogo com os trabalhos de Orford, reconcebeu sua perspectiva em relação ao contextualismo e aos modos de fazer história do direito internacional. Por exemplo, na nota de rodapé número 32, Koskenniemi (2013) expressamente afirma inspirar-se na posição de Orford em defesa do anacronismo frente ao contextualismo, isto é, a defesa de que seria impossível isolar o presente do passado. Em outro trecho, Koskenniemi afirma o caráter inevitavelmente presentista dos estudos históricos: "as histórias do passado que contamos sempre refletem nossas preocupações atuais, de que toda história é uma história do *presente*" (KOSKENNIEMI, 2013, p. 232, grifo do original). Mesmo sendo uma publicação de 2017, o texto de Orford dialoga com suas publicações anteriores, em que fortes críticas ao contextualismo foram realizadas.[5]

6. Novas Formas de Pensar a História do Direito Internacional

No esforço em capacitar os juristas na arte e técnica historiográficas, Koskenniemi enfatiza a conexão entre o passado e o presente como objetos da

---

[5] Talvez o texto mais importante a ser mencionado nesse sentido seja ORFORD, Anne. The past as law or history? The Relevance of Imperialism for Modern International Law. *International Law and Justice Working Papers*, v. 2, p. 1-17, 2012.

pesquisa, referenciais e preocupações, em um movimento de circulação e vaivéns de escalas e escopos. Neste sentido, ao lado da necessidade de problematizar *os tempos* na história do direito internacional, poderíamos adicionar algo que Koskenniemi não menciona: a necessidade de também problematizar *os espaços*. Afinal, se o momento presente está umbilicalmente ligado às inquietações, afetos e técnicas a partir dos quais o pesquisador navega ao passado, certamente o mesmo acontece em relação aos lugares onde ele está, ou contra os quais ele escreve. Não se trata de um clamor ao pluralismo geográfico no mesmo sentido de resgate de "tradições locais" ou da busca pela "contribuição latino-americana" ao direito internacional, mas de, primeiro, reconhecer que, no giro historiográfico, as histórias de certas regiões têm sido privilegiadas – e que isso é um reflexo da persistência de certas preferências em detrimento de outras. Nesse sentido, há muitas histórias a serem contadas, sem que seja necessário seguir reproduzindo as pautas e os temas da produção historiográfica em direito internacional oriunda dos centros ocidentais de produção de conhecimento.

Em outras palavras, se o passado e o presente do direito internacional não podem ser artificialmente separados, já que ideias, conceitos, práticas e regras jurídicas inevitavelmente circulam em diferentes momentos históricos, o mesmo pode ser afirmado em relação aos espaços do direito internacional. Juristas internacionalistas em diferentes partes do globo têm se apropriado do vocabulário do direito internacional em seus respectivos contextos, dando forma a projetos políticos ou buscando reagir a determinados projetos políticos. Neste sentido, ideias, conceitos, práticas e regras jurídicas têm circulado também em diferentes espaços, sendo interpretadas e reconstituídas em conformidade com determinadas questões locais ou mesmo regionais. Assim, é preciso problematizar a questão da posicionalidade em direito internacional, abrindo espaço para narrativas históricas oriundas de locais diversos dos centros ocidentais de produção do conhecimento não pela mera necessidade de diversidade no campo de estudos, mas porque tais histórias constituem constribuição substantiva para uma melhor compreensão da ideia, prática, conceito ou regra jurídica em questão.

7. Referências Adicionais

Indicamos aqui publicações recentes sobre história do direito internacional, incluindo trabalhos que tenham como foco a história do direito internacional na América Latina.

ANGHIE, Tony; KOSKENNIENI, Martti; ORFORD, Anne. *Imperialismo y derecho internacional:* historia y legado. Estudio preliminar de Luis Eslava, Liliana Obregón y René Urueña. Bogotá: Siglo del Hombre Editores, Universidad de Los Andes, Pontificia Universidad Javeriana, 2016.

BRETT, Annabel; KOSKENNIEMI, Martti; DONALSON, Megan (eds.). *History, law, politics:* thinking through the international. Cambridge: Cambridge University Press, 2019 (no prelo).

BECKER LORCA, Arnulf. *Mestizo international law:* a global intellectual history 1842-1933. Cambridge: Cambridge University Press, 2014.

ESLAVA, Luis; FAKHRI, Michael; NESIAH, Vasuki. *Bandung, global history, and international law*. Critical pasts and pending futures. Cambridge: Cambridge University Press, 2017.

OBREGÓN, Liliana. Completing civilization: creole consciousness and international law in nineteenth-century Latin America. *In*: ORFORD, Anne (ed.). *International law and its others*. Cambridge: Cambridge University Press, 2006. p. 247-264.

ORFORD, Anne. *International law and the politics of history*. Cambridge: Cambridge University Press, 2020 (no prelo).

SCARFI, Juan Pablo. *The hidden history of international law in the Americas. Empire and legal networks*. Oxford: Oxford University Press, 2017.

INTERNATIONAL LEGAL THEORY: Symposium on 'Imperial Locations' *Leiden Journal of International Law*, v. 31, n. 3, p. 469-615, 2018.

VEÇOSO, Fabia Fernandes Carvalho. Book review mestizo international law: a global intellectual history 1842–1933, written by Arnulf Becker Lorca. *Journal of the History of International Law*, v. 20, n. 1, p. 125-131, 2018.

VEÇOSO, Fabia Fernandes Carvalho; RORIZ, João Henrique. História do/no direito internacional: questionamentos para a elaboração de estudos historiográficos em direito internacional no Brasil. *In*: Badin, Michelle Ratton Sanchez; de Brito, Adriane Sanctis; Ventura, Deisy de Freitas Lima (orgs.). *Direito global e suas alternativas metodológicas*. São Paulo: FGV, 2016. p. 413-432.

Referências

FASSBENDER, Bardo; PETERS, Anne. Introduction. *In*: FASSBENDER, Bardo; PETERS, Anne (eds.). *The Oxford Handbook of the History of International Law*. Oxford: Oxford University Press, 2012. p. 1-24.

GALINDO, George R. B. Martti Koskenniemi and the Historiographical Turn in International Law. *The European Journal of International Law*, v. 16, n. 3, p. 539-559, 2005.

KOSKENNIEMI, Martti. *The gentle civilizer of nations.* The rise and fall of international law 1870-1960. Cambridge: Cambridge University Press, 2001.

KOSKENNIEMI, Martti. *From apology to utopia. the structure of international legal argument. reissue with new epilogue.* Cambridge: Cambridge University Press, 2005.

KOSKENNIEMI, Martti. Histories of international law: significance and problems for a critical view. *Temple International and Comparative Law Journal*, v. 27, n. 2, p. 215-240, 2013.

ORFORD, Anne. International Law and the Limits of History. *In*: WERNER, Wouter; DE HOON, Marieke; GALÁN, Alexis (eds.). *The law of international lawyers:* reading Martti Koskenniemi. Cambridge: Cambridge University Press, 2017. p. 297–320.

TOMLINS, Christopher. After Critical Legal History: Scope, Scale, Structure. *Annual Review of Law and Social Science*, v. 8, p. 31-68, 2012.

Capítulo 4. Abordagens Feministas ao Direito Internacional[1]

Hilary Charlesworth, Christine Chinkin e Shelley Wright
Tradução: *Luiza Nogueira Papy*
Revisão da tradução: *Arthur Roberto Capella Giannattasio*

1. Introdução

O desenvolvimento de uma jurisprudência feminista nos últimos anos trouxe uma rica e frutífera contribuição à ciência jurídica. Poucas áreas do direito nacional escaparam do escrutínio das autoras feministas que expuseram o enviesamento com base em questões de gênero presente em sistemas normativos aparentemente neutros.[2] Um aspecto central em muitas teorias jurídicas

---

[1] N.E.: CHARLESWORTH, Hilary; CHINKIN, Christine; WRIGHT, Shelley. Feminist approaches to international law. *American Journal of International Law*, v. 85, n. 4, p. 613-45, 1991.

[2] Ver, por exemplo: OLSEN, Frances. The family and the market. *Harvard Law Review*, v. 96, p. 1.497; Karst, Kenneth. Women's Constitution. *Duke Law Journal*, p. 447, 1984; LAHEY, Kathleen; SALTER, Sarah. Corporate law in legal theory and legal scholarship: from classicism to feminism. *Osgoode Hall Law Journal*, v. 23, p. 543, 1985; SCALES, Ann. The emergence of feminist jurisprudence: an essay. *Yale Law Journal*, v. 95, p. 1.373, 1986; MINOW, Marth. The Supreme Court October 1986 Term-Justice Engendered. *Harvard Law Review*, v. 101, p. 47, 1987; GRBICH, Judith. The position of women in family dealing: the australian case. *International Journal of the Sociology of Law*, v. 15, p. 309, 1987; BENDER, Leslie. A lawyer's primer on feminist theory and tort. *Journal of Legal Education*, v. 38, n. 3, p. 29-30, 1988; BARTLETT,

ocidentais consiste em dizer que a Lei é uma entidade autônoma, distinta da sociedade que regula. Um sistema jurídico é visto como sendo diferente de um sistema político ou econômico, por exemplo, porque ele opera com base em racionalidade abstrata, sendo assim universalmente aplicável e capaz de alcançar neutralidade e objetividade.[3] Considera-se que tais atributos são o que reveste o direito de uma especial autoridade. Teorias mais radicais têm desafiado este racionalismo abstrato, argumentando que a análise jurídica não pode ser dissociada do contexto político, econômico, histórico e cultural no qual as pessoas vivem. Alguns teóricos argumentam que o direito funciona como um sistema de crenças que faz as desigualdades sociais, políticas, econômicas e históricas parecerem um pouco mais naturais.[4] A jurisprudência feminista é construída sobre certos aspectos desta vertente mais crítica do pensamento jurídico.[5] Ela é, no entanto, muito mais focalizada e concreta e extrai a sua força teórica de experiências imediatas sobre o papel do sistema legal em criar e perpetrar a desigual posição das mulheres.

Não existe uma única escola de jurisprudência feminista. A maioria das feministas argumentaria que a diversidade de vozes não apenas é valiosa, mas é essencial e que a crença em uma única voz, ou a sua busca, dificilmente captaria a realidade da experiência das mulheres ou a desigualdade de gênero. Não se pode contar "uma história verdadeira". A promessa que se faz é "da permanente parcialidade da investigação feminista".[6] Como coloca Nancy Hartsock: "Afinal, o feminismo é um modo de análise, um método para abordar a vida e a política, uma forma de fazer perguntas e procurar por

---

Katharine. Feminist legal methods. *Harvard Law Review*, v. 103, p. 831, 1990; GRAYCAR, Regina; MORGAN, Jenny. *The hidden gender of law*, 1990.

[3] Ver, de maneira geral: MACCORMICK, Donald Neil. *Legal reasoning and legal theory*, 1978; HARRIS, James. *Legal philosophies*, 1980.

[4] Por exemplo: GORDON, Robert. New Developments in Legal Theory. *In*: KAIRYS, David (ed.). *The politics of law*, 1982, p. 281.

[5] Para uma discussão sobre as principais diferenças entre a jurisprudência feminista e as escolas de pensamento "liberal" e "crítico", ver: WEST, Robin. Jurisprudence and gender. *University of Chicago Law Review*, v. 55, n. 1, 1988; ver, também: WEST, Robin. Feminism, critical social theory and law. *University of Chicago Legal Forum*, v. 1989, p. 59; Polan, Diane. Towards a theory of law and patriarchy. *In*: *The politics of law*, 982, p. 295-296, ver Nota 3, *supra*.

[6] HARDING, Sandra. *The science question in feminism*, 1986, p. 194; ver, também: Bartlett, Katharine, 1990, p. 880-887. Ver Nota 2, *supra*.

respostas, em vez de um conjunto de conclusões políticas sobre a opressão da mulher".[7]

O direito internacional tem, até aqui, resistido à análise feminista. As preocupações do direito internacional público não têm, à primeira vista, nenhum impacto sobre as mulheres em particular. Questões de soberania, território, uso de força e responsabilidade estatal parecem estar, por exemplo, livres de questões de gênero em sua aplicação às abstratas entidades estatais. Somente nas áreas em que o direito internacional é considerado diretamente relevante

---

[7] Hartsock, Nancy. Feminist theory and the development of revolutionary strategy. *In*: EISENSTEIN Zillah (ed.). *Capitalist patriarchy and the case for socialist feminism*, 1979, p. 56, p. 58; ver, também: Rhode, Deborah. Gender and jurisprudence: an agenda for research. *University of Cincinnati Law Review*, v. 56, p. 521, p. 522, 1987; Gross, Elizabeth. What is feminist theory? *In*: PATEMAN, Carole; GROSS, Elizabeth (eds.). *Feminist challenges*: social and political theory, 1986, p. 190, p. 196-197). Algumas feministas contestam essa descrição do feminismo. Catharine MacKinnon, por exemplo, argumenta que: Desigualdade com base em sexo as mulheres compartilham. Trata-se da condição coletiva das mulheres. A primeira tarefa de um movimento para mudança social consiste em encarar a condição de alguém e nomear isto. O fracasso em encarar e criticar a realidade da condição das mulheres, um fracasso do idealismo e da negação, é um fracasso do feminismo em suas formas liberais. O fracasso em ultrapassar a crítica, um fracasso do determinismo e da paralisia radical, é uma fracasso do feminismo em suas formas à esquerda. [...] Considerando que desigualdade sexual é marcada pelos signos de gênero homem e mulher, a desigualdade de gênero é sexualizada como dominação e subordinação. [...] O próximo passo é reconhecer que formas masculinas de poder sobre as mulheres estão afirmativamente incorporadas como direitos inividuais no Direito. MACKINNON, Catharine. *Toward a feminist theory of the State*, 1989, p. 241-244. Algumas feministas continentais, em particular as francesas, seguiram uma agenda diferente das feministas anglo-americanas. Elas assumiram a tarefa de desconstruir as formas dominantemente masculinas de escrita e de discurso. "Precisamos reinterpretar por inteiro a relação entre o sujeito e o discurso, o sujeito e o mundo, o sujeito e o cosmo, o microcosmo e o macrocosmo", escreveu Luce Irigary. "E a primeira coisa a se dizer é que mesmo quando aspira ser um estado neutro ou universal, este sujeito sempre é escrito na forma masculina [...]". IRIGARY, Luce. Sexual difference. *In*: MOI, Toril (ed.). *French feminist tought:* a reader, 1987, p. 118, p. 119. Apesar de a linguagem e a estrutura social masculina também terem preocupado as feministas anglo-americanas, elas em geral não abordaram esta questão focando um tipo completamente novo de discurso em que novos significados femininos – associados ao potencial ainda por ser descoberto do corpo feminino – são vistos como uma potencial forma de se reconstruir o mundo. IRIGARY, Luce. Sexual difference. *In*: MOI, Toril (ed.). *French feminist tought:* a reader, 1987, p. 129. Uma breve introdução ao pensamento feminista francês pode ser encontrada em: DALLERY, Arleen. The politics of writing (The) Body: Ecriture Feminine. *In*: JAGGAR, Alison M.; BORDO, Susan (eds.). *Gender/Body/Knowledge*, 1989, p. 52.

aos indivíduos é que se tem começado a desenvolver algumas perspectivas feministas.[8]

Neste artigo, questionamos a imunidade do direito internacional ante às análises feministas – por que a questão de gênero não tem sido levantada nesta disciplina? – e indicamos as possibilidades de estudos feministas em direito internacional. Na primeira seção, examinamos os problemas de se desenvolver uma perspectiva internacional feminista. Passamos então a destacar as estruturas organizacionais e normativas masculinas do sistema jurídico internacional. Aplicamos análises feministas desenvolvidas no contexto de direito nacional a vários princípios internacionais do direito. Nossa abordagem requer um olhar que vá além das abstratas entidades estatais para observar o real impacto das leis sobre as mulheres dentro dos Estados. Argumentamos que as estruturas nomogenéticas do direito internacional e o conteúdo das suas regras privilegiam os homens. Se porventura os interesses das mulheres são tomados em consideração, eles são marginalizados. O direito internacional é um sistema completamente marcado por uma perspectiva de gênero.

Ao desafiar a natureza e o funcionamento do direito internacional e de seu contexto, a teoria jurídica feminista contribui para o seu progressivo desenvolvimento. Um relato feminista do direito internacional sugere que habitamos em um mundo no qual homens de todas as nações têm usado o sistema estatal para estabelecer prioridades econômicas e nacionalistas que servem às elites masculinas, enquanto necessidades humanas, sociais e econômicas básicas não são atendidas. As instituições internacionais fazem atualmente coro com essas mesmas prioridades. Ao tomar as mulheres a sério e descrever o silêncio e a natureza fundamentalmente enviesada do direito internacional, a teoria jurídica feminista pode identificar as possibilidades de mudança.

---

[8] Por exemplo: Holmes, Helen Bequaert. A feminist analysis of the Universal Declaration of Human Rights, In: GOULD, Carol (ed.). *Beyond domination: new perspectives on women and philosophy*, 1983, p. 250; Byrnes, Andrew. *Can the categories fit the crimes? The possibilities for a feminist transformation of international human rights law* (artigo apresentado na Conferência sobre Direitos Humanos Internacionais e Feminismo em Nova Iorque, em 18 de novembro 1988). Neuwirth, Jessica. Towards a gender-based approach to human rights violations. *Whittier Law Review*, v. 9, p. 399, 1987; Bunch, Charlotte. Women's rights as human rights: toward a revision of human rights. *Human Rights Quarterly*, v. 12, p. 486, 1990.

2. Diferentes Vozes no Direito Internacional

Nesta seção examinamos a noção de "diferentes vozes" no contexto internacional. Primeiramente, vemos a relação entre os desafios que o feminismo e o Terceiro Mundo trazem ao direito internacional. E, em um segundo momento, analisamos se as vozes das mulheres de mundos desenvolvidos e em desenvolvimento têm algo em comum.

Boa parte dos estudos feministas tem se preocupado em identificar uma voz feminina distinta, que tem sido esmagada e subestimada pela epistemologia tradicional.[9] A reabilitação desta voz desafia a objetividade e a autoridade das disciplinas estruturadas por homens. Os estudos jurídicos feministas têm partido do trabalho da psicóloga Carol Gilligan[10] para investigar se realmente existe alguma forma distintamente feminina de se pensar ou de se solucionar problemas. Pergunta-se: as mulheres teriam alguma "voz diferente"? Algum forma de raciocinar diferente da dos homens?

A pesquisa de Gilligan sobre desenvolvimento infantil indica que jovens meninas, às quais pede-se que resolvam um dilema moral em uma situação hipotética, tendem a pensar e a reagir sobre o problema de forma diferente dos meninos.[11] As meninas tendem a invocar uma "ética do cuidado"[12] e veem as coisas em termos de relacionamentos, responsabilidade, cuidado, contexto e comunicação, enquanto os meninos contam com uma "ética de direitos" ou "justiça"[13] e analisam os problemas em abstrato em termos de certo e errado, justo, lógica e racionalidade, ganhadores e perdedores, ignorando o contexto e os relacionamentos. As teorias psicológicas tradicionais têm visto o padrão de raciocínio masculino como mais "avançado" do que o padrão feminino.

---

[9] Ver, por exemplo: SHOWALTER, Elaine. *A literature of their own*: british women novelists from bronte to lessing, 1977; RUETHER, Rosemary. *Sexism and god-talk*: toward a feminist theology, 1983.
[10] GILLIGAN, Carol. *In a different voice*: psychological theory and women's development, 1982.
[11] GILLIGAN, Carol. *In a different voice*: psychological theory and women's development, 1982, p. 25-51.
[12] GILLIGAN, Carol. *In a different voice*: psychological theory and women's development, 1982, p. 164.
[13] GILLIGAN, Carol. *In a different voice*: psychological theory and women's development, 1982, p. 164, p. 174.

O trabalho de Gilligan foi útil à construção de uma análise crítica do raciocínio jurídico de processos decisórios que se pretendem abstratos e objetivos. Se o raciocínio jurídico simplesmente reproduz um tipo de raciocínio masculino, então sua objetividade e sua autoridade estão reduzidos. As feministas têm sido capazes de descrever a possibilidade de um raciocínio "feminino", igualmente válido, baseado em fatores normalmente considerados irrelevantes para o pensamento jurídico.[14] Meios alternativos e não litigiosos de resolução de conflitos e técnicas de negociação não confrontacionais são propostos como alguns exemplos de tal abordagem.[15]

A ideia da "voz diferente" das mulheres foi criticada por algumas estudiosas feministas.[16] Apesar de Gilligan atribuir a diferença entre as vozes masculinas e femininas primariamente às práticas de educação infantil marcadas por prévias orientações de gênero,[17] o fato de identificar as mulheres com o cuidado, a conciliação e a preocupação com relacionamentos pessoais, escreve Carol Smart, "derrapa desconfortavelmente e muito rapidamente para a sociobiologia, a qual acaba por meramente recolocar a mulher em seu

---

[14] Ver, por exemplo: MENKEL-MEADOW, Carrie. Portia in a different voice: speculations on women's lawyering process. *Berkeley Women's Law Journal*, v. 1, p. 39, 1985; MENKEL--MEADOW, Carrie. Excluded voices: new voices in the legal profession making new voices in the law. *University of Miami Law Review*, v. 42, p. 29, 1987; SHERRY, Suzanna. Civic virtue and the feminine voice in constitutional adjudication. *Virginia Law Review*, v. 72, p. 543, 1986. Cf. BARTLETT, Katharine, 1990, p. 854-858. Ver Nota 2, *supra*. Para argumentar que o influente trabalho de Hans Morgenthau em Relações Internacionais, com sua ordenação hierárquica da moral, iguala-se ao trabalho do psicólogo Lawrence Kohlberg, que por sua vez é desafiado por Carol Gilligan, ver: Tickner, Ann. Hans Morgenthau's principles of political realism: a feminist reformulation. *Millennium*, v. 17, p. 429, p. 433, 1989.

[15] Ver, por exemplo: MENKEL-MEADOW, Carrie. Towards another view of legal negotiation: the structure of problem-solving. *UCLA Law Review*, v. 31, p. 754, 1984; Rifkin, Janet. Mediation from a feminist perspective, *Law & Inequality*, v. 2, p. 21, 1984. Nem todas as feministas apoiam tal abordagem. Por exemplo: Bottomley, Anne. What is happening to family law? A feminist critique of conciliation. *In*: BROPHY, J.; SMART, Carol (eds.). *Women in law*, p. 162, 1985; Shaffer, Martha. *Divorce mediation*: a feminist perspective. *University of Toronto Faculty of Law Review*, v. 46, p. 162, 1988.

[16] Para uma análise do trabalho empírico de Gilligan e da sua noção de dicottomia entre os racíocínios femininos e masculinos, ver: MEDNICK, Martha. On the politics of psychological constructs. *American Psychologist*, v. 44, p. 1.118, 1.119-1120, 1989; ver, também: FUCHS EPSTEIN, Cynthia. *Deceptive distinctions*: sex, gender, and the social order, 1988, p. 76-83.

[17] GILLIGAN, Carol, 1982, a partir da p. 171. Ver Nota 10, *supra*; ver, em geral: CHODOROW, Nancy. *The reproduction of mothering*: psychoanalysis and the sociology of gender, 1978.

lugar".[18] E Katherine MacKinnon argumenta que: "Para as mulheres afirmarem a diferença, quando a diferença significa dominação, como é o caso nas questões de gênero, significa afirmarem as qualidades e características da impotência."[19] No entanto, a nossa preocupação aqui com as vozes das mulheres não é tanto a de identificar uma moralidade feminina distinta, mas as experiências distintas das mulheres, experiências que não são contadas no processo jurídico internacional – condição que impede que esta disciplina tenha uma validade universal.

2.1. Desafios Feministas e Terceiro-Mundistas para o Direito Internacional

Estariam as vozes e valores das mulheres presentes no direito internacional por intermédio do Terceiro Mundo? As divisões entre nações desenvolvidas e em desenvolvimento (e entre Estados socialistas e não socialistas) têm gerado um vívido debate sobre a universalidade dos princípios de direito internacional.[20] Uma das consequências da descolonização tem sido o grande aumento no número de Estados independentes, especialmente na África e na Ásia. Estes Estados têm desafiado tanto normas substanciais de direito internacional como também os tradicionais processos nomogenéticos internacionais, seja por serem desvantajosos para eles, seja por serem inadequados às suas necessidades.[21] Ao mostrar que tais normas apoiam valores e interesses ocidentais, tal desafio das assunções sobre a objetiva neutralidade das normas tem sido substancial.[22] Os Estados em desenvolvimento têm também enfatizado a tomada de decisões por meio de negociações e consensos e o uso de métodos nomogenéticos não tradicionais, como o *"soft law"* das resoluções de Assembleias Gerais.[23] Estas técnicas encontram um paralelo com aquelas formas de

---

[18] SMART, Carol. *Feminism and the power of law*, p. 75, 1989.
[19] MACKINNON, Catherine. *Feminism unmodified*: discourses on life and law, p. 38-39, 1987. Compare com: Gilligan, Reply [to Critics], *Signs*, v. 11, p. 324, 1986.
[20] Ver, por exemplo: CASSESE, Antonio. *International law in a divided world*, p. 105-125, 1986.
[21] Ver, em geral: SNYDER, Frederick; SATHIRATHAI, Surakiart (eds.). *Third world attitudes toward international law*: an introduction, 1987.
[22] Ver: CASSESE, Antonio, 1986, p. 105-125. Ver Nota 20, *supra*.
[23] Ver: Chinkin, Christine. The challenge of soft law: development and change in international law. *International and Comparative Law Quarterly*, v. 38, p. 850, 1989; Bedjaoui, Mohammed. Poverty of the international legal order. *In*: FALK, Richard; KRATOCHWIL, Friedrich;

resolução de conflitos por vezes associadas à "voz diferente" das mulheres. Em seu estudo sobre a diplomacia norte-americana na primeira metade deste século, George Kennan deixa subentendido que a as visões não ocidentais e feministas das relações internacionais estariam ligadas uma à outra:

> Se [...] ao invés de nos tornarmos escravos de conceitos de direito internacional e moralidade, nós confinássemos estes conceitos à função não obstrutiva, quase feminina, de um civilizador gentil dos autointeresses nacionais, nos quais tais conceitos encontram seu real valor; se fôssemos capazes de fazer estas coisas em nossas tratativas com os povos do Leste, então, penso eu, a posteridade poderia olhar para os nossos esforços com questionamentos menos numerosos e menos conturbados.[24]

Esta aparente similaridade entre a perspectiva culturalmente identificada com as mulheres e a perspectiva das nações em desenvolvimento tem sido estudada em um contexto diferente. Em *The science question in* feminism, Sandra Harding aponta "a curiosa coincidência entre as 'visões de mundo' africanas e femininas"[25] e as examina para determinar se elas poderiam ser a base para uma visão "sucessora", alternativa, da ciência e da epistemologia. Harding observa a associação do feminino com a segunda parte do conjunto de dicotomias conceituais que proveem o enquadramento tradicional da ciência e epistemologia Iluminista: "razão *vs.* emoção e valor social; mente *vs.* corpo; cultura *vs.* natureza; eu *vs.* outros; objetividade *vs.* subjetividade; saber *vs.* ser."[26] Na geração das verdades científicas, as partes "femininas" destas dicotomias são consideradas subordinadas. Harding então nota a semelhança entre este padrão e a "visão de mundo africana" identificada por estudiosos de outras

MENDLOVIT, Saul (eds.). *International law*: a contemporary perspective, p. 152, p. 157-158, 1985.
[24] KENNAN, George. *American diplomacy – 1900-1950*, p. 53-54, 1953; *cf.* JAQUETTE, Jane. Power as ideology: a feminist analysis. *In*: STIEHM, Juditj (ed.). *Women's views of the political world of men*, p. 9, p. 22, 1984. (Nota-se a semelhança entre a estratégia "feminina" de persuasão em vez do confronto e das estratégias de pequenos estados em posições fracas no sistema internacional.)
[25] HARDING, Sandra, 1990, p. 165. Ver Nota 6, *supra*.
[26] HARDING, Sandra, 1990, p. 165. Ver Nota 6, *supra*.

disciplinas. Esta visão de mundo é caracterizada por "uma concepção do eu intrinsecamente ligada a, como parte de, ambos a comunidade e a natureza".[27] A atribuição às mulheres e aos africanos de "um conceito do eu enquanto dependente dos outros, definido por relacionamentos com outros, enxergando o interesse próprio como parte do bem-estar do complexo relacional", permite que se configure esses grupos como sendo detentores de uma ética baseada na preservação de relacionamentos e de uma epistemologia que une "mão, cérebro e coração". Estas percepções contrastam com as visões "europeias" e masculinas do eu como um ser autônomo, separado da natureza e dos outros, e com uma ética "governada por regras consistentes na adjudicação de direitos que competem com aqueles de outros indivíduos também autônomos e movidos pelo interesse próprio" e a sua visão do conhecimento como uma entidade com um "objetivo de vida" separado.[28]

Existem problemas na identificação destas vozes subordinadas. Por exemplo: Até que ponto estas visões de mundo não são produtos dos padrões conceituais colonialistas e patriarcalistas?[29] Estas são geralmente sustentadas pelos grupos aos quais estão atribuídas?[30] Quão precisas são tais esquemas na apreensão da realidade?[31] Harding argumenta que a ligação de ambos os discursos pode, todavia, ser útil no fornecimento de "categorias de desafios", isto é, nomeando "o que está ausente no pensamento e nas atividades sociais de homens e europeus" e estimulando a análise de como a ordem social baseada no gênero e na raça pode vir a existir.[32]

Analogias mais gerais têm sido traçadas entre a posição dos Estados do Terceiro Mundo e a das mulheres. De ambos os grupos é dito que eles se encontram diante de uma atitude paternalista que os percebe como alguém que precisa ser adequadamente treinado para se encaixarem no mundo dos países desenvolvidos e dos homens, respectivamente.[33] Ambos, feministas e

---

[27] HARDING, Sandra, 1990, p. 170. Ver Nota 6, *supra*.
[28] HARDING, Sandra, 1990, p. 171. Ver Nota 6, *supra*.
[29] HARDING, Sandra, 1990, p. 172-173. Ver Nota 6, *supra*; ver, também: MACKINNON, Catherine, 1986, p. 39-40. Ver Nota 19, *supra*.
[30] HARDING, Sandra, 1990, p. 173-174. Ver Nota 6, *supra*.
[31] HARDING, Sandra, 1990, p. 174-176. Ver Nota 6, *supra*.
[32] HARDING, Sandra, 1990, p. 186. Ver Nota 6, *supra*.
[33] BROCK-UTNE, Birgit. Women and Third World countries-what do we have in common? *Women's Studies International Forum*, v. 12, p. 495, p. 496-497, 1989.

nações em desenvolvimento, também têm resistido à assimilação de padrões predominantes e têm argumentado em favor de mudanças radicais, enfatizando a cooperação em vez do próprio progreso individual.[34] Ambos os grupos identificaram estruturas não lineares que permitem a sua dominação sistemática e o desenvolvimento de teorias aparentemente aplicáveis de forma generalizada, mas partem de perspectivas muito estreitas.[35]

No entanto, a "voz diferente" das nações em desenvolvimento em matéria de direito internacional tem demonstrado, até aqui, pouca preocupação com as perspectivas feministas. As estruturas de poder e os processos decisórios nestas sociedades são exatamente tão excludentes para as mulheres quanto nas sociedades ocidentais, e a retórica da dominação e subjugação não incorporou as mulheres, as quais continuam sendo as mais pobres e menos privilegiadas.[36] Por isso, na Conferência Mundial da Década das Nações Unidas para Mulheres, em 1985,[37] em Copenhagen, um delegado indiano podia argumentar que, por ter vivido o colonialismo, sabia que este não poderia ser equiparado ao sexismo.[38] Apesar do desafio imposto pelas nações em desenvolvimento ao direito internacional ter sido fundamental, ele se concentrou nas disparidades econômicas e não questionou o silêncio de metade da população mundial na criação das leis internacionais, tampouco o impacto desigual das regras de direito internacional sobre as mulheres.[39] Certamente, o ato de se desafiar as

[34] BROCK-UTNE, Birgit. Women and Third World countries-what do we have in common? *Women's Studies International Forum*, v. 12, p. 495, p. 497, 1989.
[35] BROCK-UTNE, Birgit. Women and Third World countries-what do we have in common? *Women's Studies International Forum*, v. 12, p. 495, p. 500-501.
[36] JAYAWARDENA, Kumari. *Feminism and nationalism in the Third World*. 1986, *passim*; ENLOE, Cynthia. *Making feminist sense of international politics:* bananas, beaches and bases, 1989, p. 42-64.
[37] Nota da tradução: A Conferência de Copenhage (Dinamarca) ocorreu em 1980. A Conferência de 1985 foi realizada em Nairobi (Quênia) e foi nomeada Conferência Mundial para Rever e Avaliar as Conquistas da Décadas das Nações Unidas para Mulheres (World Conference to Review and Appraise the Achievements of the UN Decade for Women).
[38] Citado em: BUNCH, Charlotte. *Passionate politics*, p. 297, 1987. Outro exemplo desse enfoque cego às questões de gênero é o comentário de Nehru citado por Cassese para exemplificar a rejeição do mundo em desenvolvimento em relação à ordem jurídica tradicional: "O espírito da presente era se opõe a qualquer forma de dominação de um sobre o outro, seja ela uma dominação nacional, econômica, de classe ou de raça. Há uma forte pressão para resistir a esse tipo de dominação".
[39] Em seus estudos sobre a "curiosa coincidência" entre as visões de mundo africanas e feministas, Sandra Harding também nota que nem os africanos nem as feministas consideraram

origens europeias do direito internacional e muitas de suas pressuposições pode ter tido um efeito adverso sobre o desenvolvimento de uma análise baseada nas questões de gênero, justamente por se supor que tal análise poderia vir a causar um maior nível de confrontamento.

2.2. Feminismo no Primeiro Mundo e no Terceiro Mundo

Uma análise alternativa e feminista do direito internacional precisa levar em consideração as diferentes perspectivas feministas do Primeiro Mundo e do Terceiro Mundo.[40] Feministas do Terceiro Mundo operam em contextos particularmente difíceis. O discurso europeu e masculino que predomina no direito, na política e na ciência não apenas exclui o tipo de discurso caracterizado pela frase "uma voz diferente" – as preocupações femininas *e* não europeias, pois *também* as preocupações feministas no Terceiro Mundo são amplamente ignoradas ou mal compreendidas pelas feministas ocidentais.[41] O feminismo ocidental iniciou-se enquanto uma demanda pelo direito das mulheres de serem tratadas como os homens. Seja em campanhas por direitos igualitários ou por direitos especiais, como o do aborto, as feministas ocidentais têm buscado garantias por parte do Estado de, até onde for fisicamente possível, serem colocadas nas mesmas posições que os homens. Esta busca não se mostra sempre tão atraente para as mulheres não ocidentais. Por exemplo, a preocupação de feministas ocidentais com o direito ao aborto tem menos

---

os paralelos existentes nas epistemologias uns dos outros. HARDING, Sandra, 1990, p. 177-179. Ver Nota 6, *supra*.

[40] Existem, é claro, significativas diferenças dentro dos movimentos feministas de "Primeiro" e "Terceiro" Mundo. Apesar da presente discussão dar-se em termos gerais, estas diferenças precisam ser estudadas em quaisquer exames detalhados do direito internacional. Ver: LAZREG, Marnia. Feminism and difference: the perils of writing as a woman on women in Algeria. *Feminist Studies*, v. 14, p. 81, 1988; MOHANTY, Chandra. Under western eyes: feminist scholarship and colonial discourses. *Feminist Review*, v. 30, p. 61, 1988; STRATHERN, Marilyn. An awkward relationship: the case of feminism and anthropology. *Signs*, v. 12, p. 276, 1987.

[41] A tensão entre feministas de Primeiro e Terceiro Mundo sobre a correta abordagem do problema da mutilação genital feminina é um exemplo. Ver: SAVANE, Marie-Angelique. Why we are against the International Campaign. *International Child Welfare Review*, v. 40, p. 38, 1979; MORGAN, Robin. *Sisterhood is global*, p. 1-37, 1984; BOULWARE-MILLER, Kay. Female circumcision: challenge to the practice as a human rights violation. *Harvard Women's Law Journal*, v. 8, p. 155, 1985.

significância para as mulheres do Terceiro Mundo, pois frequentemente os programas de controle de natalidade lhes nega a chance de terem filhos.[42] Ademais, culturas "não positivistas", como as da Ásia e da África, são tanto ou mais masculinas que as culturas ocidentais, nas quais a linguagem do direito e da ciência se desenvolveram.[43] No contexto do direito internacional (e, de fato, também no direito nacional) as feministas do Terceiro Mundo são obrigadas a se comunicar na linguagem racionalista ocidental do direito, além do desafiador e intensamente patriarcal discurso da "diferente voz" das sociedades não europeias tradicionais. Nesse sentido, o feminismo no Terceiro Mundo vai indubitavelmente de encontro ao discurso masculino de suas sociedades.

O legado do domínio colonial tem sido particularmente problemático para muitas mulheres no Terceiro Mundo. As mulheres locais eram frequentemente vistas como um reservatório de mão de obra barata para a indústria, para a agricultura e para os serviços domésticos, enquanto os homens eram frequentemente recrutados para trabalhar longe de suas famílias. As mulheres locais também proviam sexo aos colonizadores, especialmente nos lugares aonde havia falta de mulheres colonas.[44] Para os homens locais, a posição de suas mulheres era simbólica e espelhava sua própria dominação, enquanto o colonialismo significava permitir que o poder colonial abusasse das mulheres colonizadas; a resistência ao colonialismo incluía reafirmar o poder dos homens colonizados sobre suas mulheres.[45]

Movimentos nacionalistas perseguiam objetivos mais amplos que a mera transferência de poder dos regentes coloniais brancos aos povos indígenas. Eles estavam preocupados em reestruturar as hierarquias de poder e controle, realocar riquezas dentro da sociedade e criar nada menos do que uma nova sociedade baseada na igualdade e na não exploração. Era inevitável que objetivos feministas – incluindo-se aí a restruturação da sociedade para além das delimitações baseadas em gênero – causassem tensão quando colocados lado

---

[42] Ver: Bulbeck, Margaret Chilla. *Hearing the difference:* First and Third World feminisms, p. 3-6 (artigo apresentado na Conferência de Estudos Femininos, Universidade de Melbourne, 1990).
[43] Ver: Narayan, Uma. The project of feminist epistemology: perspectives from a nonwestern feminist. In: *Gender/ Body/Knowledge*, 1989, p. 256. Ver Nota 7, *supra*.
[44] ENLOE, Cynthia, 1989, p. 256. Ver Nota 36, *supra*.
[45] Ver Nota 43, 1989, p. 256. Ver Nota 35, *supra*

a lado de objetivos nacionalistas que aparentemente soavam semelhantes, mas que tão frequentemente ignoravam as perspectivas feministas.

No entanto, as mulheres locais eram necessárias na luta contra o colonialismo, o qual lhes impunha numerosas restrições. A feminista do Sri Lanka Kumari Jayawardena mostrou que, para muitos nacionalistas, o objetivo de derrubar o governo colonial requeria duas coisas: a criação de uma identidade nacional em torno da qual as pessoas pudessem se agrupar e a instituição de reformas internas dirigidas para que estes pudessem se apresentar como ocidentais e "civilizados", e, assim, como dignos de um autogoverno.[46] Por isso, tanto os homens colonizadores como os homens locais requeriam que as mulheres locais tomassem por modelo as mulheres ocidentais. Por um lado, o comportamento *"ladylike"* (ocidental) era visto como um "amparo do comportamento imperialista", visto que a "respeitabilidade feminina" ensinava tanto a colonos como a colonizados que a "conquista estrangeira era correta e necessária".[47] Entretanto, muitos homens locais acreditavam que "as mulheres deveriam ser adequadamente ocidentalizadas e educadas a fim de valorizar a imagem moderna e 'civilizada' de seu país".[48] Evidentemente, o modelo apresentado pela civilização ocidental abraçava todas as restrições impostas sobre as mulheres ocidentais.

Contudo, a necessidade de se congregar em torno de uma identidade nacional requeria que as mulheres locais, mesmo quando preparadas sob o modelo ocidental, avocassem para si o papel de "guardiãs da cultura nacional, da religião indígena e das tradições familiares".[49] Essas instituições reprimiam as mulheres em muitas instâncias. Halliday aponta que, apesar da crença de que a difusão do nacionalismo e de ideias nacionalistas é benéfico às mulheres, "movimentos nacionalistas subordinam as mulheres em uma particular definição de seu papel e lugar na sociedade [e] reforça a conformidade com valores que são frequentemente definidos por homens".[50] As mulheres

---

[46] "O pensamento secular ocidental é um fator crucial na construção de uma consciência e na determinação de estruturas que tornem possível uma escapatória do poder político ocidental". JAYAWARDENA, Kumari, 1986, p. 6. Ver Nota 36, *supra*.
[47] ENLOE, Cynthia, 1989, p. 48. Ver Nota 36, *supra*.
[48] JAYAWARDENA, Kumari, 1986, p. 8. Ver Nota 36, *supra*.
[49] JAYAWARDENA, Kumari, 1986, p. 14. Ver Nota 36, *supra*.
[50] HALLIDAY, Fred. Hidden from international relations: women and the international arena, *Millennium*, v. 17, p. 419, p. 424, 1988.

poderiam encontrar-se tanto dominadas por um governo, por uma exploração econômica e por uma agressão de origem estrangeira, como por patriarcados, estruturas religiosas e governos tradicionais locais.

Estas conflitantes perspectivas históricas destacam um problema significativo para muitas feministas no mundo em desenvolvimento.[51] Movimentos de mulheres e movimentos feministas têm sido ativos em inúmeros países em desenvolvimento desde ao menos o final do século IX e início do século XX,[52] mas por demais vezes as mulheres em movimentos nacionalistas tiveram que escolher entre prosseguir com suas próprias preocupações e ver estas preocupações sucumbirem debaixo do peso da batalha contra o governo colonial.[53] As feministas em países não ocidentais e, antes da independência, em movimentos nacionalistas, estavam expostas a ataques de seu próprio povo por aceitarem o decadente capitalismo ocidental, abraçarem o neocolonialismo de uma cultura estrangeira e por darem as costas a suas próprias cultura, ideologia e religião. Implícita ou explicitamente somava-se a isso a ideia de que a sua aceitação dos valores feministas ocidentais as desviaria da luta revolucionária contra o poder colonial. Em outros contextos, a emancipação das mulheres tem sido vista como uma tática comunista que deveria ser resistida pela via do apelo aos valores tradicionais.[54] Muitos movimentos feministas no Terceiro Mundo se iniciaram a partir da cooperação com

---

[51] Ver: Chinkin, Christine. A gendered perspective to the international use of force, *Australian Yearbook of Iinternational Law*, v. 12, 1992. [N.T.: Edição futura no momento da escrita deste artigo.]

[52] JAYAWARDENA, Kumari, 1986; ver Nota 36, *supra*. Traz relatos dos movimentos feministas na Turquia, Egito, Irã, Afeganistão, India, Sri Lanka, Indonésia, nas Filipinas, China, Vietnã, Coreia e Japão. Ver: CHAFETZ, Anthony; DWORKIN, Gary. *Female revolt*: women's movements in the world and historical perspective, 1986. Especialmente o capítulo 4 que descreve, entre outras coisas, a "primeira onda" dos movimentos de mulheres na China, Japão, India, Indonésia, Pérsia/Irã, Egito, as Ilhas Caribenhas, México, Argentina, Brasil, Chile, Perú e Uruguai.

[53] Esta não é uma experiência exclusiva das mulheres do Terceiro Mundo. Vide os relatos das atitudes com relação às mulheres dos movimentos revolucionários dos Estados Unidos nos anos 1960 em: MORGAN, Robin. *Going too far*: the personal chronicle of a feminist, 1977.

[54] Um exemplo é a posição das mulheres no Afeganistão desde 1979. Ver, por exemplo: EXILE, An Afghan. Her school and hopesfor future, *N.Y. Times*, 12 jun. 1988, §1, p. 14, col. 1: Os ocidentais que estudaram a sociedade afegã, bem como muitos homens afegãos, dizem que a educação para as mulheres foi prejudicada pela sua associação com o golpe Comunista e os subsequentes regimes de Cabul [...] O governo que assumiu o poder depois do golpe de

movimentos nacionalistas e anticoloniais, ou operaram em solidariedade com os processos de construção nacional.[55] Repressão política explícita é mais um problema para o feminismo no Terceiro Mundo. Nas culturas não ocidentais pode haver um temor e uma aversão à atuação feminina bem maior do que se aparenta ou se expressa na sociedade ocidental, especialmente quando esta não está estritamente confinada à esfera doméstica.[56]

Apesar das diferenças históricas e culturais, as feministas de todo o mundo compartilham uma mesma preocupação central: sua dominação pelos homens. Birgit Brock-Utne escreve que: "Apesar do patriarcalismo ser hierárquico e dos homens de diferentes classes, raças e grupos étnicos ocuparem posições diferentes no patriarcalismo, eles estão unidos em uma relação de dominância sobre suas mulheres que lhes é comum. E, não obstante o fato de seus recursos serem desiguais, eles são dependentes uns dos outros na manutenção de tal dominação".[57] Contudo, as questões suscitadas pelas feministas do Terceiro Mundo requerem uma reorientação do feminismo para lidar com os problemas das mulheres mais oprimidas, em vez dos problemas das mais privilegiadas. No entanto, o tema que persiste em ambos os feminismos – o ocidental e o terceiro-mundista – é o desafio às estruturas que permitem a dominação masculina, mesmo que a forma do desafio e das estruturas masculinas possa variar de sociedade para sociedade. Portanto, uma perspectiva feminista internacional do direito internacional terá por objetivo que se repensem e se revejam essas estruturas e os princípios que excluem a maioria das vozes das mulheres.

---

abril 1978 associou-se imediatamente ao feminismo [...] grupos de mulheres tornaram-se instrumentos de propaganda para o regime de Cabul [...].

[55] Esse problema pode agora também surgir na Europa Central e o Leste, onde as feministas enfrentam problemas únicos em sua busca por desenvolvimento e democracia.

[56] Ver, por exemplo: AFSHAR, Haleh. *Women, state and ideology*: studies from Africa and Asia, p. 4, 1987. Exemplos de mulheres politicamente ativas, frequentemente com relação a questões que seriam caracterizadas no Ocidente como questões feministas, e que foram punidas por isso por meio de prisões, tortura e detenção são vistos em Singapura e na Malásia em 1987. Sobre Singapura, ver: ASIA WATCH, *Silencing all critics*, 1989. Sobre a Malásia, ver: AMNESTY INTERNATIONAL, "Operation Lallang": Detention With – Out Trial Under The Internal Security Act, 1988.

[57] Brock-Utne, Birgit, 1989, p. 500. Ver Nota 33, *supra*.

3. O Mundo Masculino do Direito Internacional

Nesta seção, argumentamos que a ordem jurídica internacional é virtualmente impermeável às vozes das mulheres e propomos duas explicações correlacionadas para tanto: as estruturas organizacionais e as normativas do direito internacional.

3.1. A Estrutura Organizacional do Direito Internacional

A estrutura da ordem jurídica internacional reflete uma perspectiva masculina e garante a dominação contínua desta. Os principais sujeitos de direito internacional são os Estados e, crescentemente, as organizações internacionais. Em ambos, os Estados e as organizações internacionais, a invisibilidade das mulheres é impressionante. As estruturas de poder dentro dos governos é esmagadoramente masculina. As mulheres possuem posições significativas de poder em alguns poucos Estados – e mesmo nestes casos seu número é pequeno.[58] As mulheres se encontram, ou em uma situação de não representação, ou de sub-representação, nos processos decisórios globais.

Os Estados são estruturas patriarcais, não apenas porque excluem as mulheres das posições de elite e dos papéis decisórios, mas também pelo fato de estarem baseados na concentração de poder de uma elite e no seu controle, e na legitimação nacional de um monopólio sobre o uso da força para manter tal controle.[59] Essa fundamentação é reforçada pelos princípios de direito internacional de igualdade soberana, independência política e integridade territorial e a legitimação da força para a defesa desses atributos.

---

[58] Em março de 1991, mulheres encabeçavam o governo de seus países em 4 dos 159 Estados--membros das Nações Unidas. Em meados de 1989, nos gabinetes ministeriais de 155 países, apenas 3,5% dos ministérios eram ocupados por mulheres e 99 países não tinham nenhuma ministra mulher. UNITED NATIONS DEPARTMENT OF PUBLIC INFORMATION. United Nations Focus: *Women in politics*: still the exception? Nov. 1989. Ver, em geral: HALLIDAY, Fred, 1988. Ver Nota 50, *supra*. Os estados são lentos em tornarem mulheres seus representantes permanentes nas Nações Unidas. Em março 1990, 4 de 149 representantes eram mulheres. Os quatro países representados por mulheres eram Barbados, Nova Zelândia, Senegal e Trinidad e Tobago. Os nomes dos representantes permanentes de dez países não estavam disponíveis.

[59] Ver: REARDON, Betty. *Sexism and the war system*, p. 15, 1985.

CAPÍTULO 4. ABORDAGENS FEMINISTAS AO DIREITO INTERNACIONAL

As organizações internacionais são extensões funcionais dos Estados que lhes permitem agir coletivamente para alcançarem objetivos. Assim, não surpreende o fato de suas estruturas replicarem as estruturas estatais e de restringirem as mulheres a papéis insignificantes e subordinados. Por isso, nas Nações Unidas, onde a adesão quase universal de membros é vista como um grande sucesso da comunidade internacional, esta universalidade não se aplica às mulheres.

O art. 8º foi incluído na Carta da ONU para assegurar a legitimidade da participação das mulheres nos quadros funcionais permanentes das organizações internacionais. O art. 8º estabelece que: "As Nações Unidas não farão restrições quanto à elegibilidade de homens e mulheres destinados a participar em qualquer caráter e em condições de igualdade em seus órgãos principais e subsidiários.". Apesar de não haver nenhum posicionamento declarado sobre o conceito de igualdade de gênero na Conferência de São Francisco (EUA) de 1945, em que a Carta foi esboçada, alguns delegados consideraram tal previsão supérflua e disseram que seria "absurdo" incluir qualquer conteúdo tão "óbvio" na Carta. Todavia, em virtude da insistência do Comitê das Organizações de Mulheres, o art. 8º foi incluído. Ele foi redigido na forma de uma obrigação de não fazer, em vez de uma obrigação positiva de se incluir mulheres, pois o direito de designar os delegados e representantes para as organizações internacionais era considerado um direito dos Estados-nação, cuja liberdade de escolha não poderia ser impedida de maneira alguma.[60] Na realidade as indicações de mulheres não alcançaram nem mesmo o limite prometido pelo art. 8º.[61] O grupo sobre Igualdade Jurídica para Mulheres nas

---

[60] Ver: RUSSELL, Ruth. *History of the United Nations charter*, p. 793-794, n. 24 (1958); Editorial, The United Nations' Women, p. 40, *Equal Time*, Edição Comemorativa do 40ésimo Aniversário, 1985. p. 1.

[61] Em 1946 a Comissão sobre o *status* das Mulheres foi estabelecida para promover direitos iguais para as mulheres e para eliminar a discriminação em razão do sexo. ESC Res. 2/11 (junho de 1946). Até o ano de 1975, o nível de participação feminina em posições profissionais dentro das Nações Unidas e de suas agências especializadas era tão baixo que um dos objetivos do programa da Década pelas Mulheres das Nações Unidas (1976-1985) era a melhoria da representatividade feminina em cargos profissionais sujeitos a distribuição geográfica. "É sobre estes cargos geográficos que o quinto Comitê da Assembleia Geral concentra seus esforços, pois estes cargos são acompanhados do poder." *Equal Time*, jul. 1985, p. 5. "Renovação do compromisso da comunidade internacional com o avanço das mulheres e a eliminação do preconceito de gênero." Ver: Forward-Looking Strategies for the Advancement of Women to

Nações Unidas observou que o "racismo de gênero" é praticado nas políticas de funcionários da ONU "toda semana, todo mês e todo ano".[62]

As mulheres são excluídas de todas as principais decisões das instituições internacionais sobre políticas e diretrizes globais, apesar de o impacto frequentemente díspar destas decisões sobre as mulheres. Desde 1985 tem havido alguma melhoria na representatividade das mulheres nas Nações Unidas e suas agências especializadas.[63] Contudo, estima-se que "no atual ritmo de

---

the Year 2000 (conjunto de estratégias adotado pela Conferência Mundial da Década pelas Mulheres da ONU, Nairobi, Kenya, 15 a 26 de julho 1985), ONU Doc. A/CONF. 116/12 (1985). Em 1978 foi estabelecida uma meta de 25% de mulheres em cargos profissionais da ONU até o ano de 1982. Em 1986, esta meta ainda não havia sido alcançada. Stephen Lewis – então embaixador e representante permanente do Canadá na ONU – disse no quinto Comitê da Assembleia Geral: "O progresso neste campo dos direitos e oportunidades das mulheres [...] é de uma progressão tão ínfima que se parece com uma paródia da mudança social." *Equal Time*, jul. 1985, p. 5. A meta foi posteriormente reformulada pela Assembleia Geral para 30% até 1990, e, depois, para 35% até 1995.

[62] *Equal Time*, março 1986, p. 8-9. Algumas das agências especializadas da ONU merecem menção especial. As mulheres são as principais responsáveis pela criação de filhos em todo o mundo. Contudo, em 1989 o Fundo Nações Unidas para a Infância, a agência responsável pelo bem-estar das crianças, contava com quatro mulheres na função de oficiais *senior* em um total de 29. Mais da metade dos alimentos cultivados na África é produzida por mulheres. (Ver: CHARLTON, Sue Ellen. *Women in Third World development*, 1984, p. 61). No entanto, a Organização das Nações Unidas para a Agricultura e Alimentação não contava com nenhuma oficial *senior* mulher até o ano de 1989. Questões de saúde – especialmente as de saúde da criança e a mortalidade infantil – são preocupações de enorme relevância às mulheres, mas em 1989 a Organização Mundial da Saúde contratou no máximo quatro oficiais seniôres mulheres em um total de 42. Em todas as situações de disfunções econômicas são as mulheres e as crianças que mais sofrem (ver: RILEY, Why are we so poor?, *Equal Time*, mar. 1987, at 18; *cf.* 18; cf. DWORKIN, Andrea Rita. *Right wing women*, 1983, p. 151-152), contudo não havia mulheres em cargos com poder decisório no Fundo Monetário Internacional em 1989. A maioria dos refugiados no mundo são mulheres, mas em 1989 apenas 1 dos 28 cargos plenos do Secretariado do Alto Comissariado das Nações Unidas pelos Refugiados era ocupado por uma mulher. Em 1990, foi indicada a primeira mulher para o cargo de Alto Comissário, a Professora Sadako Ogata.

[63] Em 1985, o Secretário-Geral indicou um coordenador para a Melhoria do Status da Mulher (*Improvement of the Status of Women*) por um período de 12 meses. Esse período foi subsequentemente prorrogado. O relatório do Secretário-Geral sobre o Relatório de Revisão e Apreciação da Implementação das Estratégias pelo Avanço das Mulheres de Nairobi (*Review and Appraisal of the Implementation of the Nairobi Foward-Looking Strategies for the Advancement of Women*), doravante citado como Relatório de Nairobi, ONU Doc. E/CN6/1990/5, indica que, entre os anos de 1984 e 1988, o aumento total da representação de mulheres em cargos profissionais e gerenciais nas Nações Unidas foi de 3,6% a um total de 21% do quadro profissional

mudança levará aproximadamente mais 4 décadas (até 2021) para se alcançar a paridade (ou seja, 50% de trabalhos profissionais ocupados por mulheres)".[64] Essa situação foi recentemente descrita como "grotesca".[65]

O silêncio e a invisibilidade das mulheres também são características dos entes com funções especiais concernentes à criação e ao progressivo desenvolvimento do direito internacional. Apenas uma mulher se assentou como juíza na Corte Internacional de Justiça,[66] e nenhuma mulher jamais foi membro da Comissão de Direito Internacional. Os críticos frequentemente apontaram que a distribuição de juízes na Corte não reflete a feição da comunidade internacional – uma preocupação que tem sido levantada após as decisões dos casos do *Sudeste Africano* de 1966.[67] Desde então, passos foram tomados a fim de melhorar "a representação das principais formas de civilização e dos principais sistemas jurídicos do mundo"[68] na Corte – porém não no sentido de representar as mulheres, as quais compõem metade da população mundial.

---

efetivo. No entanto, em 1988 apenas 4% do efetivo de gestores era composto por mulheres. *Id.* p. 84-86. Em março 1990, o índice de mulheres em cargos por distribuição geográfica era de 27,7%. Relatório ONU, ago. 1990, p. 4. Apesar de nos meados dos anos 1980 mais de 40% do efetivo do secretariado ter sido composto por mulheres, elas ocupavam cargos de menor escalão, funções de secretaria e assistência. UNITED NATIONS, DEPARTAMENT OF INTERNATIONAL ECONOMIC AND SOCIAL AFFAIRS, COMPENDIUM OF STATISTICS AND INDICATORS ON THE SITUATION OF WOMEN 1986, p. 558-577. Statistical Office, Social Statistics and Indicators Series K, n. 5, 1989. As importantes e prestigiosas funções de Subsecretário-Geral e de Assistente do Secretário-Geral são quase sempre ocupadas por homens. Em 1990 duas mulheres ocuparam a função de Subsecretária-Geral e nenhuma mulher foi Assistente de Secretário-Geral.

[64] *Equal Time,* jul. 1985, p. 5.
[65] URQUHART, Brian; CHILDERS, Erskine Barton. A world in need of leadership: tomorrow's United Nations, 1990, p. 29. Ver, também: *Equal Time,* jul. 1985, p. 61.
[66] Sra. Suzanne Bastid foi uma juíza *ad hoc* na Aplicação pela Revisão e Interpretação do Julgamento de 24 de fevereiro de 1982 no caso concernente à Plataforma Continental (*Continental Shelf*) (Tunísia/*Jamahiria* Árabe da Líbia) (Tunísia *vs.* Líbia), 1985 CIJ Rep. 192 (Julgamento de 10 de dezembro).
[67] Sudeste africano, Segunda Fase (Etiópia *vs.* África do Sul; Libéria *vs.* África do Sul), 1966 CIJ Rep. 6 (Julgamento de 18 de Julho).
[68] Estatuto da Corte Internacional de Direito, art. 9º. Relativamente às mudanças na composição da Corte, ver: MCWHINNEY, Edward. *The International Court of Justice and the Western tradition of international law,* 1987, p. 76-83.

Não obstante a aceitação da ideia de que os direitos humanos são uma área em que a atenção pode ser voltada às mulheres, estas continuam amplamente subrepresentadas nos entes de Direitos Humanos da ONU.[69] O único comitê que tem a totalidade de sua composição formada por mulheres, o Comitê pela Eliminação da Discriminação contra as Mulheres (*Committee on the Elimination of Discrimination against Women* – CEDAW), o órgão de monitoramento da Convenção pela Eliminação de Todas as Formas de Discriminação contra as Mulheres (Convenção das Mulheres) (*Women's Convention*),[70] foi criticado pela sua representação "desproporcional" de mulheres pelo Conselho Econômico e Social das Nações Unidas (*Economic and Social Counci* –ECOSOC). Quando o ECOSOC apreciou o sexto relatório do Comitê do CEDAW, convocou os Estados-membros a nomearem especialistas homens e mulheres para a eleição do comitê.[71] Portanto, constata-se que no único comitê dedicado aos interesses das mulheres, em que *de fato* as mulheres são bem representadas, esforços foram empreendidos para se diminuir a participação feminina, enquanto a predominância masculina – que é muito mais comum nos outros órgãos da ONU – permanece despercebida. O Comitê do CEDAW de fato rejeitou as recomendações do ECOSOC sob diversos fundamentos, incluindo o temor de que, ao aceitá-las, abrir-se-iam as comportas para uma enxurrada de homens que diluiriam a maioria de mulheres e minariam a efetividade do comitê. As representantes entenderam que os Estados-membros e o ECOSOC

---

[69] Em 1991, bem como em 1989, havia duas mulheres (entre 18) no Comitê para os Direitos Econômicos, Sociais e Culturais da ONU; uma (entre 18) no Comitê para a Eliminação da Discriminação Racial; duas (entre 18) no Comitê de Direitos Humanos; e duas (entre 10) no Comitê Contra a Tortura. Ver: BYRNES, Andrew. The "other" human rights treaty body: the work of the committee on the elimination of discrimination against women, *Yale Journal of International Law*, v. 14, n. 26, p. 1, p. 8, 1989. Na Subcomissão para a Prevenção da Discriminação e Proteção das Minorias há seis mulheres em um total de 26 membros. Assim, há um total de 13 mulheres entre os 90 *experts* independentes no sistema da ONU de Direitos Humanos, afora do Comitê CEDAW.

[70] ONU. AG. Res. 34/180 (18 de dezembro 1979)(entrada em vigor em 3 de setembro de 1981) Ver, também, a Declaração sobre a Eliminação da Discriminação contra as Mulheres, AG Res. 2263 (XXII) (7 nov. 1967).

[71] BYRNES, Andrew. Report on The Seventh Session of The Committee on the Elimination of Discrimination Against Women and The Fourth Meeting of States Parties to the Convention on the Elimination of All Forms of Discrimination Against Women (fev./mar. 1988), p. 13 (International Women's Rights Action Watch 1988).

CAPÍTULO 4. ABORDAGENS FEMINISTAS AO DIREITO INTERNACIONAL

deveriam dirigir suas atenções à igualdade de representação em outros lugares antes de buscar interferir com a composição deste comitê.[72]

Por que é interessante notar que todas as principais instituições da ordem jurídica internacional são compostas por homens? O domínio de longo prazo pelos homens em todos os órgãos que exercem poder político – nacional e internacionalmente – significa que as questões que tradicionalmente importam aos homens se tornaram preocupações humanas gerais, enquanto as "preocupações das mulheres" são relegadas a uma categoria especial e limitada. Como os homens em geral não são vítimas de discriminação sexual, violência doméstica e degradação e violência sexual, por exemplo, estas questões são remetidas a uma outra esfera e tendem a ser ignoradas. O semblante ortodoxo do direito internacional e da política mudariam de modo drástico se as suas instituições fossem verdadeiramente humanas em sua composição. Seus horizontes se alargariam para incluir problemas antes considerados domésticos – nos dois sentidos do termo. A representação equilibrada de nações com diferentes estruturas e poderio econômico em organizações internacionais tem sido um assunto proeminente nas Nações Unidas, especialmente desde a era das descolonizações, nos anos 1960. A importância de se acomodar os interesses de nações desenvolvidas, em desenvolvimento e socialistas, e de vários grupos regionais e ideológicos, é reconhecida em todos os aspectos da estrutura e do trabalho das Nações Unidas. Essa sensibilidade deveria ser estendida para muito além, a fim de incluir o gênero dos representantes escolhidos.

---

[72] Outro reflexo da menor importância dada às preocupações das mulheres dentro do sistema ONU é o baixo grau de prioridade concedido à Convenção das Mulheres na agenda de direitos humanos. Em sua sétima sessão o Comitê CEDAW alegou que dispôs de condições de trabalho muito inferiores às condições de outros comitês de direitos humanos. BYRNES, Andrew. Report on The Seventh Session of The Committee on the Elimination of Discrimination Against Women and The Fourth Meeting of States Parties to the Convention on the Elimination of All Forms of Discrimination Against Women (fev./mar. 1988), p. 16. Ver, também: BYRNES, Andrew, 1988, p. 56-59. Ver Nota 69, *supra*. Byrnes observou: O fato de a CEDAW ter recebido menos tempo do que outros órgãos a ela comparáveis para cobrir questões de direitos econômicos e sociais, bem como de direitos civis e políticos, é talvez um reflexo de um compromisso incompleto com a busca pelo pleno atingimento de todas as metas da Convenção ou, ao menos, uma séria subestimatimação da extensão do trabalho a ser por ela realizado.

3.2. A Estrutura Normativa do Direito Internacional

Como os sujeitos primários de direito internacional são Estados, supõe-se por vezes que o impacto do direito internacional recai sobre os Estados e não diretamente sobre indivíduos. De fato, a aplicação do direito internacional afeta os indivíduos, o que já foi reconhecido pelo Tribunal Internacional em diversos casos.[73] A jurisprudência internacional pressupõe que as normas de direito internacional destinadas a indivíduos dentro de Estados são neutras e universalmente aplicáveis. Todavia, não se reconhece que que tais princípios podem recair de maneira diferente sobre os homens e as mulheres. Como consequência, as experiências das mulheres diante do funcionamento dessas normas tendem a ser silenciadas ou ignoradas.

A estrutura normativa do direito internacional tem permitido que questões concernentes principalmente às mulheres sejam ignoradas ou minadas. Por exemplo, o moderno direito internacional repousa sobre várias dicotomias entre as esferas privada e pública, sendo a esfera "pública" vista como a província do direito internacional. Uma dessas separações é a distinção entre direito internacional público – o direito que rege as relações entre Estados-nação – e o direito internacional privado – que regula os conflitos entre sistemas jurídicos nacionais. Outro exemplo é a distinção entre questões de interesse "público" internacional e de interesses "particulares" dos Estados – interesses que estão dentro da jurisdição doméstica dos Estados e sobre os quais a comunidade internacional não tem nenhum interesse jurídico reconhecido.[74]

---

[73] Ver, por exemplo: 71 Legal Consequences for States of the Continued Presence of South Africa in Namibia (South West Africa) notwithstanding Security Council Resolution 276 (1970), 1971 CIJ Rep. 16, 56, parágrafo 125 (Parecer Consultivo de 21 de Junho), em que se reconheceu não ser admissível que o não reconhecimento da administração da África do Sul no Sudoeste Africano tivesse um impacto negativo sobre a população da Namíbia. No caso da Pesca Anglo-norueguesa (Reino-Unido vs. Noruega), 1951 CIJ Rep 116 (Julgamento de 18 de dezembro) e Jurisdição de Pesca (Reino-Unido vs. Islândia), Merits. 1974 CIJ Rep. 3 (Julgamento de 25 de julho), o impacto da mudança nas zonas de pesca na subsistência das pessoas de vários países que praticam a pesca foi levado em consideração pela Corte.

[74] Carta da ONU. Art. 2º (7).

CAPÍTULO 4. ABORDAGENS FEMINISTAS AO DIREITO INTERNACIONAL

Outro exemplo é a linha traçada entre o direito e outras formas de conhecimento "privado", tal como a moralidade.[75]

Em um nível mais profundo é possível encontrar uma dicotomia entre privado e público baseada na questão de gênero.[76] Uma explicação que estudiosas feministas oferecem para o domínio de homens e da voz masculina em todas as áreas de poder e autoridade na tradição liberal ocidental é de que há uma dicotomia traçada entre a esfera pública e a esfera privada ou doméstica. A esfera pública dos locais de trabalho – do direito, da economia, da política e da vida intelectual e cultural, na qual poder e autoridade são exercidos – é tida como a província natural dos homens; enquanto o mundo privado do lar – do braseiro e das crianças – é visto como o domínio apropriado para as mulheres. A distinção público/privado tem uma dimensão tanto normativa como descritiva. Tradicionalmente, são atribuídos valores assimétricos às duas esferas. Maior significância é atribuída ao mundo masculino do público do que ao mundo privado das mulheres. Assim, a distinção traçada entre público e privado justifica e torna natural a divisão de trabalho e a distribuição de recompensas entre os sexos. Sua reprodução e sua aceitação em todas as áreas do conhecimento têm conferido primazia ao mundo masculino e apoiado o domínio dos homens.[77]

A preocupação feminista com a distinção público/privado deriva de sua centralidade para a teoria liberal. Explicações para a atribuição universal de menor valor às mulheres e às suas atividades têm, por vezes, oferecido uma variação da dicotomia público/privado. As mulheres são identificadas com a natureza, que é vista como de *status* inferior do que a cultura – que é

---

[75] Por exemplo, Sudoeste Africano, Segunda Fase, 1966 CIJ REP. 6 (Julgamento de 18 de julho). *Cf.* Caso do Leste Saariano, 1975 CIJ REP. 12, 77 (Parecer Consultivo de 16 de outubro): "economia, sociologia e e geografia humana não são Direito" (GROS, J. op.).

[76] Para uma discussão mais completa, ver: CHARLESWORTH, Hilary. The public/private distinction and the right to development in international law, *Australian Yearbook of International Law*, v. 12, 1992. [N. T.: Edição futura no momento da escrita deste artigo.]

[77] EISENSTEIN, Hester. *Contemporary feminist thought*, p. 11-26, 1984; Rosaldo, Michelle Zimbalist. Women, culture, and society: a theoretical overview. *In*: ROSALDO, Michelle Zimbalist; LAMPHERE, Louise (eds.). *Women, culture, and society*, p. 17, 1974; ELSHTAIN, Jean Bethke. *Public man, private woman*, 1981; GAMARNIKOW, Eva *et al.* (ed.). *The public and the private*, 1983; PATEMAN, Carole. Feminist critiques of the public/private dichotomy. *In*: BENN, Stanley; GAUS, Gerald (eds.). *Public and private in social life*, p. 281, 1983.

a província dos homens.[78] No entanto, conforme Carole Pateman apontou, essa explicação universal para a dominação dos homens sobre as mulheres não reconhece que o conceito de "natureza" pode variar grandemente entre as deferentes sociedades. Uma tal análise pode ser com facilidade reduzida a uma simples explicação biológica, e não explicar situações sociais, históricas e culturais específicas.[79] As mulheres não são sempre opostas aos homens da mesma maneira. O que é considerado "público" em uma sociedade pode ser visto como "privado" em outra. Entretanto, é possível notar um padrão universal de identificação das atividades de mulheres como sendo privadas – e, portanto, dignas de menor valor.[80]

Como se mantém a versão liberal da distinção público/privado? Sua naturalidade repousa sobre as profundas crenças acerca dos gêneros. A tradicional psicologia social ensinou que o parâmetro de comportamento "normal" para homens e mulheres era completamente diferente. Para os homens, o comportamento normal e natural era essencialmente ativo: envolvia tenacidade, agressão, curiosidade, ambição, responsabilidade e competição. Todos os atributos adequados à participação no mundo público. O comportamento "normal" para as mulheres era, ao contrário, reativo e passivo: afetuoso, emocional, obediente e responsivo à aprovação.[81]

Apesar da base científica para a distinção público/privado ter sido exaustivamente atacada e exposta como uma construção ideológica,[82] ela se mantém firme no pensamento jurídico. A linguagem da distinção público/privado está inserida na própria linguagem jurídica. O direito apela para a racionalidade, para a cultura, para o poder, para a objetividade – todos os termos associados à esfera pública ou masculina. É definido em oposição aos atributos associados

---

[78] ORTNER, Sherry. Is female to male as nature is to culture? *In*: Women, culture, and society, 1974, p. 72. Ver Nota 77, *supra*.

[79] Pateman, Carole, 1980, p. 288. Ver Nota 77, *supra*. Ver, também: ROSALDO, Michelle Zimbalist. The use and abuse of anthropology: reflections on feminism and cross-cultural understanding. *Signs*, v. 5, p. 409, 1980; GOODALL, Kay. "Public and private" in legal debate. *International Journal of the Sociology of Law*, v. 18, p. 445, 1990.

[80] Imray, Linda; Middleton, Audrey. Public and private: marking the boundaries. *In*: The public and the private, 1988, p. 12, p. 16. Ver Nota 77, p. 12, 16.

[81] EISENSTEIN, Hester, 1984, p. 8. Ver Nota 77, *supra*; MILLETT, Kate. *Sexual politics*, 1970, p. 228-230.

[82] Por exemplo: JANEWAY, Elizabeth. *Man's world, women's place*: a study in social mythology, 1971; ELSHTAIN, Jean Bethke, 1981. Ver Nota 77, *supra*.

ao doméstico, ao privado – a esfera feminina do sentimento, da emoção, da passividade e da subjetividade.[83] Ademais, o direito sempre operou primariamente no domínio público. Ele é considerado apropriado para regular o ambiente de trabalho, a economia e a repartição de poder político, enquanto a intervenção estatal direta sobre a família e sobre o lar foi por muito tempo sido considerada inapropriada. [84] Por exemplo, a violência dentro do lar recebeu por muito tempo um tratamento diferente da violência fora dele. As lesões consideradas juridicamente compensáveis são aquelas lesões adquiridas fora de casa. Danos em ações civis são tipicamente compreendidos em termos de habilidade de participação na esfera pública. As mulheres têm dificuldade em provar às autoridades policiais que atos violentos praticados dentro dos lares são atos criminosos.[85]

De certo modo, a distinção público/privado é a base fundamental da função do Estado moderno consistente na separação e na concentração das formas jurídicas de poder que dele emanam. A distinção implica dizer que o mundo privado não é controlado. No entanto, a regulação da tributação, da assistência social, da educação, da saúde e da riqueza tem efeitos imediatos sobre a esfera privada.[86] O mito de que o poder estatal não é exercido sobre a esfera "privada" designada às mulheres mascara o seu controle sobre ela.

Qual é a força que a crítica feminista da dicotomia público/privado que está presente na origem de sistemas jurídicos domésticos tem na ordem jurídica internacional? Tradicionalmente, considera-se que o direito internacional atua na mais pública das esferas: a das relações entre Estados-nação. No entanto, argumentamos que a definição de certos princípios de direito internacional repousam sobre a distinção público/privado e reproduzem-na, de modo que privilegiam, assim, a visão de mundo masculina e o domínio masculino na ordem jurídica internacional.

---

[83] OLSEN, Frances Elisabeth. Feminism and critical legal theory: an american perspective. *International Journal of the Sociology of Law*, v. 18, p. 199. THORNTON, Margaret. Feminist jurisprudence: illusion or reality. *Australian Journal of Law and Society*, v. 2-3, p. 5, p. 6-7, 1986.
[84] O'DONOVAN, Katherine. *Sexual divisions in law*, 1986; Stang Dahl, Tove; Snare, Annika. The coercion of privacy. *In*: SMART, Carol; SMART, Barry (eds.). *Women, sexuality, and social control*, p. 8, 1978.
[85] Ver: RUSSELL, Diana E. H; VAN DE VEN, Nicole (eds.). *Crimes against women:* proceedings of the international tribuna, 1984.
[86] O'DONOVAN, Katherine, 1986, p. 7-8. Ver Nota 84, *supra*.

A influência que a distinção público/privado detém sobre o direito internacional e o consequente banimento das vozes e preocupações femininas nessa disciplina podem ser vistos na proibição internacional da tortura. O direito à liberação da tortura e outras formas de tratamentos cruéis, desumanos ou degradantes é geralmente aceito como um direito civil e político paradigmático. Ele está incluído em todos os elencos de direitos civis e políticos[87] e é o tema central de diversos tratados especializados das Nações Unidas e regionais.[88] O direito de ser livre da tortura é visto como uma norma de direito internacional costumeiro. De fato, ele é, assim como a proibição da escravidão, uma norma de *jus cogens*.[89]

A fundamentação deste direito remonta à "dignidade inerente à pessoa humana".[90] A Convenção contra Tortura define o comportamento que constitui ato de tortura:

> Para os fins da presente Convenção, o termo "tortura" designa qualquer ato pelo qual dores ou sofrimentos agudos, físicos ou mentais, são infligidos intencionalmente a uma pessoa a fim de obter, dela ou de uma terceira pessoa, informações ou confissões; de castigá-la por ato que ela ou uma terceira pessoa tenha cometido ou seja suspeita de ter cometido; de intimidar ou coagir esta pessoa ou outras pessoas; ou por qualquer motivo baseado em discriminação de qualquer natureza;

---

[87] Por exemplo: Pacto Internacional sobre Direitos Civis e Políticos, 16 de Dezembro 1966, art. 7°, 999 UNTS 171; Convenção Europeia pela Proteção dos Direitos Humanos e Liberdades Fundamentais. 4 de novembro 1950. Art. 3, 213 UNTS 221 [doravante Convenção Europeia]; Convenção Americana de Direitos Humanos, 22 de novembro 1969, art. 5°, em ORGANIZATION OF AMERICAN STATES, *Handbook of existing rules pertaining to human rights in the inter-american system*, OEA/Ser.L/V/II.65, doc. 6, p. 103, 1985.

[88] ORGANIZAÇÃO DAS NAÇÕES UNIDAS. Convenção das Nações Unidas contra a Tortura e outros Tratamentos ou Castigos Cruéis, Desumanos ou Degradantes. AG Res. 39/46 (10 dez. 1984), reimpresso em 23 ILM 1027, 1984, modificações substanciais notadas em 24 IML 535, 1985 [doravante referida como Convenção contra a Tortura]; Convenção Interamericana para Prevenir e Punir a Tortura, 9 dez. 1985. Reimpresso em 25 IML 519, 1986; CONSELHO EUROPEU. Convenção Europeia pela Prevenção da Tortura e Tratamentos ou Castigos Cruéis, Desumanos ou Degradantes, 26 nov. 1987, Conselho Europeu Doc. H (87) 4, reimpresso em 27 IML 1152, 1988.

[89] Ver: Filartiga *vs.* Pena-Irala, 630 F.2d 876 (2d Cir.).

[90] Convenção contra a Tortura. Preâmbulo. Ver Nota 88, *supra*.

quando tais dores ou sofrimentos são infligidos por um funcionário público ou outra pessoa no exercício de funções públicas, ou por sua instigação, ou com o seu consentimento ou aquiescência.[91]

Essa definição foi considerada ampla, pois abarca o sofrimento mental e o comportamento "por instigação" de um funcionário público.[92] Todavia, apesar de empregar a expressão "pessoa" (*human person*) no preâmbulo, o uso de um pronome masculino[93] na definição da conduta prescrita atribui ao texto uma conotação masculina em vez de verdadeiramente humana. Sobretudo, a descrição da conduta proibida se fia na distinção entre ações públicas e privadas, o que encobre as lesões à dignidade tipicamente sofridas por mulheres. O cânon tradicional de direitos humanos não lida com categorias que comportem as experiências das mulheres. Ele é organizado em termos de discretas violações de direitos e oferece pouca reparação em casos em que há negações pervasivas e estruturais de direitos.[94]

A definição internacional de tortura requer não somente a intenção de infligir sofrimento, mas também a intenção secundária de que o infligir sofrimento alcance um objetivo. Há indícios recentes de que mulheres e crianças, em especial, são frequentemente vítimas de campanhas de terror de grande alcance e aparentemente aleatórias tanto por parte de governos como de guerrilhas em tempos de instabilidade civil ou de conflitos armados.[95] Tal sofrimento não está claramente incluído na definição internacional de tortura.

Um aspecto crucial da tortura e dos tratamentos cruéis, desumanos ou degradantes, conforme sua definição, é que eles ocorrem na esfera pública. Um funcionário público ou uma pessoa agindo oficialmente precisa estar implicada na dor e no sofrimento causados. O resultado desta limitação é que "atos privados (de brutalidade) seriam crimes comuns cuja repreensão

---

[91] Convenção contra a Tortura. Preâmbulo. Art. 1º (1). Ver Nota 88, *supra*.
[92] Ver: BURGERS, Herman; DANELIUS, Hans. *The United Nations Convention against Torture: A Handbook on the Convention against Torture and Other Cruel, Inhuman or Degrading Treatment or Punishment*, 1988, p. 45-46.
[93] N.T.: O uso do pronome masculino ocorre no original, em inglês.
[94] BYRNES, Andrew, 1988, p. 10. Ver Nota 8, *supra*.
[95] Ver: ANISTIA INTERNACIONAL. *Women in the front line*: human rights violations against women, 1991, p. 45-46.

caberia à justiça nacional, e que o interesse *internacional* relativamente à tortura somente surgiria quando o próprio Estado abandona a sua função de proteger seus cidadãos sancionando ações criminosas praticadas por seus próprios agentes". [96]

Muitas mulheres sofrem tortura neste sentido estrito.[97] A jurisprudência internacional sobre a noção de tortura abrange indiscutivelmente a violência sexual e coerção psicológica se o agressor estiver revestido de autoridade oficial. [98] Contudo, se forte dor e sofrimento forem infligidos fora do contexto público ao extremo do Estado – por exemplo, dentro do lar ou por particulares, o que é justamente o tipo mais invasivo e significativo de violência enfrentada por mulheres – então não serão qualificados como tortura, apesar de seu impacto sobre a inerente dignidade do ser humano. De fato, algumas formas de violência são atribuídas a tradições culturais. A mensagem da violência contra a mulher, argumenta Charlotte Bunch, é a dominação:

> Fique no seu lugar ou fique com medo. Contrariamente ao argumento de que tal forma de violência é apenas pessoal ou cultural, ela é profundamente política. Ela resulta da estrutura relacional de poder, dominação e privilégio entre homens e mulheres na sociedade. A violência contra a mulher é central para que estas relações políticas se mantenham nos lares, no trabalho e em todas as esferas públicas.[99]

Os Estados são responsabilizados por atos de tortura apenas quando os seus agentes designados têm responsabilidade direta por tais atos, de modo que a responsabilidade é imputada ao Estado. Os Estados não são considerados

---

[96] Rodley, Nigel. *The evolution of the international prohibition of torture*, in AMNESTY INTERN UNIVERSAL DECLARATION OF HUMAN RIGHTS 1948-1988: HUMAN RIGHTS, THE UNITED NATIONS AND AMNESTY INTERNATIONAL, 1988, p. 55, p. 63.

[97] Ver: ANISTIA INTERNACIONAL, 1991, *passim*. Ver Nota 95, *supra*.

[98] Ataques violentos resultantes em danos físicos permanentes devem atingir certos níveis de severidade requisitados. Por exemplo: The First Greek Case, *Yearbook of European Convention on Human Rights*, v. 12, p. 499, 1969; BASSANO HERNANDEZ & MASSERA v. Uruguai, Relatório do Comitê de Direitos Humanos, Supp. GAOR 35 da ONU (n. 40), Ann. VII, p. 124, ONU Doc. A/35/40 (1979). Estupro e assédio sexual, no entanto, não podem ser provados da mesma forma que os demais danos físicos, e a própria alegação de tais abusos já estigmatiza as vítimas. Ver: ANISTIA INTERNACIONAL, p. 3. Ver Nota 95, *supra*.

[99] BUNCH, Charlotte, 1990, p. 490-499. Ver Nota 8, *supra*.

responsáveis quando eles mantêm um sistema jurídico e social no qual a violação à integridade física e mental são endêmicas.[100] Em suas minutas sobre responsabilidade estatal, a Comissão de Direito Internacional não ampliou o conceito de imputabilidade a fim de incorporar tais atos.[101] Uma perspectiva feminista de direitos humanos iria requerer que se repensasse as noções de imputabilidade e de responsabilidade estatal – e nesse sentido, desafiaria os pressupostos mais basilares de direito internacional. Se a ordem jurídica internacional considerasse a violência contra as mulheres tão chocante quanto a violência contra pessoas por ideais políticos, as mulheres teriam um apoio considerável em sua luta.

O pressuposto que permeia toda lei – incluindo as leis internacionais de direitos humanos – é o de que a distinção público/privado é real: as sociedades humanas e as vidas humanas podem ser divididas em duas esferas distintas. Essa divisão é, no entanto, uma construção ideológica que racionaliza a exclusão das mulheres de todas as fontes de poder. Ela também torna possível a manutenção de sistemas repressivos de controle sobre as mulheres sem interferência das garantias de direitos humanos, as quais operam na esfera pública. Ao estendermos a nossa visão para além das ideologias de público/privado que racionalizam limitando nossas análises do poder, a atual linguagem dos direitos humanos pode ser utilizada para descrever sérias formas de repressão que vão muito além da visão juridicamente estreita do direito internacional. Por exemplo, técnicas coercitivas de controle populacional tais como esterilização forçada podem ser somadas a punições ou à coerção por parte do Estado para que se alcancem metas nacionais.[102]

---

[100] Ver: BYRNES, Andrew, 1988, p. 10. Ver Nota 8, *supra*.

[101] Ver: *Yearbook of International Law Commission* 1990. ONU Doc. A/CN.4/SER.A/1979/Add.1, 1979; 2 id. Notas 14 e 72, ONU Doc. A/CN.4/SER.A/1980/Add.1, 1980. O art. 19(3)(c) afirma que um crime internacional pode resultar de "um grave descumprimento realizado em larga escala de alguma obrigação internacional essencial à proteção do ser humano, tal como as proibições da escravidão, do genocídio, do *apartheid*". Historicamente, contudo, a opressão das mulheres não tem sido vista sob esse enfoque. Ver, também: WEILER, Joseph; CASSESE, Antonio; SPINEDI, Marina (eds.). *International crimes of state*: a critical analysis of the ILC's draft article 19 on state responsibility, 1989; SPINEDI, Marina; SIMMA, Bruno (eds.). United Nations Codification of State Responsibility, 1988.

[102] Um exemplo do extremo oposto era a exigência do regime de Ceasescu na Romênia de que todas as mulheres casadas fossem submetidas a exames médicos periódicos por agentes de saúde pública para determinar se elas haviam estado grávidas ou se haviam abortado

Outro exemplo de falha da estrutura normativa do direito internacional em abranger a realidade da vida das mulheres é a resposta que ela dá ao tráfico de mulheres. O tráfico de mulheres por meio de prostituição, pornografia e de redes de encomenda de noivas (*mail-order-bride networks*) é um profundo e sério problema, tanto nos países em desenvolvimento como nos países desenvolvidos.[103] Essas práticas não ficam simplesmente sob jurisdições nacionais, visto que as ramificações do tráfico e da exploração de mulheres atravessam fronteiras internacionais. Elas envolvem subordinação e exploração de mulheres baseadas, não apenas e simplesmente na desigualdade ou nas diferenças entre indivíduos, mas estão antes profundamente enraizadas em construções de poderio e dominação baseadas no gênero. Catherine MacKinnon comenta que o "desespero material"[104] das mulheres está ligado à violência contra as mulheres e é muito mais forte no contexto internacional. O aumento no tráfico de mulheres no Terceiro Mundo se origina, em grande medida, das crescentes disparidades econômicas nos níveis nacionais e internacionais.[105] Uma vez apanhadas nas redes de tráfico, mulheres que se encontram sem qualquer centavo em terras estrangeiras ficam inteiramente à mercê daqueles que organizam o tráfico e lucram com ele.

Normas de direito internacional poderiam ser invocadas para deter ao menos uma parte da exploração internacional de mulheres e crianças.[106] No entanto, a legislação internacional é incompleta e limitada nesta matéria. Assim como a proibição do tráfico de escravos e da escravidão em si não aconteceram

recentemente. O objetivo dessa medida era atingir uma meta nacional explícita: que cada mulher casada tivesse ao menos quatro filhos.

[103] Ver: BARRY, Kathleen. *Female sexual slavery*, 1984; KAPPELER, Susanne. The international slave trade in women, or, procurers, pimps and punters, *Law & Critique*, v. 1, p. 219, 1990; ENLOE, Cynthia, 1989, p. 19-41, p. 65-92. Ver Nota 36, *supra*.

[104] MACKINNON, Catherine, 1986, p. 40-41. Ver Nota 19, *supra*.

[105] Ver: *Equal Time*, p. 22-23, mar. 1989 (relatório sobre a Conferência da Unesco pela Eliminação do Tráfico de Mulheres e Crianças. Nova York, 1988).

[106] O art. 6º da Convenção das Mulheres, ver Nota 69, prevê que os Estados-membros devem "tomar todas as medidas apropriadas, incluindo legislativas, a fim de reprimir todas as formas de tráfico de mulheres e de exploração da prostituição de mulheres". Ver, também: WHITAKER, Benjamin. *Slavery:* Report 11-12, UN Doc. E/CN. 4/Sub.2/1982/20/Rev. 1N Sales No. E.84.XIV.1, 1984; Convenção para a Repressão do Tráfico de Pessoas e do Lenocínio. 21 de março de 1950. UNTS 27 1; Reanda, Prostitution as a Human Rights Question: Problems and Prospects of United Nations Action, *Human Rights Quarterly*, v. 13, p. 202, 1991.

até que as considerações econômicas respaldassem a sua abolição,[107] assim também é improvável que haja um real comprometimento com a prevenção do tráfico sexual de mulheres enquanto este não afetar adversamente outros interesses econômicos. Conforme escreveu Georges Scelle:

> A luta contra a escravidão, a proteção da liberdade do corpo dos indivíduos, somente se inicia no direito internacional quando resta claramente demonstrado que a mão de obra escrava possui desvantagens econômicas e que o progresso da moderna tecnologia permite a sua substituição. Sempre que a força laboral humana não é substituída, o trabalho escravo e o trabalho forçado persistem em existir, apesar de todos os esforços feitos para proibi-la. Isso prova que uma *convicção moral*, ainda que de caráter geral, não consegue se sobrepor às necessidades da vida econômica na formação das leis de direito.[108]

Nenhum avanço tecnológico conseguiu substituir os muitos serviços das mulheres e os benefícios econômicos da pornografia e do tráfico são imensos.[109] O papel e a participação da mídia em "sensacionalizar, explorar e comercializar o corpo das mulheres" também não pode ser ignorado enquanto um fator contributivo.[110]

Alguns ramos do direito internacional têm reconhecido e se dirigido a questões relacionadas a mulheres. Várias Convenções da Organização Internacional do Trabalho concentram-se nas mulheres.[111] Uma crescente produção literária sobre estas convenções examina os pressupostos que elas criam sobre

---

[107] Para um breve relato histórico da proibição internacional da escravidão, ver: CASSESE, Antonio, 2001, p. 52-54. Ver Nota 19, *supra*.
[108] SCELLE, Georges. *Précis de droit des gens*, v. 2, p. 55, 1934; livremente traduzido e citado na Nota 55.
[109] MACKINNON, Catherine, 1986, p. 179. Ver Nota 19, *supra*.
[110] Ver: *Equal Time*, 1989, p. 22. Ver Nota 103, *supra*.
[111] Para uma lista dessas convenções, ver: HEVENER, Natalie. An analysis of gender based treaty law: contemporary developments in historical perspective, *Human Rights Quaterly*, v. 2, p. 70, p. 87-88, 1986.

o papel da mulher, os pontos que elas cobrem e a sua abordagem acerca da posição da mulher.[112]

A Convenção das Mulheres é o mais proeminente instrumento normativo internacional a reconhecer as preocupações das mulheres. No entanto, os termos da Convenção e a maneira como ela foi recebida pelos Estados levam-nos a perguntar se ela oferece uma possibilidade real ou quimérica de mudança.

A Convenção das Mulheres foi ratificada ou aceita por quase dois terços dos membros das Nações Unidas.[113] O art. 1º define a "discriminação contra as mulheres" como:

> toda distinção, exclusão ou restrição baseada no sexo e que tenha por objeto ou resultado prejudicar ou anular o reconhecimento, gozo ou exercício pela mulher, independentemente de seu estado civil, com base na igualdade do homem e da mulher, dos direitos humanos e liberdades fundamentais nos campos político, econômico, social, cultural e civil ou em qualquer outro campo.[114]

Não obstante o fato de a Convenção ir além de simplesmente requerer a igualdade de oportunidades e cobrir os conceitos mais contenciosos de

---

[112] Certa autora analisou as convenções concernentes às mulheres em função de seus objetivos serem protetivos (quando veem as mulheres enquanto necessitadas de proteção especial), corretivas (quando buscam corrigir desequilíbrios de gênero anteriormente existentes) ou não discriminatórias (quando visam à igualdade formal entre os sexos). HENEVER, ver Nota 111. Algumas das primeiras convenções que tinham a intenção de proteger o papel das mulheres enquanto genitoras e educadoras dos filhos estão agora sendo reapreciadas. Por exemplo, em 1988 o governo australiano anunciou sua saída da Convenção da OIT (n. 45) concernente ao Emprego de Mulheres em Trabalhos Subterrâneos em Minas de todos os Tipos, de 12 de junho 1935, alterada pela Convenção de Revisão dos Últimos Artigos, em 1946, *United Nations Treaty Series*, v. 40, p. 63; originalmente vista como protetiva, com fundamento de que a Convenção agora parecia discriminatória por impedir que mulheres tivessem acesso a certas formas de emprego. O instrumento de denúncia foi apresentado pela Austrália em 20 de maio 1988, para se tornar efetivo um ano mais tarde. COMMONWEALTH OF AUSTRALIA, *Treaty list 1988*, 1989, p. 28.

[113] Até maio 1991, 105 países haviam ratificado ou aceitado a Convenção, de acordo com o Gabinete de Informações da ONU em Sydney, Austrália. Para uma leitura conduzida da produção escrita sobre a Convenção, ver: COOK, Rebecca. Bibliography: The international right to nondiscrimination on the basis of sex, *Yale Journal of International Law*, v. 14, p. 161, 1989.

[114] Ver: Convenção das Mulheres, Nota 69, art. 1º.

igualdade de resultados, o que justifica os programas de ações afirmativas e proteção contra discriminação indireta, a sua definição de discriminação contra a mulher parte da premissa de que homens e mulheres são iguais. A maioria dos comentaristas internacionais consideram esse modelo de igualdade incontroverso.[115] Porém as noções tanto de igualdade de oportunidade como de igualdade de resultado ambas aceitam a aplicação geral de um padrão masculino – com exceção de situações especiais como uma gestação – e prometem uma forma bastante limitada de igualdade. A igualdade é definida como: ser igual a um homem.[116] "O homem", escreve Catherine MacKinnon, "tornou-se a medida de todas as coisas".[117] Nesta análise, a igualdade pode ser alcançada de uma forma relativamente simples, exigindo-se juridicamente a remoção de tudo o que se possa identificar como barreiras à ascensão da mulher ao mesmo *status* do homem. A igualdade é assim alcançável dentro das estruturas sociais e jurídicas atualmente existentes. Esta premissa ignora as muitas reais diferenças e desigualdades existentes entre os sexos e as significantes barreiras para a sua remoção.[118]

O fenômeno da dominação masculina sobre a mulher é acima de tudo um fenômeno de poder. O sexismo não é uma aberração jurídica, mas um profundo problema estrutural. MacKinnon diz que: "[o gênero] é uma [questão de] hierarquia. O topo e a base da hierarquia são, sim, diferentes, mas não para por aí".[119] Com base nisto, a análise mais produtiva de desigualdade passa a ser a análise em termos de dominação e de subordinação. Por isso, a igualdade não deve ser tratada com relação ao sexo, mas à libertação da subordinação sistemática em razão do sexo.

---

[115] Ver, por exemplo: HALBERSTAM, Malvina; DEFEIS, Elizabeth. *Women's legal rights: international covenan an alternative to era*?, 1987; D'SA, Rose M. Women's rights in relation to human rights: a lawyer's perspective, *Commonwealth Law Bulletin*, v. 13, p. 666, p. 672-674, 1987.
[116] Para uma discussão sobre esta abordagem, ver: LACEY, Nicola. Legislation against sex discrimination: questions from a feminist perspective. *Journal of Law & Society*, v. 14, p. 411, 1987.
[117] MACKINNON, Catherine, 1986, p. 34. Ver Nota 19, *supra*.
[118] Ver: DOWD, Nancy. Work and family: the gender paradox and the limitation of discrimination analysis in restructuring the workplace. *Harvard Civil Rights-Civil Liberties Law Review*, v. 24, p. 79, 1983.
[119] MacKinnon, Catharine. Feminism, marxism, method and the state: toward feminist jurisprudence, *Signs*, v. 8, p. 635, 1983.

É certo que o foco direcionado às mulheres na Convenção das Mulheres é benéfico em alguns aspectos. A Convenção chama a atenção para questões que interessa particularmente às mulheres (por exemplo, tráfico de mulheres e prostituição)[120] e para o fato de que nem todas as mulheres têm os mesmos problemas (por exemplo, as mulheres do meio rural têm necessidades especiais).[121] As provisões da Convenção sobre prestação de contas requer dos Estados-membros que se concentrem nos passos que tomaram para implementar os objetivos estabelecidos na Convenção, a fim de que o tema da discriminação contra mulheres não esteja escondido entre temas gerais de direitos humanos.[122] A Convenção também prevê um importante conjunto de direitos civis, políticos, econômicos e sociais.

Contudo, a Convenção das Mulheres estabelece procedimentos de implementação muito mais fracos que aqueles de outras convenções de direito humanos, como a Convenção Internacional sobre a Eliminação de Todas as Formas de Discriminação Racial[123] e o Pacto Internacional dos Direitos Civis e Políticos.[124] De maneira geral, a natureza especializada da Convenção das Mulheres tem sido usada pelos principais órgãos de direitos humanos para justificar que se ignore ou minimize as perspectivas das mulheres. Estes querem assegurar-se de que se tais problemas estão sendo abordados em outro lugar, eles estão desincumbidos desta tarefa. No entanto, o impacto de muitas provisões de documentos como por exemplo o Pacto Internacional sobre Direitos Civis e Políticos pode recair de maneira distinta sobre homens e mulheres.

Os Estados fizeram um número significativo de reservas e de declarações ao se tornarem parte da Convenção sobre as Mulheres. O inciso I do art. 28 permite a ratificação sujeita a reservas, contanto que a reserva não "seja incompatível com o objeto e o propósito desta Convenção" (art. 28, inciso II). Nenhum critério é dado para que se determine a incompatibilidade. Mais de

---

[120] Convenção das Mulheres, 1989, art. 6º. Ver Nota 69, *supra*.
[121] Convenção das Mulheres, 1989, art. 14. Ver Nota 69, *supra*.
[122] Convenção das Mulheres, 1989, art. 18. Ver Nota 69, *supra*.
[123] Aberto para assinaturas em 7 de março 1966, 660 UNTS 195, reimpresso em 5 ILM 352, 1966.
[124] Ver Nota 87. Para uma análise dessas diferenças, ver: REANDA, Pamela Abbott. Human rights and woman's rights: The United Nations approach, Human Rights Quaterly, v. 3, p. 11, 1981; MERON, Theodor. Enhancing the effectiveness of the prohibition of discrimination against women, *American Journal of International Law*, v. 84, p. 213, 1990.

CAPÍTULO 4. ABORDAGENS FEMINISTAS AO DIREITO INTERNACIONAL

40 dos 105 membros da Convenção fizeram no total quase 100 reservas aos termos da mesma.[125] Muitas destas reservas foram motivadas pelo conflito entre algumas interpretações do islã e a noção de igualdade entre sexos. Tais reservas limitam as obrigações que os Estados detêm perante a Convenção, em nome de sua compatibilidade com as leis e os costumes islâmicos. Foram feitas tanto reservas específicas[126] sobre algumas provisões quanto reservas gerais que outros Estados-parte consideraram incompatíveis com o projeto e o objetivo geral da Convenção.[127] Outras reservas dizem respeito a regras nacionais religiosas ou costumeiras que restringem os direitos das mulheres à herança e à propriedade privada,[128] a regras sobre nacionalidade que não concedem os mesmos direitos às mulheres relativamente à aquisição, à mudança e à manutenção de sua nacionalidade quando da contração de matrimônio,[129] e a regras que limitam as oportunidades econômicas, a liberdade de movimento e a escolha de residência das mulheres.[130]

---

[125] Tratados Multilaterais depositados pelo Secretário-Geral: Status em 31 de dezembro 1989, p. 170-179, ONU Doc. ST/LEG/SER.E/8 (1990) [doravante Tratados Multilaterais]. Para uma discussão sobre reservas no contexto geral da Convenção de Mulheres, ver: BYRNES, Andrew, 1988, p. 51-56. Ver Nota 69, *supra*; COOK, Rebecca. Reservations to the convention on the elimination of all forms of discrimination against women, *Virginia Journal of International Law*, v. 30, p. 643, 1990; CLARK, Belinda. The Vienna Convention Reservations Regime and the Convention on Discrimination against Women, *American Journal of International Law*, v. 85, p. 281, 1991.

[126] Por exemplo, as reservas que o Egito fez à Convenção das Mulheres. Com respeito ao art. 2º, que condena toda forma de discriminação contra mulheres, a reserva geral estabelece que: "O Egito consente em cumprir com o disposto neste artigo, contanto que tal disposição não vá de encontro à Sharia Islâmica". O Egito fez uma reserva específica ao art. 16, o qual requer que os Estados-membros tomem medidas para eliminar a discriminação contra as mulheres com respeito ao matrimônio e às relações familiares durante o matrimônio e na sua dissolução, sob o argumento de que a Sharia requer que um homem pague um "dote matrimonial" à sua esposa, para seu mantimento durante o matrimônio e que ele faça um pagamento no ato do divórcio, enquanto as mulheres não possuem qualquer obrigação equivalente. Por este motivo, a Sharia promove a "complementariedade" entre os cônjuges ao restringir o direito da esposa de buscar o divórcio e medidas judiciais e ao não restringir o direito de o esposo assim fazer. Tratados Multilaterais, 1966, p. 172-173. Ver Nota 125, *supra*.

[127] Ver as declarações de protesto às reservas islâmicas feitas pela República Federal da Alemanha, do México e da Suécia em Tratados Multilaterais, 1966, p. 179-184.

[128] Ver: COOK, Rebecca, 1992, p. 701. Ver Nota 125, *supra*.

[129] Ver: COOK, Rebecca, 1992, p. 693-696. Ver Nota 125, *supra*.

[130] Ver: COOK, Rebecca, 1992, p. 696-702. Ver Nota 125, *supra*.

As reservas feitas à Convenção das Mulheres formam um padrão, que é indicativo do quão inadequada é a atual estrutura normativa do direito internacional. Ao que parece, a comunidade internacional está preparada para formalmente apreciar os consideráveis problemas de desigualdade que as mulheres enfrentam, mas somente na medida em que tal apreciação não resultar na criação de obrigações para os Estados individuais, no sentido de alterarem suas práticas patriarcais que subordinam as mulheres. Membros do Comitê do CEDAW, responsável pelo monitoramento da implementação da Convenção, mas que não tem jurisdição para determinar a compatibilidade das reservas com a Convenção – questionaram representantes dos Estados-membros sobre as suas reservas.[131] No entanto, os encontros bienais dos Estados-parte não tomaram providências para que se obtivesse uma autoridade determinante relativamente a questões de compatibilidade das reservas com o objeto e o propósito da Convenção.[132] As numerosas reservas feitas à Convenção sobre as Mulheres contrastam fortemente com as quatro reservas substanciais feitas à Convenção sobre a Eliminação de toda Forma de Discriminação Racial[133] e sugerem que, de certa forma, a discriminação contra a mulher é vista como "natural" e aceitável do que a discriminação racial.

Em suma, a Convenção das Mulheres – marco regulatório internacional com respeito às mulheres – é uma proposta ambígua. Ela reconhece a discriminação contra as mulheres enquanto uma questão jurídica, mas parte da premissa de que o progresso virá a partir da boa vontade, da educação e da mudança de atitudes, sem prometer nenhuma forma de mudança estrutural, social ou econômica para as mulheres. Ademais, o escopo da Convenção é restrito pela tolerância da comunidade internacional com relação às reservas feitas pelos Estados-parte.

---

[131] Ver: COOK, Rebecca, 1992, p. 708nn. 303, 304. Ver Nota 125, *supra*.
[132] A reunião dos Estados-membros de 1986 expressava preocupação com relação à compatibilidade de algumas reservas com a Convenção e pedia que o Secretário-Geral buscasse as opiniões dos Estados-membros. As reuniões subsequentes não cuidaram dessa questão. Ver: COOK, Rebecca, 1992, p. 708. Ver Nota 125, *supra*; CLARK, Belinda, 1991, p. 283-285. Ver Nota 125, *supra*.
[133] Ver: COOK, Rebecca, 1992, p. 644, n. 5. Ver Nota 125, *supra*; CLARK, Belinda, 1991, p. 283. Ver Nota 125, *supra*.

4. Rumo a uma Análise Feminista do Direito Internacional

Como as análises jurídicas feministas podem ser aplicadas ao direito internacional? A teoria jurídica feminista pode promover uma variedade de atividades. Este termo significa um interesse (o gênero enquanto uma questão de importância primordial); um foco de atenção (as mulheres enquanto indivíduos e enquanto membros de grupos); uma postura crítica (uma análise do "masculinismo" e do poder hierárquico masculino ou "patriarcado"); um meio de reinterpretar e reformular o direito substantivo a fim de que ele reflita de maneira mais adequada as experiências de todos; e um método alternativo de se praticar, discutir e aprender o direito.[134] O método feminista precisa se ocupar em examinar os fundamentos do processo de convencimento jurídico e a linguagem nele utilizada; a organização do material jurídico em categorias predeterminadas e herméticas; a aceitação de conceitos abstratos como sendo de alguma forma válidos ou "puros"; a confiança na prática de técnicas confrontacionais e adversariais; e o compromisso com estruturas masculinas hierárquicas em todas as organizações políticas e jurídicas.

Christine Littleton disse que: "O método feminista começa pelo ato bastante radical de se levar as mulheres a sério, crendo que aquilo que dizemos sobre nós mesmas e nossas experiências é importante e válido, até mesmo (ou, talvez, justamente) quando não houver nenhuma ou quase nenhuma relação com o que estiverem dizendo a nosso respeito."[135] Não há uma única abordagem que possa lidar com a complexidade das organizações, processos e normas jurídicas internacionais, ou com a diversidade das experiências das mulheres, dentro e fora destas estruturas. Nesta seção, observamos dois temas interconectados desenvolvidos a partir de abordagens feministas do direito e sugerimos novas formas de se analisar o direito internacional.

---

[134] WISHIK, Heather Ruth. To question everything. the inquiries of feminist jurisprudence. *Berkeley Women's Law Journal*, v. 1, p. 64, 1985.
[135] Littleton, Christine. Feminist jurisprudence: the difference method makes (Book Review). *Stanford Law Review*, v. 41, p. 751, p. 764, 1989.

4.1. Crítica dos Direitos

A crítica feminista de direitos questiona se o discurso pela aquisição de direitos faz avançar a igualdade feminina.[136] Estudiosas feministas argumentam que, apesar de a busca por uma igualdade formal de direitos por meio da formulação de direitos ter sido politicamente apropriada nos primeiros estágios do movimento feminista, continuar a se concentrar na aquisição de direitos pode não ser benéfico para as mulheres.[137] Não se trata de problemas como a redação desses direitos, sua interpretação pelos tribunais ou mesmo o acesso das mulheres à aplicação deles: a própria retórica dos direitos estaria, de acordo com algumas estudiosas, exaurida.[138]

O discurso dos direitos está fadado a reduzir relações intrínsecas de poder a uma forma simplista.[139] Frequentemente, presume-se que a aquisição formal de um direito – como o direito ao tratamento igualitário, por exemplo – resolve um desequilíbrio de poder. No entanto, vê-se que na prática a promessa de direitos é frustrada pelas desigualdades de poder. A dependência social ou econômica das mulheres aos homens pode desencorajar a invocação de um direito legal que parte da premissa de uma relação adversa entre um detentor de direito e um infrator de direito.[140] Mais complexos ainda são os direitos endereçados exclusivamente às mulheres, como o direito à liberdade de reproduzir e o direito à escolha do aborto.[141]

Ademais, a formulação de direitos é geralmente redigida à escala individual, mesmo que para atender a desequilíbrios gerais da sociedade. Portanto a invocação de direitos à igualdade sexual pode eventualmente solucionar casos de desigualdade envolvendo mulheres individualmente, mas a posição

---

[136] Alguns membros do movimento de estudos jurídicos críticos (critical legal studies) entraram em uma crítica paralela, porém distinta, de direitos. Ver, por exemplo: Tushnet, Mark. An essay on rights. *Texas Law Review*, v. 62, p. 1.363, 1984; HYDE, Alan. The concept of legitimation in the sociology of law. *Wisconsin Law Review*, p. 379, 1983.

[137] GROSS, Elizabeth, 1986, p. 192. Ver Nota 7; SMART, Carol. Ver Nota 18, p. 138-139, 1989.

[138] SMART, Carol, p. 139, 1989. Ver Nota 18, *supra*.

[139] SMART, Carol, p. 144, 1989. Ver Nota 18, *supra*.

[140] SMART, Carol, p. 144, 1989. Ver Nota 18, *supra*.

[141] SMART, Carol, p. 146-157, 1989. Ver Nota 18, *supra*. Para uma discussão sobre a ambivalência feminista relativamente às leis sobre dignidade sexual, como leis sobre o crime de estupro, ver: OLSEN, Frances. Statutory rape: a feminist critique of rights analysis. *Texas Law Review*, v. 36, p. 387, 1984.

geral das mulheres na sociedade tende a permanecer intocada.[142] Além disso, o direito internacional prioriza direitos civis e políticos – direitos que podem ter pouco a oferecer às mulheres em geral. As maiores formas de opressão de mulheres ocorre nos âmbitos econômicos, sociais e culturais. Direitos econômicos, sociais e culturais são tradicionalmente vistos pelo direito internacional como aqueles de menor expressão e muito mais difíceis de se implementar.[143]

Uma segunda grande crítica à premissa de que a concessão de direitos inevitavelmente ajuda o progresso das mulheres é o fato de que ela ignora a competição entre direitos. O direito de mulheres e de crianças a não serem sujeitas à violência dentro do lar pode competir com o direito à propriedade dos homens em seus lares ou com direito destes à vida em família.[144] Além disso, alguns direitos podem ser apropriados por grupos mais fortes: Carol Smart relata que as disposições da Convenção Europeia de Direitos Humanos sobre vida familiar[145] foram usadas por pais para assegurar sua autoridade paterna sobre filhos extraconjugais.[146] Uma solução para isso seria prever que certos direitos recaiam somente sobre alguns grupos em particular. Entretanto, além de uma tal tática gerar sérias dificuldades políticas, a formulação de direitos aplicáveis apenas a mulheres poderia resultar na marginalização destes direitos, como observamos na esfera internacional.

Uma terceira preocupação feminista com relação à busca por igualdade por meio da abordagem de "aquisição de direitos" é o fato de que alguns direitos podem operar em detrimento das mulheres. O direito à liberdade religiosa,[147] por exemplo, pode ter efeitos diferentes para mulheres e homens. A liberdade para exercer todos os aspectos do credo religioso nem sempre

---

[142] SMART, Carol, 1989, p. 145. Ver Nota 18, *supra*; LACEY, Nicola, 1987, p. 419. Ver Nota 116, *supra*.
[143] Ver, por exemplo: CRANSTON, Maurice. Are there any human rights? *Daedalus*, v. 112, n. 4, p. 1, 12, 1983.
[144] SMART, Carol, 1989, p. 145. Ver Nota 18, *supra*; E. KINGDOM. *The right to reproduce* (artigo apresentado na 13ª Conferência Anual da Association for Legal and Social Philosophy, Leeds, 4 a 6 de abril 1986, citado em SMART, Carol, 1989, p. 151; ver, também: Fudge, Judy. The public/private distinction: the possibilities of and the limits to the use of charter litigation to further feminist struggles. *Osgoode Hall Law Journal*, v. 25, p. 485, 1987.
[145] Convenção Europeia, 1966, art. 8. Ver Nota 86, *supra*.
[146] SMART, Carol, 1989, p. 145. Ver Nota 18, *supra*.
[147] Por exemplo: Pacto Internacional sobre Direitos Civis e Políticos, 1966, art. 18. Ver Nota 87, *supra*.

beneficia as mulheres, pois muitas práticas religiosas comumente aceitas destinam posições sociais de menor *status* às mulheres.[148] Contudo as tentativas de priorizar e discutir os problemas foram encaradas com hostilidade e técnicas de bloqueio. Por isso, em seu encontro de 1987 o Comitê do CEDAW adotou a decisão de requisitar que as Nações Unidas e suas agências especializadas:

> promovam ou realizem estudos sobre o status da mulher sob leis e costumes islâmicos – e em especial sobre o status e a igualdade da mulher dentro da família em assuntos tais como matrimônio, divórcio, custódia e direitos de propriedade, e a sua participação na vida pública da sociedade, considerando os princípios do *El Ijtihad* no Islã.[149]

Os representantes de nações islâmicas criticaram esta decisão tomada no ECOSOC e no Terceiro Comitê da Assembleia Geral, por perceber nela uma ameaça à sua liberdade de religião.[150] A recomendação do Comitê CEDAW foi finalmente rejeitada. A Assembleia Geral passou uma resolução na qual restou decidido que "nenhuma ação deverá ser tomada com base na decisão 4 adotada pelo Comitê e [ficará] requisitado que o Comitê reveja aquela decisão, considerando as visões expressas pelas delegações na primeira sessão ordinária do Conselho Econômico e Social de 1987 e nao Terceiro Comitê da Assembleia Geral".[151] O CEDAW mais tarde justificou suas ações alegando que tais estudos eram necessários para que ele desempenhasse suas obrigações segundo a Convenção das Mulheres e que não visava a qualquer desrespeito ao Islã.[152]

---

[148] Ver, por exemplo: ARZT, Donna. The application of international human rights law in Islamic States. *Human Rights Quaterly*, v. 12, p. 202, p. 203, 1990. Ver, em geral: SHARMA, Arvind. *Women in world religions*, 1987. *Cf.* SULLIVAN, Donna. Advancing the freedom of religion or belief through the UN declaration on the elimination of religious intolerance and discrimination. *American Journal of International Law*, v. 82, p. 487, p. 515-517, 1988.

[149] ONU. Doc. E/1 987/SR. 11, p. 13, *apud* BYRNES, Andrew, ver Nota 71, p. 6. *Cf.* An-Na'im, Righ Women and International Law in the Muslim Context. *Whittier Law Review*, v. 9, p. 491, 1987.

[150] BYRNES, Andrew, 1988, p. 6. Ver Nota 71, *supra*.

[151] AG Res. 42/60, parágrafo 9 (30 de novembro 1987).

[152] BYRNES, Andrew, 1988, p. 6-7. Ver Nota 71, *supra*. Sobre esses eventos, ver, também: CLARK, Belinda, 1991, p. 287-288. Ver Nota 125, *supra*.

CAPÍTULO 4. ABORDAGENS FEMINISTAS AO DIREITO INTERNACIONAL

Outro exemplo de direitos internacionalmente reconhecidos que podem afetar de formas diferentes mulheres e homens são os direitos relacionados à proteção da família. Todos os principais instrumentos de direitos humanos contêm disposições aplicáveis à família. Por esse motivo a Declaração Universal de Direitos Humanos proclama que: "A família é o núcleo natural e fundamental da sociedade e tem direito à proteção da sociedade e do Estado".[153] Essas disposições ignoram o fato de que para muitas mulheres a família é um núcleo de abuso e de violência. Com isso, a proteção da família também preserva a estrutura de poder existente dentro da família, a qual pode levar à subjugação e à dominação dos homens sobre as mulheres.

O desenvolvimento de direitos pode ser ainda particularmente problemático no Terceiro Mundo, onde o direito das mulheres à igualdade com os homens pode colidir com os valores tradicionais. Um exemplo da ambivalência dos Estados terceiro-mundistas com relação às questões das mulheres é a Carta de Banjul, o instrumento de direitos humanos da Organização da Unidade Africana.[154]

Diferentemente dos instrumentos ocidentais preocupados com os direitos dos indivíduos, a Carta enfatiza a necessidade de se reconhecer comunidades e povos enquanto entes sujeitos de direitos e prevê que pessoas dentro do grupo possuam deveres e obrigações perante grupo. Os direitos das "gentes" na Carta de Banjul inclui o direito à autodeterminação,[155] o direito à exploração dos recursos e riquezas naturais,[156] o direito ao desenvolvimento,[157] o direito a paz e segurança internacionais[158] e o direito a um meio ambiente satisfatório.[159]

---

[153] Declaração Universal de Direitos Humanos, AG Res. 217A (III), Art. 16(3), ONU Doc. A/810, p.71, 1948. *Cf.* Pacto Internacional sobre Direitos Econômicos, Sociais e Culturais, 1966, art. 23. Nota 87. Ver: HOLMES, Helen, 1983, p. 252-255. Ver Nota 8, *supra*.

[154] Carta Africana sobre Direitos Humanos e das Gentes, adotada em 27 de junho 1981, OAU Doc. CAB/LEG/ 67/3/Rev.5, reimpresso em 21 ILM 59, 1982 [doravante referida como Carta de Banjul]. Ver: WRIGHT, Shelley. Economic rights and social justice: a feminist analysis of some international human rights conventions. *Australian Yearbook of International Law*, v. 12, 1992 [N.T.: Edição futura no momento da escrita deste artigo.]

[155] Carta de Banjul, 1982, art. 20. Ver Nota 154, *supra*.

[156] Carta de Banjul, 1982, art. 21.

[157] Carta de Banjul, 1982, art. 22.

[158] Carta de Banjul, 1982, art. 23.

[159] Carta de Banjul, 1982, art. 24.

Contudo, a criação de direitos comunais ou "das gentes" não leva em conta as frequentes e severas limitações de direitos feitas às mulheres dentro desses grupos, comunidades ou povos. O preâmbulo da Carta faz referência expressa à eliminação de "toda forma de discriminação, especialmente daquelas baseadas na raça, grupo étnico, cor, sexo, língua, religião ou opinião política". O art. 2º consagra o gozo de todos os direitos contidos na Carta, sem discriminação de qualquer espécie. No entanto, depois do art. 2º, a Carta faz referência exclusivamente a "seus" direitos, "os direitos dos homens". Os arts. 3º a 17º dispõem direitos políticos, civis, econômicos e sociais de base, semelhantes àqueles contidos em outros instrumentos de direitos humanos – em especial os Pactos Internacionais, a Declaração Universal de Direitos Humanos (que é inclusive citada no preâmbulo da Carta) e os instrumentos europeus. O art. 15 é significativo por garantir que o direito ao trabalho inclui o direito a "receber igual pagamento por um igual trabalho". Esse direito pode ser útil às mulheres que exercem funções que homens também exercem em seus trabalhos. A dificuldade reside no fato de que muitas mulheres africanas, assim como mulheres em outras partes do mundo, frequentemente não exercem as mesmas funções dos homens.

Os arts. 17 e 18 e a lista de obrigações contidas nos arts. 27 a 29 apresentam obstáculos ao gozo de outros direitos dispostos na Carta para as mulheres africanas. O art. 17(3) estabelece que: "competirá ao Estado a promoção e a proteção de valores morais e tradicionais reconhecidos pela comunidade". O art, 18 confia à família a guarda destes valores morais, descrevendo-a como "o núcleo fundamental e a base da sociedade". Esse mesmo artigo prevê a eliminação da discriminação contra a mulher, mas a conjugação da noção de igualdade com a noção de proteção da família e dos valores "tradicionais" apresenta sérios problemas. Foi notado com relação ao Zimbabue e a Moçambique que:

> a retórica política oficial relativamente às mulheres nessas sociedades africanas do sul pode ter se originado de um modelo derivado de Engels, via União Soviética, mas a situação que elas enfrentam atualmente guarda pouca semelhança com aquela da URSS. No Zimbabue, em particular, os legisladores encontram-se presos em meio a várias contradições ideológicas e materiais que são especialmente pertinentes

para as políticas orientadas para as mulheres. A ideologia dominante foi formada por dois sistemas de crenças opostos em suas concepções de mulheres. Um viés marxista com um modelo derivado da sociedade pré-colonial, em que a capacidade das mulheres em reproduzir a linhagem social, econômica e biologica era crucial e na qual linhagens masculinas controlavam a capacidade laboral das mulheres.[160]

Essa contradição entre a emancipação das mulheres e a adesão a valores tradicionais é o centro das discussões sobre direitos humanos em relação às mulheres do Terceiro Mundo, contradição que inclusive complica a discussão. Tanto no nível nacional como no internacional, a retórica dos direitos humanos percebe as mulheres como cidadãs iguais, como "indivíduos" sujeitos ao mesmo nível de tratamento e à mesma proteção que os homens. Todavia, o discurso dos "valores tradicionais" pode evitar que as mulheres gozem de quaisquer direitos humanos, independentemente de como venham a ser descritos.[161]

Apesar de todos esses problemas, a afirmação de direitos pode exalar uma grande força simbólica para grupos oprimidos dentro da sociedade, além de constituir um princípio organizacional na luta contra a desigualdade. Patricia Williams apontou que para os negros nos Estados Unidos, "a perspectiva de alcançar direitos plenos diante da Lei sempre foi uma profundamente motivacional, quase religiosa, fonte de esperança".[162] Ela escreve que:

> "Direitos" soa tão novo na maioria das bocas dos negros. Ainda é uma palavra tão deliciosamente empoderadora de se pronunciar. É um

---

[160] Jacobs, Susie; Tracy, Howard. *Women in Zimbabwe: stated policies*: studies from Africa and Asia p. 28, p. 29-30 (H. Afshar ed. 1988).

[161] Em certos contextos, algumas feministas negras e orientais argumentaram que a família deveria ser o ponto aglutinador para a luta. Por exemplo, Valerie Amos e Pratibha Parmar escrevem: "Ao identificarem a instituição familiar como a fonte de opressão das mulheres, as feministas brancas [...] revelam sua miopia cultural e racial, porque para as mulheres asiáticas em especial, o estado britânico por meio de sua legislação migratória fez tudo o que pode para destruir a família asiática [...]". AMOS, Valerie; PARMAR, Pratibha. Challenging imperial feminism. *Feminist Review*, v. 17, p. 3, p. 15, 1984.

[162] Williams, Patricia J. Alchemical notes: Reconstructing ideals from deconstructed rights. *Harvard Civil Rights-Civil Liberties Law Review*, v. 22, p. 401, p. 417, 1947.

sinal e um dom de autonomia, cuja reestrturação se contempla com dificuldade [...] neste ponto na História. É a varinha de condão da visibilidade e da invisibilidade, da inclusão e da exclusão, da potência e da impotência [...][163]

O discurso dos direitos pode ter maior significância no nível internacional do que em muitos sistemas nacionais. Ele prové um meio aceitável de se desafiar a ordem jurídica tradicional e de se desenvolver princípios alternativos. Se a aquisição de direitos não deve ser associada automática e imediatamente a avanços para as mulheres – e a limitação do modelos de "direitos" deve, sim, ser reconhecida, a noção de direitos das mulheres permanece sendo uma potencial fonte de poder para as mulheres no direito internacional. O desafio passa a ser repensar esta noção a fim de que tais direitos correspondam às necessidades e as experiências das mulheres.

4.2. A Distinção Público/Privado

As implicações de gênero da distinção público/privado foram destacas acima.[164] Aqui, mostramos como a dicotomia entre os mundos públicos e privados tem minado a operação do direito internacional fornecendo dois exemplos.

O *direito ao desenvolvimento*.[165] O direito ao desenvolvimento foi formulado em termos jurídicos somente recentemente e o seu *status* no direito internacional ainda é controverso.[166] Seus defensores o apresentam como um direito coletivo ou solidário que responde ao fenômeno da interdependência global, enquanto os seus críticos argumentam que é mais uma aspiração que um

---

[163] WILLIAMS, Patricia J. Alchemical notes: Reconstructing ideals from deconstructed rights. *Harvard Civil Rights-Civil Liberties Law Review*, v. 22, p. 431, 1947. Ver, também: Schneider, Elizabeth. The dialectic of rights and politics: perspectives from the women's movement, *New York University Law Review*, v. 61, p. 589, 1986. Compare com HARDWIG, John. Should women think in terms of rights? Ethics, v. 94, p. 441, 1984.

[164] Ver o texto nas Notas 76-88.

[165] Para uma análise mais completa desse tema, ver: CHARLESWORTH, Chinkin, 1992. Ver Nota 76, *supra*.

[166] ALSTON, Philip. Making space for new human rights: the case of the right to development. *Harvard Human Rights Yearbook*, v. 1, p. 3, 1988; RICH, Roland. The right to development: a right of peoples. *In*: CRAWFORD (ed.). *The rights of peoples*, 1988.

direito.¹⁶⁷ A declaração das Nações Unidas sobre o direito ao desenvolvimento descreve o conteúdo deste direito como o dever de "participar, contribuir e gozar do desenvolvimento econômico, social, cultural e político, no qual todos os direitos humanos e as liberdades fundamentais podem ser plenamente realizadas".¹⁶⁸ A responsabilidade primária pela criação de condições favoráveis a este direito é confiada aos Estados:

> Os Estados possuem o direito e o dever de formular políticas nacionais de desenvolvimento que sejam apropriadas, que almejem a constante melhoria do bem-estar de toda a população e de todos os indivíduos, com base em sua ativa, livre e significante participação no desenvolvimento e na justa distribuição dos benefícios dele provenientes.¹⁶⁹

Aparentemente o direito é formulado para ser aplicado a todos os indivíduos dentro de um Estado e presumidamente beneficiar igualmente a mulheres e homens. O preâmbulo da Declaração faz duas referências ao comando da Carta de se promover e incentivar o respeito aos direitos humanos para todos, sem qualquer distinção tal como raça ou sexo. Ademais, o art. 8º da Declaração obriga os Estados a garantirem iguais oportunidades para todos, relativamente ao acesso a recursos de base e à justa distribuição de renda. Prevê ainda que "medidas efetivas deveriam ser tomadas para garantir que as mulheres possuam um papel ativo no processo de desenvolvimento".

Contudo, outras previsões da Declaração indicam que a discriminação contra mulheres não é vista como um grande obstáculo ao desenvolvimento ou à justa distribuição de seus benefícios. Por exemplo, um aspecto do direito ao desenvolvimento consiste na obrigação dos Estados de "tomarem firmes passos" visando eliminar "as massivas e flagrantes violações de direitos humanos dos povos e dos seres humanos". Exemplos deste tipo de violação incluem o *apartheid* e a discriminação racial, mas não a discriminação de sexo.¹⁷⁰

---

[167] Por exemplo: Brownlie, Ian. The rights of peoples in modern international law. *In*: *The rights of peoples*, 1985, p. 1, p. 14-15. Ver Nota 166, *supra*.
[168] AG A Res. 41/128, art. 1º(1) (4 de dezembro 1986).
[169] AG A Res. 41/128, art. 2º(3).
[170] AG A Res. 41/128, art. 5.

Três teorias sobre as causas do subdesenvolvimento dominaram sua análise: escassez de capital, tecnologia, mão de obra qualificada e empreendedorismo; exploração de riquezas de nações em desenvolvimento por nações mais ricas; e a dependência econômica das nações em desenvolvimento com relação às nações desenvolvidas.[171] A subordinação das mulheres aos homens não entra neste tradicional cálculo. Além disso, o "desenvolvimento" enquanto crescimento econômico acima de tudo não toma conhecimento da falta de benefícios ou dos efeitos desvantajosos que tal crescimento pode ter sobre metade da sociedade que ele pretende beneficiar.

Um aspecto do direito internacional ao desenvolvimento é a previsão de assistência e auxílio ao desenvolvimento. A Assembleia Geral da ONU conclamou os esforços internacionais e nacionais a se voltarem para a eliminação da "privação econômica, fome e doenças em todas as partes do mundo, sem discriminação" e para que a cooperação internacional vise, nomeadamente, à manutenção de "crescimento econômico estável e sustentável, ampliando a concessão de assistência às nações em desenvolvimento, construindo a segurança alimentar mundial e resolvendo o problema do ônus da dívida".[172]

Mulheres e crianças são vítimas de pobreza e de desnutrição com mais frequência que os homens.[173] Portanto, as mulheres deveriam ter muito o que ganhar com um direito internacional ao desenvolvimento. Contudo, a posição de muitas mulheres em nações em desenvolvimento tem se deteriorado nas duas últimas décadas. O seu acesso a recursos econômicos foi reduzido, sua saúde e *status* educacional decresceram e sua carga de trabalho aumentou.[174]

Ao longo dos últimos vinte anos foram realizadas pesquisas consideráveis sobre mulheres e desenvolvimento no Terceiro Mundo.[175] Esta pesquisa

---

[171] THOMAS, Pamela. SKEAT, Helen. Gender in Third World development studies: An overview of an underview. *Australian Geographical Studies*, v. 28, p. 5, p. 11, 1990; ver, também: HENSHALL MOMSEN. Janet; TOWNSEND, Janet. *Geography of gender in the Third World*, p. 16, 1987.

[172] AG Res. 41/133 (4 de dezembro 1986).

[173] Ver: WARING, Marilyn. *Counting for nothing*, 1988, p. 134.

[174] Ver: NAÇÕES UNIDAS. *World Survey on the Role of Women in Development*, 1986, p. 19-20; HENSHALL MOMSEN, Janet; TOWNSEND, 1987, p. 15. Ver Nota 171, *supra*; *Nairobi Review*, 1990, p. 8-10. Ver Nota 63, *supra*.

[175] O primeiro grande estudo foi de BOSERUP, Ester. *Woman's role in economic development*, 1970. Para uma valiosa revisão bibliográfica sobre esse tema, ver: THOMAS, Pamela. SKEAT, Helen. Ver Nota 171, *supra*.

documentou o papel crucial das mulheres nas economias dos países em desenvolvimento, em especial na área da agricultura. Também apontou para a falta de impacto, ou o impacto negativo que "o desenvolvimento" causou na vida de muitas mulheres do Terceiro Mundo. A ordem jurídica internacional – assim como a maioria das políticas de desenvolvimento – não levou essa pesquisa em consideração na formulação de nenhum aspecto do direito ao desenvolvimento.

A distinção entre as esferas do público e do privado opera para tornar o trabalho das mulheres invisível. A visibilidade econômica depende do trabalho na esfera pública – e o trabalho não remunerado dentro do lar ou da comunidade é categorizado como "improdutivo, desocupado e economicamente inativo".[176] Marilyn Waring recentemente argumentou que esta divisão, que é institucionalizada nas nações desenvolvidas, foi exportada para o mundo em desenvolvimento, em parte por intermédio do United Nations System of National Accounts (UNSNA).[177]

A UNSNA, que foi desenvolvida em grande parte por Sir Richard Stone nos anos 1950, permite que especialistas monitorem a posição financeira de Estados e tendências em seu desenvolvimento nacional, comparando a economia de uma nação com a de outra. Por isso, ela influencia na categorização das nações enquanto desenvolvidas ou em desenvolvimento e no estilo e magnitude do auxílio internacional requerido. A UNSNA afere o valor de todos os bens e serviços que compõem de fato o mercado e outros produtos não mercadológicos, como serviços governamentais que são fornecidos sem a cobrança de tarifas.[178] No entanto, algumas atividades são designadas como estando "fora do limite de produção" e não são aferidas. A realidade econômica é construída pela noção de "limites de produção" da UNSNA de tal forma que a reprodução, o cuidado de crianças, o trabalho doméstico e a produção para subsistência são excluídos do cálculo do crescimento e produtividade econômicos.[179] Essa visão do trabalho da mulher como não sendo trabalho foi bem resumida em 1985 em um relatório do Secretário-Geral na Assembleia Geral, *Perspectiva socioeconômica geral da economia mundial no ano 2000*. Lia-se:

---

[176] WARING, Marilyn, 1988, p. 13. Ver Nota 173, *supra*.
[177] WARING, Marilyn, 1988, p. 83. Ver Nota 173, *supra*.
[178] WARING, Marilyn, 1988, p. 27. Ver Nota 173, *supra*.
[179] WARING, Marilyn, 1988, p. 25. Ver Nota 173, *supra*.

"Os papéis produtivos e reprodutivos das mulheres tendem a ser compatíveis nas áreas rurais de países de baixa renda, visto que a agricultura familiar e as indústrias caseiras mantêm as mulheres próximas de seus lares, permitindo assim condições flexíveis de trabalho e *exigindo baixo investimento do tempo das mães*".[180]

A atribuição do trabalho de mulheres e homens a esferas diferentes – e a consequente categorização das mulheres como "improdutivas" – é desfavorável às mulheres de países em desenvolvimento em muitas formas e torna o direito ao desenvolvimento muito menos alcançável para elas do que para os homens. Por exemplo, o operar da distinção público/privado na mensuração econômica internacional exclui as mulheres de muitos programas de auxílio, pois elas não são consideradas trabalhadoras ou porque são vistas como menos produtivas que os homens.[181] E se há auxílio para as mulheres, frequentemente é apenas para as marginalizar. Pode haver auxílio estrangeiro disponível às mulheres, mas somente às mães,[182] apesar de se reconhecer desde pelo menos 1967 que as mulheres são responsáveis por até 80% da produção de alimentos nos países em desenvolvimento.[183] O não reconhecimento do papel significativo das mulheres na agricultura e a falta de interesse relativamente ao impacto do desenvolvimento sobre as mulheres significam que o potencial de um direito ao desenvolvimento é boicotado do seu começo.

Apesar de a crescente industrialização no Terceiro Mundo ter trazido maiores oportunidades de empregos às mulheres, esta aparente melhora não aumentou sua independência econômica ou posição social, e trouxe pouco impacto à igualdade feminina. Frequentemente, as mulheres se encontram

---

[180] ONU Doc. A/40/519, parágrafo 210, 1985, p. 99, *apud* WARING, Marilyn, 1988, p. 177, grifo nosso.

[181] Um exemplo disto foi o programa de assistência da agência de assistência externa dos Estados Unidos, USAID, após uma seca no deserto do Sahel. Foram repostos os rebanhos apenas dos gados cujos donos eram chefes de família – entenda-se homens. Os gados pertencentes a nômades mulheres – usados para o pagamento de dotes e encargos matrimoniais – não foram repostos, o que reduziu a independência. M. WARING, Marilyn, 1988, p. 144. Ver Nota 173, *supra*.

[182] Um relatório do Banco Mundial sobre os programas de desenvolvimento por ele financiados reconheceu que estes apoiavam projetos para mulheres dedicados quase exclusivamente a matérias de "saúde, higiene, nutrição e cuidado infantil". BANCO MUNDIAL. *Experiência do Banco Mundial em Desenvolvimento Rural de 1965 a 1986*, 1987, p. 89.

[183] CHARLTON, Sue Ellen, 1984. Ver Notas 62 e 63, *supra*.

nos empregos de menor remuneração e menor *status*, sem projetos de carreira. Suas condições de trabalho são muitas vezes discriminatórias e inseguras.[184] Ademais, há pouca diferença com relação às mulheres em países em desenvolvimento com uma ordem política socialista.[185] O modelo de desenvolvimento predominante segue a premissa de que qualquer emprego remunerado é melhor do que nenhum emprego.[186] Ao assim fazer, ele falha por não levar em consideração o potencial aumento da desigualdade e diminuição da posição econômica das mulheres que tal desenvolvimento gera.

Como vimos, a afirmação internacional do direito ao desenvolvimento não traça nenhuma distinção entre a posição econômica das mulheres e a dos homens. Ao empregar a linguagem neutra do desenvolvimento e da economia, ela não desafia a profunda e prejudicial premissa de que o trabalho das mulheres pertence a um tipo diferente – e inferior – ao dos homens. Desse modo, não se enfatiza o grupo dentro das nações em desenvolvimento que mais carece de desenvolvimento. As deliberações mais recentes da ONU em matéria de desenvolvimento concederam mais atenção às mulheres.[187] No entanto, suas preocupações são apresentadas de maneira diferente, como problemas solucionáveis mediante a aplicação de medidas protetivas especiais, em vez de questões cruciais ao desenvolvimento.[188]

O direito à autodeterminação. A dicotomia público/privado opera na redução da efetivação do direito à autodeterminação no direito internacional. A noção

---

[184] THOMAS, Pamela. SKEAT, Helen, 1984, p. 8. Ver Nota 171, *supra*.

[185] Ver: Molyneux, Maxine. Women's emancipation under socialism: a model for the Third World. *World Development*, v. 9, p. 1.019, 1982).

[186] THOMAS, Pamela. SKEAT, Helen, 1984, p. 11. Ver Nota 171, *supra*.

[187] Por exemplo: uma compilação analítica de comentários e opiniões sobre a implementação da Declaração sobre o Direito ao Desenvolvimento preparada pelo Secretário-Geral. ONU Doc. E/CN4/AC. 39/ 1988/ L.2 parágrafos 59 a 63. Relatório preparado pelo Secretário-Geral da Consulta Global Sobre a Realização do Direito ao Desenvolvimento enquanto um Direito Humano. ht, UN Doc. E/CN.4/1990/9, parágrafos. 15,42,51,52, 59 [doravante referido como Relatório de 1990].

[188] A seção do relatório do Secretário-Geral intitulada "Obstáculos à implementação do direito ao desenvolvimento enquanto um direito humano", por exemplo, menciona a falha em respeitar o direito dos povos à autodeterminação, a discriminação racial, o *apartheid*, a ocupação estrangeira, as restrições sobre a transferência de tecnologia e os padrões de consumo de países industrializados enquanto sérias barreiras à realização do direito ao desenvolvimento, mas não contém nenhuma referência à discriminação sexual.

de autodeterminação no sentido do direito de "todos os povos" de "determinar livremente seu *status* político e buscar livremente seu desenvolvimento econômico, social e cultural"[189] é contraditada pela contínua dominação e marginalização de um setor da população de um Estado-nação por outro. O tratamento dado às mulheres inseridas em grupos sociais que pleiteiam o direito à autodeterminação deveria ser relevante na consideração de tal pleito. No entanto, a resposta da comunidade internacional aos pleitos de autodeterminação dos povos Afegãos e Sahrawi, por exemplo, demonstram pouca preocupação com a situação das mulheres dentro destes grupos.

A violação da integridade territorial e da independência política do Afeganistão pela União Soviética quando esta invadiu aquele em 1979, e outras questões estratégicas, econômicas e geopolíticas persuadiram os Estados-Unidos da legalidade e moralidade de seu apoio aos insurgentes afegãos.[190] Ao decidir apoiar os rebeldes, os Estados-Unidos não consideraram relevantes as políticas dos *mujahidin* para com as mulheres.[191] Os mujahidin estão comprometidos com uma estrutura social opressiva, ruralista e indubitavelmente patriarcal, bastante diferente daquela adotada pelo regime socialista com apoio soviético. De fato, Cynthia Enloe nota que "uma política que o governo com apoio soviético praticava em Kabul que muito alienava os homens líderes de clãs era a expansão das oportunidades de trabalho e educação para as mulheres afegãs".[192] A consequência do contínuo apoio aos insurgentes foi a criação de um grande fluxo de refugiados para o Paquistão. Dentre estes refugiados, 30% eram mulheres e 40% eram crianças menores de 13 anos de idade.[193] Os *mullahs* impunham um estrito regime fundamentalista nos campos de refugiados que confinava as mulheres às instalações, as isolava, e até mesmo as privava de exercerem suas tradicionais atividades rurais. Não há indicações de que políticas diferentes destas teriam sido implementadas caso o regime

---

[189] Pacto Internacional sobre Direitos Civis e Políticos, 1966, art. 1º. Ver Nota 87, *supra*; Pacto Internacional sobre Direitos Econômicos, Sociais e Culturais, 1966, art. 1º. Ver Nota 153, *supra*.
[190] Ver: REISMAN, Michael. The resistance in Afghanistan is engaged in a War of National Liberation. *American Journal of International Law*, v. 81, 1987.
[191] Em contrapartida, os Estados Unidos usaram a repressão contra as mulheres no Irã, depois da revolução de 1979, como uma justificativa adicional do seu comportamento hostil para com o regime de Khomeini.
[192] ENLOE, Cynthia, 1989, p. 57. Ver Nota 36, *supra*.
[193] N.Y. TIMES, 27 de março 1988, §1º, p. 16, coluna 1.

dos mujahidin tivesse obtido vitória e formado um governo no Afeganistão. De fato, a marginalização e o isolamento das mulheres afegãs estão sendo projetados para o futuro à medida que os serviços educacionais levados pelo Alto Comissariado da ONU para Refugiados destinam-se majoritariamente aos meninos.[194] O impacto vital da educação sobre as mulheres e o seu efeito na diminuição da dominação masculina já foi amplamente documentado.[195]

A reivindicação marroquina do Saara Ocidental e a resistência da Frente Polisario a tal reivindicação levaram ao estabelecimento do campos de refugiados de Sahrawis na Argélia, predominantemente populados por mulheres e crianças. Contudo, nestes campos as mulheres têm podido posicionar-se. Elas construíram hospitais e escolas, alcançaram altos níveis de alfabetização e apoiaram "os direitos da mulher e da mãe", bem como a "luta por independência".[196] A comunidade internacional reiterou, por intermédio da Corte Internacional de Justiça e da Assembleia Geral, o direito à autodeterminação dos povos do Saara Ocidental.[197] Apesar destes apoio jurídico, os sahrawis só possuem apoio da Argélia, enquanto o Marrocos tem apoio da França e dos Estados Unidos. A determinação dessas mulheres em manter uma "democracia baseada na representação proporcional, centrada na distribuição igualitária, no pleno emprego e na paridade social e política entre os sexos" nas adversas condições de campos de refugiados recebeu pouco apoio internacional.[198]

A comunidade internacional somente reconhece o direito de "povos" à autodeterminação, o que na prática é mais frequentemente ligado à noção de independência dos Estados. As mulheres nunca foram vistas como "um povo" no tocante ao direito à autodeterminação. Na maioria dos casos, a busca por autodeterminação, enquanto uma resposta política aos governos coloniais,

---

[194] N.Y. TIMES, 27 de março 1988, §1º, p. 16, coluna 1. O total de matrículas em escolas da ONU é de 104,000 de meninos e 7,800 meninas.
[195] Ver, por exemplo: JAYAWARDENA, Kumari, 1986, p. 17-19. Ver Nota 36, *supra*.
[196] Conforme demonstrado pelos objetivos da União das Mulheres, fundada em 1974. CUMMING, Laura. Forgotten struggle for the Western Sahara, *New Statesman*, 20 de maio 1988, p. 14 ("As mulheres estão no coração da revolução; sua luta por direitos não precisa esperar que a guerra acabe, ambas são indivisíveis").
[197] Caso do Saara do Leste. 1975 CIJ Rep. 12 (Parecer Consultivo de 16 de outubro).
[198] CUMMING, Laura, 1988, p. 14. Ver Nota 196, *supra*. Resta a ver se a vitória eleitoral de um partido fundamentalista na Argélia vai mudar a situação nesses campos.

não resultou no fim da opressão e dominação de um seguimento da sociedade por outro.

Os Estados muitas vezes demonstram completa indiferença relativamente à posição das mulheres em suas respostas a pleitos de autodeterminação. A invisibilidade das mulheres no cenário internacional persiste. Por isso, após a União Soviética ter vetado uma resolução do Conselho de Segurança sobre a invasão do Afeganistão, a Assembleia Geral reafirmou o "direito inalienável de todos os povos [...] de escolherem o seu sistema econômico, político e social, livres de quaisquer interferências, subversões, coerções ou constrangimentos externos de qualquer tipo".[199] A preocupação da Assembleia Geral era apenas com as intervenções vindas "de fora". As mulheres manifestamente sofrem mais de intervenções "internas". As mulheres não são livres para escolher o seu papel na sociedade sem os constrangimentos da dominação masculina dentro do Estado e estão constantemente sujeitas à coerção masculina. Os sonoros ideais de não interferência não se aplicam a elas, pois sua autodeterminação está submetida à do grupo. O negar às mulheres a liberdade de determinarem o seu próprio desenvolvimento econômico, social e cultural deveria ser tomado em consideração pelos Estados ao analisarem a legitimidade dos pedidos de assistência para o alcance da autodeterminação e os pleitos relativos ao uso de força.[200]

5. Conclusão

Já foi dito que o projeto feminista tem o "duplo objetivo de desafiar as normas existentes e de delinear uma nova agenda para a teoria".[201] Este texto enfatiza a necessidade de mais estudos das tradicionais áreao do direito internacional a partir de uma perspectiva que considera o gênero importante. Na revisão de dois manuais canadenses sobre reparações, Christine Boyle aponta que estes simplesmente não abordam as preocupações e os interesses das mulheres.[202]

---

[199] AG Res. ES-6 / 2 (14 de janeiro 1980).
[200] Para mais discussões sobre a relevância da posição da mulher para o direito internacional no tocante ao uso da força, ver: CHINKIN, Christine, 1992. Ver Nota 51, *supra*.
[201] THORNTON, Margaret, 1986, p. 23. Ver Nota 83, *supra*.
[202] BOYLE, Christine. Book Review. *Canadian Bar Review*, v. 63, p. 427, 1985.

Ela critica este grande silêncio e conclui: "homens e direito" é um entendimento tolerável enquanto uma área da atividade intelectual, mas não se estiver se fazendo passar por "pessoas e o direito".[203] As estruturas e princípios jurídicos internacionais mascaram-se como sendo "humanos" – um conjunto de padrões universalmente aplicáveis. A forma mais correta de descrevê-los é como direito internacional dos homens.

O moderno direito internacional não é apenas androcêntrico, mas também eurocêntrico em suas origens, e assimilou muitas premissas sobre a Lei e sobre o lugar do direito na sociedade a partir do pensamento ocidental. Isso inclui instituições jurídicas essencialmente patriarcais, a premissa de que a lei é objetiva, neutra com relação ao gênero e universalmente aplicável e a divisão social entre esferas públicas e privadas, a qual relega muitas questões relevantes às mulheres à área privada, na qual a regulação jurídica é considerada inapropriada. É necessária a produção de pesquisa para que se questionem as premissas da neutralidade e aplicabilidade universal das normas de direito internacional e para que se exponham a invisibilidade das mulheres e a invisibilidade de suas experiências nas discussões sobre o direito. Com sua preocupação com o gênero enquanto uma categoria analítica e o compromisso com uma genuína igualdade entre os sexos, a perspectiva feminista poderia iluminar muitas áreas do direito internacional. Por exemplo, em temas como: responsabilidade do Estado, leis dos refugiados, uso de força, direito humanitário de guerra, direitos humanos, controle populacional e direito ambiental internacional.[204] A pesquisa feminista contém a promessa de uma reestruturação do tradicional discurso e metodologia jurídicos, com o fim de neles acomodar visões alternativas de mundo. Conforme Elizabeth Gross apontou, esta reestruturação não se resumirá à substituição de um conjunto de "verdades" por outro: "a [teoria feminista] visa tornar os sistemas, métodos e premissas patriarcais inoperantes, incapazes de manter sua

---

[203] BOYLE, Book Review. *Canadian Bar Review*, v. 63, p. 430-431, 1985.
[204] Trabalhos apresentados em uma conferência sobre gênero e Direito Internacional que ocorreu no Centro de Direito Internacional e Direito Público, Universidade Nacional Australiana, ago. 1990, tratavam de algumas dessas áreas. Os trabalhos serão no Anuário Australiano de Direito Internacional (1992). Ver, também: GREATBACH, Acqueline. The gender difference: feminist critiques of refugee discourse. *International Journal of Refugee Law*, v. 1, p. 518, 1989.

dominação e poder. Ela visa esclarecer como uma tal dominação foi possível e torná-la inviável".[205]

A centralidade do Estado no direito internacional significa que muitas das estruturas do direito internacional refletem formas patriarcais. Contudo, é possível que o direito internacional seja, paradoxalmente, mais aberto às análises feministas que outras áreas do direito. A distinção entre direito e política, tão cara à esfera doméstica, não tem o mesmo peso no direito internacional. Assim também o modelo ocidental de processo judicial estatal, enquanto derradeiramente coercitivo, não encontra eco na esfera internacional. O processo judicial internacional é consensual e o seu objetivo é a coexistência pacífica. Por fim, a crítica terceiro-mundista do direito internacional e a sua insistência na diversificação pode ter preparado o terreno filosófico para as críticas feministas.

Uma transformação feminista do direito internacional envolveria mais que apenas refinar e reformar o direito existente. Ela poderia levar à criação de regimes internacionais que foquem o abuso estrutural e a revisão de nossas noções de responsabilidade do Estado. Essa transformação também poderia levar a desafiar a centralidade do Estado no direito internacional e nas suas fontes tradicionais.

Os mecanismos para se alcançar alguns desses objetivos já existem. O Pacto de Direitos Econômicos, Sociais e Culturais e a Convenção das Mulheres poderiam ser usados como base para a promoção de reformas estruturais econômicas e sociais a fim de reduzir algumas das causas de abuso sexual e de outras formas de abuso das mulheres. No entanto, a noção de responsabilidade do Estado tanto nestas Convenções quanto em geral, terá que ser expandida para incorporar a responsabilidade por abusos sistêmicos baseados na discriminação sexual (em sentido amplo) e a imputabilidade do Estado deverá ser expandida para incluir atos cometidos por particulares. Um mecanismo internacional para ouvir as queixas de indivíduos ou grupos, como um protocolo da Convenção de Mulheres, que permita o peticionamento realizado por indivíduos ou terceiros representantes, diretamente ao Comitê do CEDAW, poderia abrir um espaço para que as vozes das mulheres sejam ouvidas na comunidade internacional.

---

[205] GROSS, Elizabeth, 1986, p. 197. Ver Nota 7, *supra*.

Uma reorientação do direito internacional teria algum real impacto sobre as mulheres? As feministas questionaram a utilidade de tentativas de reformas jurídicas no direito nacional e advertem contra a atribuição de muito poder ao direito para alterar desigualdades políticas e econômicas de base fundadas no sexo.[206] Esta reserva poderia se dar a *priori* com relação ao direito internacional, cuja a aplicação e eficiência é muito mais controvertida que o direito nacional? Será que uma forma alterada, humanizada do direito internacional teria a capacidade de alcançar mudanças sociais em um mundo em que a maioria das formas de poder continua a ser controlada por homens?

Como em todos os sistemas jurídicos, o direito internacional exerce um papel importante na construção da realidade. As áreas que ele não toca parecem pertencer naturalmente à jurisdição dos Estados. O direito internacional define os limites acordados pela comunidade internacional nos assuntos em que os Estados estão preparados para se curvar perante a regulação e escrutínio pós-nacionais. Sua autoridade deriva de sua aceitação internacional. Questões jurídicas internacionais possuem um *status* especial. Aquelas questões fora do âmbito do direito internacional parecem não ser igualmente suscetíveis de mudança e de desenvolvimento. A redefinição do escopo tradicional do direito internacional por meio da consideração dos interesses das mulheres pode abrir o caminho para se reimaginar as possibilidades de mudança e pode tornar real o cumprimento da promessa do direito internacional de assegurar a coexistência pacífica e o respeito à dignidade de todas as pessoas.[207]

---

[206] Por exemplo: SMART, Carol, 1989, p. 25, p. 81. Ver Nota 18, *supra*.
[207] ONU. Carta da ONU, Preâmbulo.

Comentário ao Capítulo 4:
"Abordagens Feministas ao Direito Internacional"
Direito Internacional e Sexualidade

Arthur Roberto Capella Giannattasio
Fábio Costa Morosini
Michelle Ratton Sanchez Badin

> "[T]udo o que a gente aprende sobre homem, mulher, travesti ou caminhoneira é invenção. É teatro. A realidade é bem mais simples. [...]. Drag de homem é cor cinza. Drag de mulher é batom, cabelo e maquiagem. Mas é tudo drag. Sua vó, o PM, a dona de casa, o pedreiro, a Irlane, todo mundo é drag. [...]. Eu e você, também!" (CABRAL e VÁZQUEZ, 2017, p. 77)

Este comentário tem o desafio de analisar abordagens críticas feministas e *queer*[1] ao direito internacional, ressaltando aquelas que não necessariamente compartilham os mesmos pressupostos, ênfases descritivas e relações causais. Mesmo partindo desse objeto tangível, o ganho teórico desses estudos está associado às críticas que apresentam a estrutura de base (sintaxe,

---

[1] Na língua inglesa, o termo *queer*, na sua origem, tinha conotação negativa, como alguém estranho, excêntrico, esquisito, sendo normalmente usado contra aquelas pessoas que rompiam com as normas de gênero e sexualidade (MISKOLCI, 2009). Os estudos *queer*, por outro lado, ressignificam (*reclaim*) o termo que passa a ter conotação celebratória e positiva. Neste texto, empregamos o termo *queer* com o mesmo significado dado pelos estudos *queer*.

semântica e pragmática), assim como a metodologia aplicada nas ciências sociais. No caso do direito internacional pode-se pensar no seu potencial impacto não apenas quanto aos objetos tematizados como também quanto à metodologia, à epistemologia e – por que não – à própria ontologia da área, com impacto tanto no saber/conhecimento como no fazer/aplicação dos direitos.

Optamos aqui por qualificar esse conjunto de contribuições como "abordagens", em vez de teoria. Considerando o perfil desta coletânea, decidimos enfatizar os lugares de fala, as condições discursivas e os novos vocabulários proporcionados por estas abordagens. Assim sendo, suas propostas metodológicas e de revisões dos pressupostos normativos no campo do direito internacional serão apresentados, mas não de forma conclusiva.

A escolha do texto de Hilary Charlesworth, Christine Chinkin e Shelley Wright, *Feminist Approaches to International Law*, publicado em 1991, para tradução nesta coletânea tem muitas vantagens, mas também muitos riscos. A principal vantagem é de trazer um interlocutor e uma referência frequente nos estudos sobre feminismo e direito internacional. O artigo tem sido menos um ponto de partida ou um cânone da abordagem feminista (os debates históricos estão ricamente contextualizados e criticados em (BIANCHI, 2016; CHIMNI, 2017; OTTO, 2016), mas uma interlocução necessária, com as autoras que têm contribuído de forma sistemática com a abordagem feminista e o diálogo com o direito internacional. Essa clareza advém da repercussão deste texto desde sua publicação no *American Journal of International Law*, e também das reações ao livro, posteriormente, publicado por Charlesworth e Chinkin, *The boundaries of international law: a feminist analysis* (2000) e de como seus trabalhos têm sido considerados em recentes revisões de abordagens e teorias do direito internacional (BIANCHI, 2016; ORFORD e HOFFMANN, 2016; CHIMNI, 2017).

Além do mais, usamos um texto de feminismo para discutir o tema mais amplo de gênero, quando conduzimos nossas análises para os impactos dos estudos *queer* no direito internacional. Os estudos *queer* rompem com a concepção de sujeito linear e pré-dado, seguindo a noção de performatividade de gênero apresentada por Judith Butler (2003), segundo a qual não existiria um ser anterior a um fazer. Assim, em contraposição a uma lógica binária, a proposta *queer*, como nota Miskolci, aponta as fraturas nos sujeitos, seu caráter efêmero e contextual (BUTLER, 2003). Ou seja, em vez dos contrapontos homem *versus* mulher, heterossexual *versus* homossexual, os estudos *queer* problematizam as concepções clássicas de sujeito, identidade, agência e identificação, procurando, assim, ampliar o espectro das relações de exclusão denunciadas e o incremento quanti e qualitativo das demandas por inclusão (MISKOLCI, 2009).[2] Cabe ressaltar que não entendemos as abordagens *queer* como autônomas das análises feministas. Algumas pautas da agenda *queer* já estão presentes em certas leituras do movimento feminista, como o próprio questionamento da "heterossexualidade compulsória" e do reconhecimento de que sexo e gênero são constructos sociais e não determinados biologicamente. Entendemos, então, que as abordagens *queer* expandem o "projeto" feminista, ao evidenciar a demonização contra todas as minorias sexuais e de gênero, inclusive as mulheres (OTTO, 2018).

O debate *queer*, por sua vez, ainda está se apresentando no seu diálogo com o campo do direito internacional. Se o marco do debate feminista com o campo é registrado nos anos 1990, com um evento na Australian National University (MATHEW, OTTO e WALKER, 1997; CHINKIN, 1997), o debate *queer* com o campo está associado a eventos pós-2007 (RUSKOLA, 2018),[3] tendo como primeira coletânea desta abordagem o livro de Dianne Otto, *Queering international law: possibilities, aliances, complicities, risks* (2018).

Tanto no caso das abordagens feministas como das abordagens *queer*, a influência do debate teórico seguiu uma trajetória-padrão: ele se iniciou em outras ciências, sobretudo as sociais, onde ganhou contornos de problemas globais e apenas, na sequência, passou a ser considerado pelos acadêmicos com produção nos campos das Relações Internacionais (WEBER, 2014) e do direito internacional (CHARLESWORTH, CHINKIN e WRIGHT, 1991; OTTO, 2018). Dado o objeto comum e a proximidade temporal das análises em relações internacionais e direito, tem-se colocado que essas novas

---

[2] Explicando que os estudos *queer*, teórica e metodologicamente, surgiram do encontro entre uma corrente da filosofia e dos estudos culturais norte-americanos com o pós-estruturalismo francês, onde o sujeito é sempre encarado como provisório, circunstancial e cindido.

[3] Em 2007, a conferência anual Sociedade Americana de Direito Internacional dedicou um painel a "Sexualidade e Gênero no Direito Internacional". Outras iniciativas deram segmento a esta agenda: em 2008, a Sociedade Europeia de Direito Internacional promoveu um fórum de discussão intitulado *Sexualidade e gênero em direito internacional*, e em 2011 a Escola para Estudos Orientais e Africanos (SOAS, sigla em inglês) organizou um *workshop* sobre Teoria Jurídica *Queer* que incluiu um painel sobre direito internacional (OTTO, 2018).

abordagens chegam até mesmo a diluir as fronteiras entre as disciplinas. Isso traz também particularidades quanto às formas com que as contribuições destas abordagens se aproximam do campo do direito, em grande medida a partir das áreas de direitos humanos e debates temáticos especializados no campo do direito (como a direitos da mulher, direitos LGBTI, etc.).

A principal denúncia da abordagem feminista, no campo das ciências sociais, está em torno da estrutura social do patriarcado. Isso significa que, no exercício de seu saber e de seu fazer, o direito (i) privilegia a experiência e os modos de agir e de pensar de um único sexo (o masculino), ao mesmo tempo que (ii) desconsidera a experiência e os modos de agir e de pensar do "segundo sexo", o feminino, como denominou Beauvoir (BEAUVOIR, 1949). É nesse sentido que as abordagens feministas, e assim o fazem Charlesworth, Chinkin e Wright (1991), identificam seus trabalhos na busca de vozes silenciadas (sob a insígnia de *searching for silence*) e, mais à frente, Charlesworth enquadra isso como parte fundamental da metodologia feminista no direito internacional, juntamente com a coleta de experiências (na expressão *world--travelling*) (CHARLESWORTH, 1999).

Situações concretas dessa incapacidade de o direito internacional realizar uma redistribuição de posições e de possibilidades sociais entre mulheres e homens, foram elencadas por Charlesworth, Chinkin e Wright (1991), como, por exemplo: (i) na reiterada baixa presença de mulheres nos principais órgãos das organizações internacionais, em diferentes níveis de competência decisória, seja em órgãos administrativos internos, seja em órgãos políticos representativos da vontade dos Estados-membros; e (ii) na incompreensão sobre os limites androcêntricos dos próprios termos utilizados para estabelecer a regulação jurídica, como os conceitos de tortura, de autodeterminação ou de desenvolvimento.

Por este motivo, a adoção do feminismo na base da racionalidade jurídica internacional pura e aplicada traria benefícios de dois tipos para a disciplina (CHARLESWORTH, CHINKIN e WRIGHT, 1991): (i) *tradicional*, pois conciliaria finalmente o direito internacional com seus objetivos e pressupostos – convivência não-armada e horizontalidade relacional, e (ii) *crítico*, visto que a consciência sobre o machocentrismo epistemológico escancararia os limites das próprias fundações do direito internacional, quais sejam, estadocentrismo, eurocentrismo e primeiromundismo.

COMENTÁRIO AO CAPÍTULO 4

Uma leitura que recai sobre o texto de Charlesworth, Chinkin e Wright (1991) é sobre o seu viés liberal individualista, no campo das teorias feministas, essencialmente centrado na dicotomia macho/fêmea (ALVAREZ, 2001; CHIMNI, 2017). Daí a relevância de considerar as críticas e revisões deste artigo. Chimni (2017) chega a sistematizar outras quatro linhas de abordagens feministas no campo do direito internacional, em contraponto ao que nomeia de *Liberal (ecletic) feminism of Charlesworth and Chinkin*: (i) feminismo radical (*radical feminism* ou simplesmente *rad-fem*), tendo como expoente Catherine MacKnninon (1982 e 2013) e suas leituras associadas mais recentemente aos estudos sobre interseccionalidade, termo cunhado por Crenshaw (1989), (ii) feministas críticas do direito (*critical legal feminism*), representada por Janet Halley (2018) e seus estudos sobre feminismo e governança que ampliam o objeto de análise para além da mulher, tendo o homem também como vítima da estrutura machocêntrica, (iii) feminismo pós-colonial e terceiro mundista, exemplificado pelas pesquisas de Joseph Oloka-Onyango e Sylvia Tamale (1995) e Ratna Kapur (2002), que fortalecem o discurso da interseccionalidade entre gênero, raça, classe, colonialismo e o capitalismo global, e, por fim, (iv) o feminismo socialista, indicado no trabalho de Maria Mies (1998), que dialoga com as tradições marxistas sem se confundir com elas, explorando a inter-relação entre o capitalismo, a percepção social da sexualidade e a divisão internacional do trabalho. Todas essas leituras clamam pelo papel do patriarcado e sua relação com o direito internacional. Isso acaba por proporcionar uma leitura subjetiva do direito internacional, escapando do objetivismo proclamado pelas teorias tradicionais do campo (em especial, o positivismo, o naturalismo e o realismo). Chimni (2017) conclama que o feminismo socialista seria uma abordagem mais prudente do feminismo na expectativa de proporcionar uma *transnational interseccional analysis* e, assim, contribuir com mais condições discursivas para disrupção com as ênfases tradicionais do direito internacional. Essa é uma aposta do autor, não compartilhada por alguns (TZOUVALA, 2017).

Na busca por esta ampliação cognitiva, Dianne Otto, também importante contribuinte das abordagens feministas ao Direito Internacional (OTTO, 2016), reconhece a dificuldade que as categorias binárias masculino/feminino impõem às abordagens feministas. Otto (2018) reforça a importância de uma reformulação a partir de noções de gênero em múltiplas e intercambiantes possibilidades. Assim se abre o campo e estimula a interlocução das abordagens *queer* com o direito internacional.

A abordagem crítica fundada em estudos *queer* compartilha do diagnóstico de haver uma epistemologia marcada por uma dinâmica de poder que centraliza o saber e o fazer nas experiências de determinadas categorias, excluindo outras. Se as abordagens feministas desafiam o patriarcado, as abordagens *queer* se insurgem contra o ordenamento heterossexual que de tão tomado como dado torna-se "natural" (OTTO, 2018). Elas, então, ressignificam o que está excluído, celebrando a sexualidade humana e expressões de gênero em toda a sua diversidade e fluidez para além das percepções dualistas de heterossexualidade/homossexualidade e macho/fêmea (OTTO, 2018).

As identidades de gênero se revelam assim como uma relação ativa entre indivíduo e sociedade. As possibilidades de gênero ultrapassam assim o binarismo mulher ou homem e se dissolvem em um espectro mais amplo, como o reconhecimento de *trans*gêneros (BUTLER, 1990, p. 138; BUTLER, 1993, p. 11-12). Todavia, diferentemente do que ocorre com a *performance cis*,[4] há uma subversão nos padrões aceitos de identidade de gênero quando o indivíduo pratica a *performance trans* (BUTLER, 1990, p. 32 e 140; LEHMANN, 2013, p. 876). Assim, estudos de teoria *queer* reabrem a possibilidade de questionamento da própria ordem (BUTLER, 1993, p. x-xi, 3 e 51-2), pois eles forçam "uma rearticulação radical do que se qualifica como corpos que importam, formas de viver que contam como "vida", vidas que valem a pena proteger, vidas que merecem ser salvas, vidas dignas de pesar" (BUTLER, 1993, p. 16).[5]

Com efeito, a introdução da teoria *queer* nos estudos em direito (i) ultrapassa a denúncia da epistemologia machocêntrica, (ii) evidencia a naturalização, a normalização e a normatização *a priori* das experiências de identidades cisgêneros em geral e assume a importância de introduzir a perda de certeza epistemológica centralizada nas *performances* cisgênero; e (iv) aponta para um claro projeto político transformador por meio do reconhecimento de outras *performances*, como a transgênero (BUTLER, 1993, p. 21 e 30). Como consequência, as abordagens *queer* requalificam os padrões de normalidade que são

---

[4] Cisgênero é aquele sujeito que se identifica em todos os aspectos com o seu gênero de nascença.
[5] No original: *"a radical rearticulation of what qualifies as bodies that matter, ways of living that count as 'life', lives worth protecting, lives worth saving, lives worth grieving."*

tão caros ao direito, propondo novas concepções de normal. Antes que se pense que esses ganhos analíticos podem ficar adstritos ao campo da sexualidade e gênero, entendemos que as lentes *queer* podem ser usadas para identificar outras exclusões perpetradas pelo direito.[6] É com base nestas contribuições, mas partindo de um mínimo denominador comum, que Dianne Otto (2018) organizou a coletânea *Queering international law*, abrindo espaço para uma multiplicidade de noções sobre *queer* e, portanto, de suas potencialidades no campo do direito internacional (RUSKOLA, 2018).

Uma leitura crítica do direito internacional conforme uma perspectiva *queer* se preocupa também em identificar a subsistência de uma epistemologia avessa à incorporação de inovações oriundas das experiências e dos modos de agir e de pensar os binômios presentes nas subjetividades reconhecidas pelo direito. Promover um *queering* do direito internacional explicitaria uma limitação ainda mais profunda de suas razões pura e aplicada – o que seria transgredido apenas mediante a introdução da curiosidade performativa múltipla não heterossexual nos estudos em direito internacional (OTTO, 2018).

Nesse sentido, abordar o direito internacional conforme uma perspectiva de gênero visa problematizar a normalidade pressuposta da normatividade internacional e a produzir ressignificações favoráveis à estabilização da paz, à rejeição do militarismo e à promoção de solidariedade, de redistribuição econômica e de desenvolvimento sustentável (OTTO, 2018, p. 1-2). Para tanto, a transgressão reorganizaria princípios basilares do direito internacional – uma ordem econômica injusta (capitalismo neoliberal) em que se desenvolvem relações marcadas pela centralização nacional do uso da força (estadocentrismo) e pela violência na solução de controvérsias (coerção). Além dessa transformação epistemológica ampla, a abordagem *queer* do direito internacional também enfatizaria os limites institucionais do direito internacional contemporâneo na promoção do reconhecimento nacional, transnacional e internacional da experiência e das maneiras de agir e de pensar *trans*gênero (OTTO, 2018, p. 6 e 9-11) e quaisquer outras fora dos padrões de heterossexualidade.

---

[6] Veja, por exemplo, Doris Burr e Blair Rutherford, *Dangerous desires: Illegality, sexuality and the global governance of artisanal mining*. In: OTTO (2018) (argumentando que no contexto do direito minerário, o minerador artesão/pequeno minerador é uma figura *queer*, um "fora da lei", em que o normal é a regulação global sobre minerações industriais).

De acordo com Otto, uma abordagem *queer* do direito internacional poderia nos conduzir a pelo menos dois caminhos. O primeiro, mais convencional, seria o de estender a compreensão do "normal", de maneira que o discurso jurídico abarcasse experiências e identidades não heterossexuais, como a proibição de discriminação homofóbica e o reconhecimento de casamento gay. O segundo caminho vai além desta inclusão normativa e questiona a heterossexualidade como o "normal" – entendida como modelo básico para todos os sistemas dominantes de relações sociais e, consequentemente, como fundamento da concepção de ordem em direito internacional. A partir desta abordagem, pode-se por exemplo questionar o requisito de "população permanente" para a constituição/reconhecimento de estados, uma vez que este requisito pressupõe continuidade reprodutiva presente sobretudo em padrões heterossexuais de comportamento (OTTO, 2007). A questão da fragmentação dos sujeitos proporcionadas pelas leituras *queer* também ampliam o repertório para problematizar a unicidade do direito internacional clássico – associado ao colonialismo – em torno do Estado, como ator, único e privilegiado das relações internacionais.

As aproximações das abordagens feministas e *queer* do direito internacional são valorizadas pelo seu *encounter* (RITTICH, 2001) e por nos atentar para as fronteiras – *the edges* (BUSS, 2002) – do direito internacional. Nesse sentido, suas contribuições epistemológicas são, em grande medida, valorizadas pelo campo, apesar de não serem consideradas para o uso em sala de aula (ALVAREZ, 2001, p. 460) e, assim, *unscholarly*, nas palavras da própria Charlesworth (1999, p. 380) – o que reduziria o seu alcance, dada a sua ausência na formação básica dos profissionais do direito.

Tal afastamento também está associado ao fato de que as metodologias presentes nestas abordagens, permitindo articular novas condições discursivas, são naturalmente disruptivas do campo do direito internacional. Elas procuram reforçar as ausências, as limitações das categoriais e dos conceitos tradicionais. O seu não reconhecimento imediato pelo campo ou mesmo a sua invalidação ou negação é parte do processo do encontro e da trasmutação do campo, conforme as suas influências. No caso das abordagens feministas, apesar de resistências iniciais (D'AMATO, 1995; FELLMETH, 2000), sua integração a livros básicos de abordagens e teorias do direito internacional (BIANCHI, 2016; CHIMNI, 2017; ORFORD e HOFFMANN, 2016) e a obras de autores consagrados no campo (CRAWFORD, KOSKENNIEMI e RANGANATHAN, 2012) tem favorecido seu reconhecimento e abertura do espaço. Isso ainda não ocorre com as abordagens *queer* que estão começando a provocar as reações do campo (RUSKOLA, 2018). Nesse sentido, é que se observa a importância da combinação entre o ativismo e a teorização destas abordagens para o campo do direito internacional. Ao disputarem novas epistemologias e metodologias, suas iniciações passam pelo campo político e, somente então, são permitidas na exclusividade das narrativas oficiais ou mesmo científicas.

Tal tensão política é natural quando se considera o potencial das abordagens em informarem novas teorias e, assim, atingir a ontologia do que se entende por direito internacional. Assim que Charlesworth (1995, p. 3) qualificou, que além do seu papel desconstrutivo, as abordagens feministas também teriam um papel reconstrutivo. A reconstrução do campo direito internacional requer, no entanto, uma aproximação significativa dos espaços de poder, demandando que se atue nesse espaço e com as estruturas de poder pertencentes a ele. Daí que Dianne Otto (2010) elabora que se está em jogo de poder e perigo, e aqui associamos o terceiro adjetivo apresentado por Charlesworth (1999) às abordagens feministas, para além de *unscholarly* e *disruptive*, como *mad*. Isso traz uma percepção de quão distintas estas abordagens se colocam para as teorias tradicionais do direito internacional.

A sopa de palavras e expressões que se apresentam nas novas abordagens, os temas inusitados, as leituras não usuais, afastam num primeiro momento o reconhecimento do seu potencial. No entanto, talvez devamos ser mais concretos para pensar essa influência: um ganho importante das abordagens feministas e *queer* está (i) na compreensão da importância da subjetividade e (ii) no reconhecimento da multiplicidade de subjetividades, como formas de construção indivíduo-social-coletivo.

Pensar a influência destas abordagens feministas e *queer* no campo do direito internacional no Brasil é um desafio. O caráter civilizatório do direito internacional (eurocentrismo e ocidentocentrismo) – marcado por um discurso econômico capitalista (primeiro-mundismo) e que privilegia o Estado como sujeito de direito internacional (estadocentrismo) – é amplamente conhecido e divulgado nos manuais e na produção de e sobre o direito internacional no Brasil. Apesar do fechamento cognitivo do campo, é verdade que as experiências e vivências quanto ao sexo e ao gênero têm a sua particularidade e multiplicidade no Brasil (MOREIRA, 2017). Assim, mais do que novos rótulos e tendências de abordagens, essa análise evidencia a importância do diálogo com as ciências locais e sua interrelação com as construções globais. Isso favorecerá não só novas leituras no campo do direito internacional no Brasil como aportar para a construção global deste saber/conhecimento e fazer/ prática.

Referências

ALVAREZ, Jose. Book review: The boundaries of international law: a feminist analysis by Hilary Charlesworth and Christine Chinkin. *The American Journal of International Law*, v. 95, n. 2, p. 459-464, 2001.

BEAUVOIR, Simone. *Le deuxième sexe*. Paris: Gallimard, 1949.

BIANCHI, Andreas. *International law theories:* an inquiry into different ways of thinking. Oxford: Oxford University Press, 2016.

BUSS, Doris. Book review: The boundaries of international law: a feminist analysis by Hilary Charlesworth and Christine Chinkin, *Canadian Journal of Women and the Law*, v. 14, p. 429-435, 2002.

BUTLER, Judith. *Gender trouble*. London/New York: Routledge, 1990.

BUTLER, Judith. *Bodies that matter*. New York/London, Routledge, 1993.

BUTLER, Judith. *Problemas de g*ênero. Rio de Janeiro: Civilização Brasileira, 2003.

CABRAL, Ivam; VÁZQUEZ, Rodolfo. *Pink Star*. São Paulo: Giostri, 2017.

CHARLESWORTH, Hilary. Feminists critiques of International Law and their critics. *Third World Legal Studies*, v. 13, 1995.

CHARLESWORTH, Hilary. Feminist methods in international law. *The American Journal of International Law*, v. 93, n. 2, p. 379-394, 1999.

CHARLESWORTH, Hilary; CHINKIN, Christine. *The boundaries of international law: a feminist analysis*. Manchester: Manchester University Press, 2000.

CHARLESWORTH, Hilary; CHINKIN, Christine; WRIGHT, Shelley. Feminist approaches to international law. *American Journal of International Law*, v. 85, n. 4, p. 613-645, 1991.

CHIMNI, Bhupinder. *International law and world order*. 2. ed. Cambridge: Cambridge University Press, 2017.

CHINKIN, Christine. Symposium: Feminist Intervention in International Law: reflections on the past and strategies for the future. *Adelaide Law Review*, v. 19, n. 2, p. 13-24, 1997.

CLASTRES, Pierre. O arco e o cesto. *In*: CLASTRES, Pierre. *A sociedade contra o Estado*. São Paulo: Cosac Naify, 2003. p. 119-143.

CRAWFORD, James; KOSKENNIEMI, Martt; RANGANATHAN, Surabhi (ed.). *The Cambridge Companion to International Law*. Cambridge: Cambridge University Press, 2012.

CRENSHAW, Kimberle. Demarginalizing the intersection of race and sex: a black feminist critiquef antidiscrimination doctrine, feminist theory and antiracist politics, *University of Chicago Legal Forum*, 1989.

D'AMATO, Anthony. Book review: Human rights of women: national and international perspectives, by Rebecca Cook. *American Journal of International Law*, v. 89, n. 4, p. 840-844, 1995.

FELLMETH, Aaron Xavier. Feminism and international law: theory, methodology, and substantive reform. *Human Rights Quarterly*, v. 22, n. 3, p. 658-733, 2001.

FRASER, Nancy. Da redistribuição ao reconhecimento? Dilemas da justiça na era pós-socialista. *In*: SOUZA, Jessé (org.). *Democracia hoje*. Brasília: UnB, p. 245-282, 2001.

FRASER, Nancy. Políticas feministas na era do reconhecimento: uma abordagem bidimensional da justiça de gênero. *In*: BRUSCINI, Cristina; UNBEHAUM, Sandra (orgs.). *Gênero, democracia e sociedade brasileira*. São Paulo: Editora 34, 2002. p. 59-78.

HALLEY, Janet. Preface: Introducing governance feminism. *In*: HALLEY, Janet; KOTISWARAN, Prabha; REBOUCHÉ, Rachel; SHAMIR, Hila. *Governance feminism: an introduction*. Minneapolis, The University of Minnesota Press, 2018.

KAPUR, Ratna, Tragedy of victimization rhetoric: resurrecting the "native" subject in international/post-colonial feminist legal politics, *Harvard Human Rights Journal*, v. 15, p. 1-38, 2002.

LEHMANN, Hans. Teatro pós-dramático, doze anos depois. *Revista Brasileira de Estudos da Presença*, v. 3, n. 3, p. 859-878, 2013.

MACKINNON, Catharine. Feminism, marxism, method, and the state: an agenda for theory. *Signs: Journal of Women in Culture and Society*, v. 7, n. 3, p. 515-544, 1982.

MACKINNON, Catharine. Intersectionality as method: a note. *Signs: Journal of Women in Culture and Society*, v. 38, n. 4, p. 1.019-1.030, 2013.

MATHEW, Pene; OTTO, Diane; WALKER, Kristen. Symposium: Feminist Intervention in International Law: introduction. *Adelaide Law Review*, v. 19, n. 2, p. 1-11, 1997.

MIES, Maria. *Patriarchy and accumulation on a world scale*: women in the international division of labour. London: Zed Books, 1998.

MISKOLCI, Richard. A teoria *queer* e a sociologia: o desafio de uma analítica da normalização. *Sociologias*, Porto Alegre, v. 21, n. 11, p. 150-182, jan/jun. 2009.

MOREIRA, Adilson. *Cidadania sexual*. Belo Horizonte: Arraes, 2017.

OLOKA-ONYANGO, Joseph; TAMALE, Sylvia, "The personal is political" or why women's rights are indeed human rights: an African perspective on international feminism, *Human Rights Quarterly*, v. 17, p. 691–731, 1995.

ORFORD, Anne; HOFFMANN, Florian (eds.). *The oxford handbook of the theory of international law*. Oxford: Oxford University Press, 2016.

OTTO, Diane. Lost in translation: re-scripting the sexed subjects of international human rights. *In*: ORFORD, Anne (ed.). *International law and its others*. Cambridge: Cambridge University, p. 318-356, 2006.

OTTO, Diane. "Taking a break" from "normal": thinking queer in the context of international law. *Proceedings of the Annual Meeting (American Society of International Law)*, Washington, Dc, v. 101, p.119-122, mar. 2007. ASIL Proceedings. Disponível em: http://www.jstor.org/stable/25660172. Acesso em: 22 out. 2017.

OTTO, Diane. Power and danger: feminist engagement with International Law through the UN Security Council. *Australian Feminist Law Journal*, v. 32, n. 1, p. 97-121, 2010.

OTTO, Diane. Feminist Approaches to International Law. *In*: ORFORD, Anne; HOFFMANN, Florian (eds.). *The oxford handbook of the theory of international law*. Oxford: Oxford University Press, 2016. p. 489-507.

OTTO, Diane. Duction. *In*: OTTO, Diane (ed.). *Queering international law*. Abingdon/New York: Routledge, 2018. p. 1-11.

RITTICH, Kerry. Book review: the boundaries of international law: a feminist analysis by Hilary Charlesworth and Christine Chinkin, *Leiden Journal of International Law*, v. 14, p. 635-639, 2001.

RUSKOLA, Teemu. Book review: Queering International Law: possibilities, alliances, complicities, risks, by Dianne Otto (ed.). *The American Journal of International Law*, v. 112, n. 3, p. 540-543, 2018.

TZOUVALA, Konstantina. Reading Chimni's international law and world order: the question of feminism, *EJIL Analysis*, December 28, 2017.

WEBER, Cynthia. From Queer to Queer IR. *International Studies Review*, v. 16, p. 596-622, 2014.

Capítulo 5. Teoria Crítica Racial e o Direito Internacional: a Visão de um Interno-Externo[1]

Makau Mutua[2]
Tradução: *Jessica Dodo Buchler*
Revisão da tradução: *Arthur Roberto Capella Giannattasio*

1. Introdução

O direito internacional se encontra atualmente em uma profunda crise. Em nenhum outro momento dentro de seus cinco séculos de existência a disciplina do direito internacional encontrou um desafio tão grande. No centro da discussão encontra-se a legitimidade do direito internacional. Apesar de a última década ter testemunhado o aparente triunfo dos mercados e a consolidação do domínio ocidental, as regras de "governança internacional" foram expostas mais uma vez como injustas, opressivas, destrutivas e altamente hierarquizadas por raça. Novos fluxos de estudo e ação estão buscando reconceituar e reestruturar o direito interno e o internacional. No centro

---

[1] N.E.: Tradução de: MUTUA, Makau. Critical race theory and international law: the view of an insider-outsider. *Villanova Law Review*, v. 45, n. 2, p. 841 [página inicial], 2000.
[2] Em outubro de 1999, um rascunho do presente artigo foi apresentado como o discurso principal no trigésimo quarto simpósio anual *Villanova Law Review* sobre Teoria racial crítica e direito internacional: convergências e divergências, que teve lugar na Universidade Villanova de Direito.

desse movimento está a teoria crítica racial (TCR) e abordagens de terceiro-mundistas do direito internacional (TWAIL, em inglês). Ambas representam uma possibilidade enorme de repensar o direito internacional.

Um exame casual da TCR[3] e do direito internacional[4] enganosamente indicam dois impulsos contraditórios, talvez convergentes. Em um primeiro momento a TCR foi inserida em um contexto cultural e político particular,[5] tendo nascido da saga americana sob a subordinação racista e sexista e a resistência. Enquanto movimento intelectual, está inserido no pós-modernismo[6] europeu e americano. Uma pesquisa superficial da TCR nega a sua universalidade e revela uma miopia no que se refere às suas origens, preocupações, objetivos e matérias. Na verdade, a TCR é tão específica – contextual

---

[3] Ver: VALDES, Francisco. Beyond sexual orientation in queer legal theory: majoritarism, multidimensionality, and responsability in social justice scholarship or legal scholars as cultural warriors. *Denver University Law Review*, v. 75, p. 1.409, p. 1.419, 1998, afirmando que a teoria crítica racial ou TCR é um gênero recente de estudo que expõe "deficiências dos direitos civis e das reformas sociais ancoradas na reforma formal ao invés de substancial". Para trabalhos importantes sobre a teoria crítica racial, ver: *Critical race theory: the key writings that formed the movement at xvii-xxviii* (CRENSHAW, Kimberlé et al. (ed.), 1995), coletando recentes escritos sobre a TCR.

[4] [4] Ver: Carta das Nações Unidas: Comentários e Documentos, p. 707-708 (GOODRICH, Leland et al. (ed.)., 3. ed., e ver edição de 1969) (citando o art. 38 do Estatuto da Corte internacional de Justiça como definindo o direito internacional como um código legal encontrado nos costumes internacionais, convenções internacionais, princípios gerais de direito internacional reconhecidos pelas "nações civilizadas", decisões judiciais e ensinamentos dos mais qualificados autores de diversas nações); ver, também: *Restatement (Third) of Foreign Relations* (1986, p. 102) (que define o direito internacional como costume internacional, acordos internacionais ou princípios gerais comuns para a maioria dos sistemas legais do mundo).

[5] [5] Ver: FREEMAN, Alan David. Legitiming racial discrimination through antidiscrimination law: a critical review of Supreme Court Doctrine, *Minnesota Law Review*, v. 62, p. 1049, 1978 (que descreve as decisões da Suprema Corte sobre discriminação racial). A TCR cresce como um desafio direto para uma cultura americana pós direitos civis, políticos e culturais que distorce o caráter e a natureza das reformas legais pretendendo abordar iniquidades raciais e de gênero. Em outras palavras, a TCR é uma corrente de estudo que tange a duplicidade da neutralidade da lei. Ver: FREEMAN, Alan David, 1978 (argumentando que de 1954 até 1978 a Suprema Corte via a discriminação racial como uma conduta errônea de atores particulares, e não como um fenômeno social).

[6] Ver: COOK, Anthony E. Reflections on postmodernism. *New England Law Review*, v. 26, p. 751, 1992 (definido como uma construção filosófica, o pós-modernismo ressalta a fluidez ao se compreender as condições sociais no sentido de que todos os tipos de identidade sejam vistas como contextuais, altamente complexas e dependentes de vários fatores, incluindo a interação de forças sociais, históricas e sociais).

e geograficamente – que não tem pretensões universais imediatas sobre si mesma.

Como consequência, a TCR havia se relacionado apenas com as lutas de várias minorias nos Estados Unidos.[7] Uma das áreas de particular interesse da TCR tem sido a experiência dos negros nos Estados Unidos,[8] que parece ter sido estreitamente definida e aparentemente sem uma utilidade imediata para uma população global de aproximadamente seis bilhões de pessoas, dentre as quais três quartos vivem em países em desenvolvimento, também chamados de "Terceiro Mundo". Contudo, a TCR também desenvolveu uma metodologia teórica que é útil ao se estudar as lutas de outros grupos subordinados.[9] Por exemplo, minorias sexuais desenvolveram essa teoria em sua

---

[7] Ver: WING, Adrien K. *Critical race feminism:* a reader, 1998 (que detalha como mulheres de cor confrontam a discriminação racial, de gênero e de classe dentro de um sistema patriarcal de homens brancos); HARRIS, Angela. Race and essentialism in feminist legal theory. *Stanford Law Review*, v. 42, p. 581, 1990 (que usa a crítica racial para defender que isolar as experiências das mulheres independentemente de raça, classe e orientação sexual acaba por silenciar a voz das mulheres negras); HILA, Leila. What is critical race feminism. *Buffalo Human Rights Law Review*, v. 4, p. 367, 1997 (resenha do livro *Wing, critical race feminism: a reader* (1998)) (afirma que a teoria crítica racial feminista demonstra como raça e gênero interagem para influenciar na identidade e na discriminação contra mulheres de cor); IGLESIAS, Elizabeth. Structures of subordination: women of color at the intersection of title VII and NLRA. Not! *Harvard Civil Rights-Civil Liberties Law Review*, v. 28, p. 395, 1993 (que invoca o conceito de violência estrutural para argumentar que a interpretação legal de conflitos entre o título VII e a NLRA tem sido prejudicial para mulheres de cor); Simpósio Womens of Colour at the Center: Selections from the Third National Conference on Women of Colour and the Law. *Stanford Law Review*, v. 43, p. 1175, 1991 (que afirma que mulheres de cor deveriam se identificar com a luta de outros movimentos de ativistas americanas).

[8] *Cf.* CRENSHAW, Kimberlé. Demarginalizing the intersection of race and sex: a black feminist critique of antidiscrimination doctrine, feminist theory and antiracist politics. *The University of Chicago Legal Forum*, v. 140:139-167, 1989 (que argumenta que mulheres negras são excluídas das teorias feministas e das teorias sobre racismo porque ambas falham ao refletir a interação entre raça e gênero). Ver: CRENSHAW, Kimberlé. Mapping the margins: intersectionality, identity politics, and violence against women of color. *Stanford Law Review*, v. 43, p. 1241, 1991 (que explora dimensões de violência racial e de gênero contra mulheres de cor); MUTUA, Athena. Shifting bottoms and rotating centers: reflections on latcrit iii and the black/white paradigm. *University of Miami Law Review*, v. 53, p. 1177, 1999 (que defende que grupos na base de estruturas hierárquicas se deslocam dependendo do problema ou do grupo em questão).

[9] Ver: CAIN, Patricia. Stories from the gender garden: transexuals and anti-discrimination law. *Denver University Law Review*, v. 75, p. 1321, 1998 (que utiliza teoristas legais feministas para determinar se as experiências de transexuais se encaixam em alguma das estruturas

luta por justiça social.[10] Duas das inovações-chave trazidas com a TCR – a multidimensionalidade[11] e a intersecção[12] – são ferramentas que desmistificam construções essencialistas e permitem uma nuance de entendimento do uso de identidades como fenômenos sociais e legais. Elas ajudam a desfazer várias opressões e a estabelecer lugares de resistência novos e multidimensionais.

O direito internacional, por sua vez, é "universal"[13] por definição, apesar de seus autores não terem dúvidas sobre suas origens europeias e cristãs.[14] Ao contrário da TCR, que é um idioma da resistência e da liberação, o direito internacional tem sido um meio de conquista e dominação. A fase mais crítica do seu desenvolvimento aconteceu durante a época dos impérios,[15] quando

---

legais existentes); CHANG, Robert. Toward on Asian American legal scholarship: critical race theory, post-structuralism, and narrative space. *California Law Review*, v. 81, p. 1241, 1993 (que usa perspectivas críticas da TCR para elaborar argumentos que indicassem que a exclusão de americanos descendentes da Ásia dos processos políticos e legais do país empobreceram as leis e a política); VALDES, Francisco. Queer margins, queer ethics: a call to account for race and ethnicity in the law theory, and politics of a "sexual orientation". *Hastings Law Journal*, v. 48, p. 1293, 1997 (que considera raça e etnia como componentes integrais no desenvolvimento da orientação sexual como estudo legal).

[10] Ver, por exemplo: Symposium on "InterSEXionality: Interdisciplinary Perspectives on Queering Legal Theory". *Denver University Law Review*, v. 75, p. 1.129, 1998 (que usa uma abordagem interdisciplinar para examinar a subordinação baseada na orientação sexual).

[11] A multiplicidade reconhece que qualquer indivíduo simultaneamente carrega uma variedade de identidades, algumas das quais podem ser contraditórias.

[12] A intersecção é um desenvolvimento posterior da multidimensionalidade e aponta para as identidades transversais, interseccionais e interativas que produzem hierarquias sociais e situações multifacetadas e multidimensionais.

[13] Ver: ANGHIE, Antony. Finding the peripheries: sovereignty and colonialism in nineteenth-century international law, *Harvard International Law Journal*, v. 40, n. 1, 1999. Uma voz proeminente no estudo do direito internacional escreveu que "a associação entre o direito internacional e a universalidade está tão enraizada que parece tautológico mencionar essa conexão" (ANGHIE, 1999).

[14] Ver: SMITH, Herbert Arthur. *Great Britain and the Law of Nations*, v. 1, p. 12, 1932. Por exemplo, os ingleses viam o direito internacional como uma província das nações cristãs e da sociedade das nações, e os europeus que o desenvolveram como seus pais e autores. De acordo com Oppenheim, o direito internacional "é, em sua origem, essencialmente um produto da civilização cristã". OPPENHEIM, Lassa. *International law*: a treatise, v. 1, p. 4-5 (MCNAIR, Arnold D. (ed.)), 4. ed., 1928.

[15] Ver: HOBSBAWM, Eric. *The age of empire*, 1987 (que afirma que a era do colonialismo durou de 1875 até o início da Primeira Guerra Mundial).

a maioria dos não europeus foram sujeitos à dominação e ao colonialismo[16] dos europeus. Ao final do século XIX, qualquer dúvida sobre a "universalidade" do direito internacional foi apagada pelo imperialismo europeu forçado contra todos os estados – na África, Ásia, nas Américas e no Pacífico – com seu novo código legal de governança internacional. O direito internacional é, consequentemente, eurocêntrico no que concerne a problemas culturais e experiências[17] propriamente europeias. Essa especificidade nega a universalidade do direito internacional.

Contudo, atualmente o direito internacional é universal em seu âmbito geográfico e na sua aplicação. Seus guardiões o apresentam como um corpo coerente e razoável de regras que são universalmente aplicáveis à toda humanidade, sem referir-se às questoes de nacionalidade, cultura, religião e filosofia.[18] Ao contrário da TCR, o direito internacional mantém-se explicitamente como universalmente humano e, com isso, automatica e forçosamente abarca todas as sociedades humanas. Intrinsicamente a esta suposição, existe um sentimento de inevitabilidade. Por exemplo, quem poderia imaginar uma "comunidade internacional" sem o direito, ou seja, um grupo de normas previamente determinado que governa as relações entre estados? De fato, o direito internacional é tão presente nos dias de hoje que a maioria dos estados não europeus e das pessoas que foram seus alvos alegam que este seria um escudo e um meio de troca internacional.

Como todos os discursos e paradigmas que estão sob o manto da universalidade, o direito internacional traz para si um plano moral alto em que a boa e

---

[16] Ver: ANGHIE, Antony. Francisco de Vitoria and the colonial origins of international law. *Sociology & Legal Studies*, v. 5, p. 321, 1996; GORDON, Ruth. Saving failed states: sometimes a neocoloniaist nation. *American University Journal of International Law and Policy*, v. 12, p. 903, p. 931, 1997 (que afirma que em 1914 a Europa já tinha 85% da terra sob sua dependência); WEERAMANTRY Christopher; BERMAN, Nathaniel. The Grotius lecture series. *American University International Law Review*, v. 14, p. 1.515, p. 1.526, 1999 (que afirma que a disputa colonial na Africa começou em 1885).

[17] Ver: ANGHIE, Antony, 1999, p. 2. Ver Nota 13, *supra* (que afirma que em 1914 as pessoas da Ásia, África e do Pacífico já estavam assimiladas ao sistema legal europeu derivado do pensamento e da experiência europeia).

[18] Ver: ANGHIE, Antony, 1999, p. 1. Ver Nota 13, *supra* (que afirma que o direito internacional se aplica a todos os estados independentemente de sua cultura, crenças e organização política).

eterna verdade pode ser alcançada.[19] Nesse caso, ordem e estabilidade podem ser asseguradas em escala global. Implicitamente, há no direito internacional o aviso de que nenhum grupo, nação, Estado ou pessoas pode alcançar o progresso sem se tornarem membros da "sociedade" das nações, ou seja, da "sociedade internacional". Colocado de maneira diferente, a assimilação ao direito internacional é uma condição *sine qua non* para a civilização. A "realidade" internacional sugere que sair do mundo do direito internacional é, de fato, escolher sair da sociedade "civilizada" para se tornar um "desleal" ou "pária" para a nação, Estado ou sociedade.

Essas duas assunções básicas, a particularidade e a especificidade da TCR, a universalidade e a internacionalidade do direito internacional são os pontos focais do meu questionamento. Essas assunções estariam corretas e, em caso afirmativo, até que ponto? Eu quero argumentar que o contrário é provavelmente verdadeiro também. Enquanto a TCR tem um potencial de emancipação universal imenso, o direito internacional tem sido grandemente desenvolvido e utilizado como uma forma de se avançar interesses particulares para o benefício de pessoas específicas, de culturas, de regiões e, consequentemente, em detrimento de interesses particulares de pessoas, culturas e regiões.

Esse aspecto desenvolvido levanta a questão de que o direito internacional tem sido largamente utilizado como um instrumento de incentivo para a "não liberdade" e para ressaltar e agravar o sofrimento humano, em vez de atenuá-lo. Adicionalmente, também foi argumentado que o direito internacional não precisa ser um instrumento para exclusão e exploração, que poderia e deveria propagar ideais mais nobres. Eu quero sugerir que a TRC tem um

[19] Ver: POMEROV, John Norton. *Lectures on international law in time of peace*, p. 4-5. In: WOOLSEY, Theodore Salisbury (ed.). 1886 (que afirma que o direito internacional é idêntico ao direito natural e, consequentemente, ambos são leis de Deus). Pomerov, um importante e pioneiro escritor sobre o direito internacional, remontou à moralidade cristã e à doação de Deus ao homem com "consciência universal e intelecto... [a habilidade de] discernir e aprovar princípios excelentes e abstratos do certo, do verdadeiro e da justiça," do qual "um perfeito sistema de direito positivo" poderia ser construído para eliminar o mal da sociedade (POMEROV, 1886, p. 4). Entretanto, para justificar a colonização de povos não europeus, Pomerov nota que: parece ser uma lei proporcional em que as pessoas que são inadequadas para desenvolver os recursos da terra deveriam dar a energia que transforma a floresta e o selvagem em fazenda, vilarejo e cidade para aqueles que tem uma raça mais forte, com uma persistência mais duradoura (POMEROV, 1886, p. 96-97).

potencial emancipatório grande em âmbito global, um potencial que pode ser aproveitado e utilizado como parte de um projeto para a reconstrução do direito internacional. Entretanto, isso apenas seria possível se houvesse uma sinergia intelectual e uma cumplicidade deliberada entre a TCR e os estudos de Terceiro Mundo amplamente definida e, particularmente, um casamento de interesses entre a TCR e TWAIL.

2. O Catalítico Interno-Externo (Conhecido-Estranho)

Estudiosos do Terceiro Mundo analisam as disciplinas da TCR e do direito internacional com um grau considerável de desconforto e um sentido internamente construído de alienação.[20] Nem a TCR, como um marco histórico-legal ou discurso intelectual, nem o direito internacional, como um código totalitário para a governança global, germinaram no território africano. Para ter certeza, meus ouvidos nativos não são surdos para muitos dos problemas significativos abordados por ambas as disciplinas. Eu tenho um intenso interesse pelas relações entre os Estados, cidadãos e instituições internacionais. Adicionalmente, questões de construção de identidade e o papel do direito na criação de hierarquias sociais são externos à África pré-colonial. Minha alienação não deriva desses fatos, mas sim das tradições históricas, culturais e intelectuais particulares e das línguas em que tanto a TCR quanto o direito internacional estão imersos. É nesse sentido que eu sou um estranho (externo), até mesmo em relação ao TCR.[21]

Apesar de ser um estranho para a TCR e para o direito internacional, eu tenho um sentido muito real de interno (conhecido) para ambos. Eu faço

---

[20] Na visão de um estranho analisando a questão, eu vejo tanto a TCR quanto o direito internacional como discursos "ocidentalistas" e como métodos particulares e doutrinas que lidam com problemas específicos do mundo ocidental ou tentam avançar certos interesses ocidentais. No que concerne à maneira como o direito internacional aborda a mim, por exemplo, eu sou considerado uma "coisa", um objeto que deve ser controlado.

[21] Pegando emprestado da Teoria Racial Crítica, eu trago para ambos projetos – TCR e direito internacional – uma "jurisprudência de fora" própria de mim. *Cf.* MATSUDA, Mari. Public response to racist speech: considering the victim's story. *Michigan Law Review*, v. 87, p. 2.320, p. 2.323-2.324, 1989 (que discute a emergente jurisprudência minoritária, particularmente aquela sobre mulheres e pessoas de cor).

parte de uma elite internacional que se beneficia pessoalmente das normas e das estruturas do direito internacional. Minha realidade é aquela dos cidadãos marginalizados e diminuídos da América Latina, África, Ásia, ou, nesse sentido, América do Norte. Eu não me canso diante das avalanches diárias de crueldade derivadas da globalização, de repressões estatais e de abuso. Contudo, eu sou um africano – um africano negro que vive nos Estados Unidos. A realidade de ser negro nos Estados Unidos exige um preço a ser pago diariamente que não tem fim. Claramente, esse preço varia conforme o lugar de cada um, mas de qualquer maneira, apenas o fato de ser negro faz com que esse preço seja pago, conforme foi demonstrado claramente na tragédia de Diallo.[22] No final do dia, eu sou uma pessoa negra, um homem negro nos Estados Unidos, e é por isso que eu me considero como um interno à TCR.

Contudo, eu também sou um estranho à essa teoria por outra consciência que carrego da realidade histórica, política e cultural da África, a qual eu faço parte, ou seja, do Terceiro Mundo ao qual pertenço, distintamente do Ocidente. No direito internacional, eu vejo um sistema de ordem e de entendimento do mundo, um sistema e uma estrutura normativa que me deixa precisamente consciente do meu lugar subordinado e marginal em sua estrutura, como um "outro".[23] Como uma pessoa entende, por exemplo, a retórica do poder europeu na Conferência de Berlin em 1884 na qual a África foi dividida para colonização? Em suas tentativas de colocar uma "faceta humana" na brutalidade e na barbaridade dos projetos coloniais, os poderes imperiais inseridos no art. 6º da Conferência indicam que:

---

[22] Ver: LOWE, Herbert; BRUNE, Tom. Jackson: vestibule tells Diallo story. *Newsday*, mar. 7, 2000, p. A03 (que discute detalhes do incidente de Diallo, no qual quatro policiais de Nova York disfarçados dispararam 41 balas e mataram Amadou Diallo, um cidadão africano desarmado, enquanto ele estava na entrada do seu apartamento no Bronx); SALTONSTALL, Dave. Prez says Diallo race case. *Daily News*, mar. 2, 2000, p. 2 (que discute o mesmo tema). Inacreditavelmente, um júri absolveu os quatro policiais, até mesmo das acusações de homicídio culposo. Não há dúvidas de que os policiais não teriam assassinado Diallo se ele fosse um homem branco em um bairro de predominância branca.

[23] *Cf.* ANGHIE, Antony, 1999. Ver Nota 13, *supra* (que afirma que o direito internacional cai na continuidade da história europeia onde as experiências europeias são universalizadas em uma missão "civilizatória").

Todos os poderes exercentes dos direitos de soberania ou que detenham uma influência no país em questão [o Congo] se comprometem a zelar pela conservação das populações indígenas e o melhoramento de suas condições morais e materiais, e a lutar pela eliminação da escravidão, especialmente do comércio de escravos negros.[24]

Algumas das declarações feitas na Conferência de Berlin são simplesmente chocantes. Bismarck, por exemplo, mencionou que "todos os governos presentes dividem o desejo de trazer nativos africanos para a claridade da civilização através da abertura do interior do continente para o comércio".[25] Essas são declarações notáveis feitas por governantes brancos unidos para "legitimizar" um dos roubos mais flagrantes de todos os tempos, sem contar que os assuntos da reunião – Africanos e seus países – não estavam na Conferência de Berlin! Essa é a história do direito internacional que faz com que eu me sinta, com um pensamento posterior da disciplina, como uma "coisa" que o direito internacional define, acomoda, explora, tolera e controla. É o direito internacional "deles", um discurso que chama e me trata como um selvagem, tirando minha dignidade e minha humanidade.

Há, contudo, um paradoxo. Eu estaria mentindo se dissesse que não preciso de uma espécie de direito internacional. Eu preciso da conectividade internacional para desafiar a hierarquia racial global dos brancos que domina a África e o "Terceiro Mundo" em geral. Exploração e repressão tem sido fenômenos globais[26] nos últimos cinco séculos e a resposta para isso deve ser também acertada no âmbito global. Em um estranho contraste, o direito internacional poderia facilitar esse processo por omissão. As normas, processos, estruturas e instituições que operam baixo o amplo espectro do direito internacional possuem lacunas suficientes para permitir um certo grau de mobilização. Tais esforços podem levar a um melhor entendimento

---

[24] Lei geral do Tratado da Conferência de Berlin sobre a África Ocidental. Fev. 26, 1885, traduzida em documentos oficiais, *American Journal International Law*, v. 3, suplemento, 1909.
[25] LINDLEY, Mark Frank. *The acquisition and government of backward territory in international law*: being a treatise on the law and practice relating to colonial expansion, p. 332 (fotorreimpressão, 1969), 1926.
[26] Ver: MUTUA, Makau wa. Why redraw the map of Africa: a moral and legal inquiry. *Michigan Journal of International Law*, v. 16, n. 5, p. 1.113, p. 1.114, 1995 (que discute a dominação europeia na África e a criação de estados incoerentes e artificiais).

das hierarquias globais e iniquidades e a lutas mais sofisticadas e refinadas para transformar tais opressões.

Também existem razões pragmáticas para se utilizar o direito internacional. Por exemplo, como meus direitos e privilégios serão mediados pela sociedade internacional se eu sair do direito internacional? Em outras palavras, sendo parte da sociedade internacional, como eu posso assegurar minha dignidade humana fora do âmbito do direito internacional? Eu perderia minha personalidade legal internacional como aconteceu com os habitantes da antiga República da Somália que atualmente são apátridas? Importa-lhes o fato de não serem mais "conectados" com o resto do mundo e de não fazerem mais parte de grandes organizações internacionais como a Organização das Nações Unidas (ONU) e grandes instituições financeiras? É importante, por exemplo, o fato de não poderem mais realizar viagens internacionais por não terem um estado de fato que emita passaportes aceitos por outros estados? Foram deixados de fora e trancados? Estão piores que outros países da África ou que outros países de "Terceiro Mundo"? É por essas implicações vexatórias que eu quero ser parcialmente interno também.

3. Teoria Crítica Racial

No meu entendimento, a TCR é um projeto de ciência do direito de fora. Preocupa-se com justiça social para grupos de fora (externos), ou seja, grupos que tradicionalmente estiveram subordinados nos Estados Unidos. Fortemente influenciada por mulheres negras da elite – que vem de um dos grupos mais subordinados da sociedade americana – a TCR tem se dedicado em primeiro lugar às lutas antirracismo e antissexistas e serviu principalmente para expressar os resultados das reformas dos direitos civis e sociais que trouxeram uma mudança formal mas não substancial.[27] Dessa maneira, é uma corrente muito específica de estudo.

---

[27] Ver: *Key writings*, 1995, p. xiii. Ver Nota 3, *supra* (TCR abraça um movimento de estudiosos deixados de fora, a maioria deles de cor, situados em escolas de direito, cujo trabalho desafia as maneiras sobre as quais raça e poder racial são construídos e representados na cultura legal americana e, mais especificamente, na sociedade americana como um todo").

A TCR é dirigida primeiramente pelo repúdio à subordinação e emprega a multidimensionalidade e a intersecção para libertar a análise das estruturas e da cegueira de se analisar individualmente categorias/identidades. Portanto, a TCR é atualmente um método inclusivo. Ela busca levar em consideração muitas das variáveis que criam uma falta de poder, uma marginalização, debilitando e degradando hierarquias sociais e a exclusão.[28] O que ela faz de fato é universalizar e globalizar – através de seus métodos holísticos – as lutas contra a subordinação. Sua localização específica contradiz as ferramentas universais de análise que contribuiu para a desagregação de complexos sociais e fenômenos legais.

A universalização à qual eu me refiro aqui claramente não é a geográfica, mas sim a habilidade da TCR de reconhecer e assumir muitos dos indícios de subordinação na luta contra a falta de poder. Dessa maneira, enquanto a origem e o propósito da TCR são particulares, seus instintos e objetivos são universais no sentido de que eles buscam o avanço internacional e a proteção da dignidade humana sem se importar com a categoria/identidade sob ataque. A TCR diz que nenhuma categoria/identidade deveria ser deixada de fora no entendimento ou na luta contra a exploração e contra a subordinação. Esse método não conhece limites geográficos, espaciais ou culturais. Considerando que muitas dessas categorias existem em sociedades fora dos Estados Unidos, seria útil para estudiosos e ativistas sociais, políticos e jurídicos de diversas partes estudarem o método da TCR e explorarem quais de seus aspectos podem informar ou avançar suas próprias lutas.

É aqui que se encontra o potencial emancipatório da TCR de inspirar um novo conceito do direito internacional. Esse é um método que pode ser particularmente útil no entendimento das muitas facetas e das camadas de injustiças e opressões impostas por ordens internacionais de direitos, políticas, culturais e econômicas em sociedades em todo o mundo e, particularmente, no "Terceiro Mundo".

---

[28] De acordo com seus autores principais, a Teoria Racial Crítica é mantida por dois interesses básicos em comum. O primeiro é entender como um regime de supremacia branca e sua subordinação de pessoas de cor tem sido criada e mantida na América e, em particular, examinar a relação entre a estrutura social e ideais professados tais como "o Estado de Direito" e "igualdade de proteção". O segundo é um desejo não apenas para entender a ligação vexatória entre direito e raça, mas o poder de mudá-la.

4. Direito Internacional

Em contraste à TCR, o direito internacional é o sistema, a ciência do direito de grupos "internos" e de interesses globais dominantes. Enquanto centro normativo e código de conduta legítimo para a sociedade internacional enraizado em um profundo sentido de predestinação europeia e global, o direito internacional está fundado em tendências europeias que tratam o universo como um palco para os interesses militares, políticos, econômicos e culturais[29] dos europeus e dos norte-americanos. Essa supremacia global, branca e europeia sobre povos não europeus tem como premissa a Europa como centro, o cristianismo como fonte da civilização, o caráter inato da economia capitalista e a política imperialista como necessidade.[30]

No contexto do direito internacional, a Europa é o centro geográfico do mundo, o ponto de referência; qualquer outro país ou região é descrito como "remoto" – o "extremo oriente" ou o "oriente médio" – em relação à Europa. O cristianismo é a moral e a fundação natural da civilização, a razão cuja falta tornaria inatingível a condição de humanidade; assim, ao se ligar o cristianismo com o projeto colonial e a fusão da igreja com o estado, o império é alcançado. O capitalismo é construído como sendo inato ao ser humano e, dessa maneira, se torna a base para regimes de posse, de proteção e de distribuição de recursos globais. Finalmente, o imperialismo político é um paradigma indispensável no ordenamento da relação entre europeus e não europeus, havendo o dever manifesto dos europeus em transmitir noções de civilização paras as demais raças – atrasadas e não civilizadas.

O direito internacional divide o mundo entre europeus e não europeus, dando primazia aos primeiros. Isso é feito através da criação da noção da hierarquia de culturas e pessoas. Os princípios fundamentais do direito internacional evidenciam essa visão flexível da disciplina. Soberania e Estado

---

[29] Ver: SLATER, David. Contesting Occidental visions of the global: the geopolitics of North--South relations. *In: Beyond Law* – Mas alla del Derecho, n. 4, p. 100, 1994.

[30] Ver: BEDJAOUI, Mohamed. Poverty of the international order. *In: International law*: a contemporary perspective, p. 152, p. 154 (FALK, Richard A. *et al.* (ed.) 1985 (que captura essas tendências). Bedjaoui afirma: Esse direito internacional clássico consiste de um conjunto de regras com um viés geográfico (era um direito europeu), uma aspiração ética-religiosa (era um direito cristão), uma motivação econômica (era um direito mercantil), e com objetivos políticos (era um direito imperialista).

são definidos de maneira a excluir ou subordinar sociedades não europeias.[31] O pertencimento à sociedade internacional é uma prerrogativa do poder europeu, o qual é sozinho responsável por decidir quem pertence a essa sociedade internacional – e, consequentemente, quem pode usufruir dos privilégios do direito internacional. A criação e a recriação de Estados, assim como o seu reconhecimento, têm sido largamente uma prerrogativa da aliança euro-americana. Em 1967, por exemplo, a "comunidade internacional" se recusou a reconhecer Biafra, um Estado dominado por nigerianos do sul que quis se separar no contexto pós-colonial da Nigéria, sendo que contou com o reconhecimento da secessão[32] pela Tanzânia e muitos outros Estados africanos. Contrariamente, não houve obstáculos que prevenissem Estados europeus de reconhecerem Estados formados como consequência da queda da União Soviética e do colapso da Iugoslávia no início dos anos 1990.[33]

O que o mundo testemunhou nos últimos cinco séculos é a universalização de um direito internacional que é particular da Europa e que não busca a justiça universal, mas uma ordem legal internacional que erga, preserve e abarque a dominação euro-americana do mundo. É impossível providenciar qualquer outra leitura para a visão racial do direito internacional criada por seus autores, os europeus e os americanos.

---

[31] Para justificar o colonialismo, o direito internacional negou a soberania de estados não europeus.

[32] Biafra se separou da Nigéria em 30 de maio de 1967, iniciando uma guerra civil que durou até 1970, sendo que aproximadamente 250 mil civis morreram. Ver: SOYINKA, Wole. *The open sore of a continent*: a personal narrative of the Nigerian crisis, 1996 (que discute a secessão de Biafra da Nigéria assim como a história e o presente do atual regime tirânico que pode levar à queda da Nigéria); ver, também: MUTUA, Makau wa. *Can Nigeria be one?* Wilson Q., p. 91, p. 92 (Verão de 1996) (que discute a incoerência do estado nigeriano e a necessidade de recriá-lo); O depoimento do governo da Tanzânia sobre o reconhecimento de Biafra. In: *Política exterior da Tanzânia* – 1961-1981: a reader, p. 275, p. 275-279 (MUSHI, Samuel; MATHEWS, Rwekaza (eds.), 1981 (que discute as causas e os resultados de dois golpes de estado perpetrados pelos militares que levou à independência de Biafra); IJALAYE, David. Was Biafra at any time a state in International law? *American Journal of International Law*, v. 65, p. 551, p. 551, 1971 (que aborda o caso de Biafra na sequência de sua secessão).

[33] Ver: MUTUA, Makau wa. Putting Humpty Dumpty back together again: the dilemmas of the Post-Colonial African State. *Brooklyn Journal of International Law*, v. 21, n. 1, p. 505, p. 505, 1995 (que traça a natureza disfuncional do Estado africano para a sua criação artificial).

Até o direito internacional dos direitos humanos, provavelmente visto como a mais benigna das áreas do direito internacional, busca a universalização do eurocentrismo. O conjunto de direitos humanos é movido pelo que chamo de metáfora do selvagem-vítima-salvador, na qual os direitos humanos são uma grande narrativa de época onde o selvagem era descrito como contrário às vítimas e aos salvadores.[34] Nesse contexto de direitos humanos, a democracia e o liberalismo ocidental são internacionalizados para salvar os selvagens de cultura não ocidental deles mesmos e para "aliviar" o sofrimento das vítima, as quais normalmente não são ocidentais ou europeias.[35]

No idioma dos direitos humanos, o ocidente europeu se tornou o salvador das infelizes vítimas cuja salvação dependia apenas da transformação de sua cultura selvagem através da imposição dos direitos humanos. Tentativas de criar um regime universal de direitos que reflita a complexidade e a diversidade de todas culturas têm sido vistas com indiferença ou hostilidade pelos guardiães oficiais dos direitos humanos.

5. TWAIL e TCR

A ONU vem desempenhando desde 1945 um papel central ao preservar a ordem global dominada pelo Ocidente. Atualmente, o Conselho de Segurança da ONU e suas estruturas indefensáveis se tornaram propriedade exclusiva dos Estados Unidos, Reino Unido e França. A agenda política global tem sido limitada aos interesses desses poderes. Na área do comércio internacional, a Organização Mundial do Comércio (OMC)[36] e o regime de livre-comércio do Acordo Geral sobre Tarifas e Comércio (*General Agreement on Tariffs and Trade* – GATT)[37]

---

[34] Ver: MUTUA, Makau wa. Savages, victims, and saviors: the metaphor of human rights, *Harvard International Law Journal*, v. 42, 2001.

[35] Ver: MUTUA, Makau wa. Savages, victims, and saviors: the metaphor of human rights. *Harvard International Law Journal*, v. 42 (que discute detalhes da construção do selvage, vítima-salvador).

[36] Ver o Acordo de Marrakesh que estabeleceu a OMC, firmado em 15 de abril de 1994, *International Legal Materials*, v. 33, p. 13, 1994.

[37] Ver o Acordo Geral sobre Tarifas e Comércio de 30 de outubro de 1947, 61 Stat. A-11, 55 U.N.T.S. 194.

são atualmente o combustível da globalização.[38] Os efeitos colaterais da globalização, que desproporcionalmente impactam negativamente o Terceiro Mundo, concretizaram uma ordem internacional econômico-política injusta. Em outras palavras, a injustiça tem sido globalizada e internacionalizada em uma escala até então sem precedentes. Corporações transnacionais e instituições multilaterais agora exploram países de Terceiro Mundo para escapar da responsabilidade e das proibições tanto do direito doméstico como do direito internacional. Por exemplo, ofertas de investimento e de comércio que normalmente não levam em consideração o meio ambiente e acabam com os direitos dos trabalhadores.[39]

Diante de tais circunstâncias terríveis, o que pode ser feito? Eu proponho essas posições como pontos de partida. O Terceiro Mundo – o qual contém a maior parte da humanidade – necessita do direito internacional. Esse ponto é indiscutível. Na era da globalização, o mundo caminha para se tornar cada vez menor. Assim, esforços devem ser direcionados para transformar a natureza da globalização, não para a reverter. Eu acredito que isso só pode ser feito ao se reconceituar e reestruturar o direito internacional. Nessa tarefa de reconceituar, a TCR oferece possibilidades sinergéticas ao TWAIL, o único movimento que tem o potencial de liderar a transformação do direito internacional.

A ideia do TWAIL é antiga e, contudo, nova. No centro do pensamento do TWAIL existem vários interesses centrais e suposições. Em primeiro lugar, o TWAIL captura uma corrente de estudo e de ação de acadêmicos do Terceiro Mundo, elaboradores de políticas, organizações e estados cujo propósito central é a exposição e a eliminação de normas, processos e instituições que subordinam o Terceiro Mundo à Europa Ocidental. Em segundo lugar, o

---

[38] Ver: COWLING, Robin L. Pic, Pops and the mai apocalypse: our environmental future as a function of investors' rights and chemical management initiatives. *Houston Journal of International Law*, v. 21, p. 231, p. 275, 1999 (que discute a promoção do fluxo desregular de dinheiro e de bens através de fronteiras internacionais que está sendo moldado por pactos como o NAFTA e o GATT).

[39] Ver: HOWSE, Robert; MUTUA, Makau. *Protegendo os direitos humanos em uma economia global*: desafios para o mundo da Organização Mundial do Comércio, 2000 (que discute a relação entre o direito do comércio e os direitos humanos); *Direitos humanos e a globalização econômica*: Direções para a OMC. MEHRA, Malini (ed.), 1999 (que aborda questões de se os direitos humanos impactam politicas de comércio internacional).

TWAIL busca criar condições – intelectuais e materiais – que irão conduzir um novo formato do direito internacional. Nesse sentido, o TWAIL repudia a supremacia branca ou qualquer outra hierarquia racial e se opõe a todas as doutrinas hegemônicas e práticas que fomentam a exploração e a desumanização de culturas, filosofias e práticas do Terceiro Mundo que são hostis ao desenvolvimento humano. Contudo, o TWAIL não é simplesmente um mecanismo de defesa nem uma reação aos projetos imperiais do ocidente. O TWAIL é movido pelo ímpeto de transformar – por dentro – as culturas, as filosofias e as práticas do Terceiro Mundo que são inimigas ao desenvolvimento humano. É nesse sentido que o TWAIL é uma ideia antiga que agora vive um novo momento no cenário atual das realidades internacionais.

O TWAIL rejeita as molduras tradicionais usadas para desenvolver e apoiar o direito internacional e busca uma estrutura baseada na universalização genuína. Ele repudia o mascaramento do projeto de esclarecimento e iluminação do liberalismo internacional. Essa máscara não pode resolver contradições centrais congeladas na ordem legal internacional: aquela de relações hierárquicas entre o ocidente e o resto, entre os europeus e os não europeus. Essa fachada não é suficiente para conciliar o fantasma da igualdade em termos de soberania entre estados, desigualdades político-econômicas entre pessoas e estados e o paternalismo de projetos imperiais – tal qual os direitos humanos – que imprimem uma falsa consciência no mundo.

A meu ver, a metodologia da TCR – desafiar formas que não trazem mudanças substanciais, atacar todas as bases da subordinação, lutar por uma ordem legal que entrega justiça social de verdade – deve ser incorporada no trabalho do TWAIL. Ainda mais importante, os pensadores da TCR e do TWAIL devem unir esforços e aprender uns com os outros. A corrente da TCR deve começar a reescrever em um idioma de direito internacional; devem demostrar que entendem que as condições de subordinação nos Estados Unidos são parte e parcela da estrutura global de desumanização.

Há esperança de que haja uma colaboração assim; em 1998, o Acordo Multilateral de Investimento (MAI)[40] – que teria dado direitos sem precedentes

---

[40] Para mais sobre o MAI, ver: Kobrin, Stephen. The MAI and clash of globalizations. *Foreign Policy*, p. 97, outono de 1998; *Direitos Humanos como o objetivo primeito do comércio internacional, investimento, políticas de finança e prática*. Tese depositada por OLAKA-ONYANGO, Joseph; VDAGAMA, Deepika. U.N. ESCOR Subcomissão sobre a Prevenção de Discriminação e

aos investidores, mas lesionado severamente direitos trabalhistas, direitos humanos e ambientais – foi retirado depois da oposição global da proteção ambiental e dos consumidores, dos direitos humanos e de organizações trabalhistas. A TCR poderia ter tido uma contribuição significativa para esse debate, tanto no nível doméstico e internacional. É para tal colaboração entre a TCR e a TWAIL que eu convido agora; é apenas através de uma sinergia e de uma coalisão entre nós e nossos aliados que seremos capazes de reestruturar o direito internacional. O diálogo entre os dois parece estar apenas começando. Uma publicação recente lamentou a falta de estudos que conectem a globalização ao poder racial e à dominação econômica e pediu trabalhos que seriamente examinassem os "processos que produzem a estratificação global racial".[41] Nós deveríamos parar de falar e agir mais.

Proteção de Minorias, 51ª sessão agenda provisional item 4, U.N. Doc. E/CN.4/Sub.2/1999/11 (1999).
[41] Ver anotações principais na Nota 3, *supra*.

Comentário 1 ao Capítulo 5:
"Teoria Crítica Racial e o Direito Internacional: a Visão de um Interno-Externo"
Narrativas Raciais e a Crítica aos Pressupostos Universalistas do Direito Internacional

Adilson José Moreira

Introdução

Makau Mutua faz uma afirmação importante no início de seu texto no qual considera as possibilidades de aplicação de teses da teoria racial crítica ao estudo do direito internacional: esse exercício seria uma forma de enfrentar uma grave crise na qual ele se encontra, decorrente de várias questões relacionadas com o problema da legitimação. Ele estaria relacionado com os diversos usos do direito internacional durante os últimos séculos como um instrumento para a validação da dominação de certos países sobre outros. A autora elabora uma análise sobre as possíveis conexões entre esses dois campos de estudo e chega à conclusão de que o tema do poder atravessa essas duas áreas, motivo pelo qual os especialistas do direito internacional podem se beneficiar de trabalhos elaborados por teóricos raciais críticos que procuram desvelar as relações próximas entre raça e poder. Se normas de direito internacional têm sido utilizadas para justificar a dominação de países centrais sobre países periféricos, processo que implica a subjugação racial, regimes jurídicos nacionais também adotam leis, proferem decisões judiciais que objetivam reproduzir o controle de grupos raciais sobre outros no plano interno. No entanto, essas leis e essas decisões não são apenas normas jurídicas, não são apenas julgamentos de casos. Elas são manifestações de um discurso social e político que almeja reproduzir um regime de sujeição. Isso significa que devemos voltar nossa atenção para a dimensão discursiva do direito internacional, motivo pelo qual metodologias elaboradas por autores da teoria racial crítica podem ser particularmente relevantes. Embora a autora mencione isso no texto, ela não analisa esse aspecto de forma mais profunda. Acreditamos esse exame necessário para todos os estudiosos da área porque ele pode contribuir para transformações importantes nesse campo de estudo do direito (MUTUA, 2000).

Um ponto importante liga os interesses dos estudiosos dessas duas áreas do conhecimento: a crítica ao universalismo imanente ao discurso do direito, o que impede a apreciação adequada das demandas formuladas por minorias raciais. Aos membros desses grupos interessa examinar os modos a partir dos quais discursos baseados na premissa do universalismo restringem o alcance das normas antidiscriminatórias, uma estratégia que tem sido utilizada por segmentos das elites brancas para reproduzir a dominação racial. Pensamos que a análise discursiva do direito elaborada pelos teóricos raciais críticos é uma contribuição importante para os que querem analisar as possibilidades de interlocução entre essas duas disciplinas. O estudo do direito internacional tem sido transformado por uma variedade de perspectivas que procuram examinar seu papel nos processos de construção de relações de poder no plano internacional e suas implicações na vida dos grupos que fazem parte de uma nação.

1. A Dimensão Narrativa do Racismo: o Mito da Neutralidade Racial

Os teóricos desse campo absorveram lições muito importantes dos estudiosos que formularam análises críticas do direito, principalmente as de inspiração estruturalista, perspectiva que permitiu o exame sistemático de discursos na produção de sentidos e identidades sociais. Esses trabalhos abriram espaço para uma análise das estratégias discursivas utilizadas para a legitimação da reprodução do poder. Reagindo contra uma tradição que compreendia o direito como um sistema de normas que possui uma lógica interna que o torna independente de outros campos, os estudiosos da tradição crítica elaboraram obras importantes sobre a correlação entre direito e ideologia. Esse campo parecia ser de grande valia porque permite identificar a forma como ideologias legitimam certas narrativas sobre a regulação da vida social (BARTHES e DUISIT, 1975). Embora o sistema jurídico seja um produto de consensos entre os grupos dominantes sobre diversos temas, discursos sociais representavam normas jurídicas como a expressão da racionalidade e da legitimidade do processo legislativo. Por trás dessa fala está um movimento de reificação das relações sociais: normas jurídicas que representam os interesses de grupos dominantes se tornam expressão da vontade estatal. O judiciário, ao privilegiar uma interpretação positivista da norma, permite a continuidade da subordinação de minorias (GABEL, 1980).

A partir dessa contribuição, os autores da teoria racial crítica elaboraram ao longo das últimas três décadas contribuições metodológicas muito relevantes para o estudo do direito enquanto narrativa cultural. Dois temas principais norteiam muitos trabalhos que seguem os pressupostos dessa teoria: a ideologia da neutralidade racial e o caráter discursivo do racismo. Vários textos elaborados por esses estudiosos se tornaram referência porque problematizam pontos presentes nas análises elaboradas por pesquisadores que defendem processos de interpretação jurídica no qual o pertencimento a grupos sociais não é apresentado como algo socialmente relevante. O tema da neutralidade racial tem ocupado a atenção de professores e professoras interessados em examinar como a articulação entre igualdade formal e assimilação racial influencia a interpretação da igualdade. Esses dois elementos formam a base de um discurso que determina as direções do debate público sobre normas protetivas, tema semelhante a retóricas que procuram legitimar o neoliberalismo como meio de criação de uma cidadania cosmopolita. A defesa da neutralidade racial sustenta um ataque sistemático elaborado por parcelas das elites brancas à legislação antidiscriminatória, processo responsável pela eliminação progressiva das conquistas dos direitos civis de minorias raciais, o que tem contribuído para a reprodução da hegemonia branca naquele nos

Estados Unidos, realidade social responsável pelo surgimento da teoria racial crítica (SIEGEL, 2000).

Uma nova manifestação do racismo surgido nas últimas três décadas naquele país encontra ampla sustentação na ideologia da neutralidade racial, discurso similar ao ideário da democracia racial brasileira. Primeiro, ele é um tipo de dominação racial baseado na negação do racismo. Embora formas de exclusão continuem permitindo a dominação branca, muitos indivíduos alegam que as mudanças significativas nas atitudes morais das pessoas tornaram a discriminação racial algo reprovável. Curiosamente, dentro desse discurso, a reprodução do privilégio branco ocorre sem a ação discriminatória de agentes sociais. Segundo, esse tipo de racismo sustenta discursos baseados em princípios democráticos que legitimaram a luta de minorias raciais por justiça. Vários atores sociais alegam que medidas de inclusão racial são uma forma de racismo, que elas provocam dissenção em uma sociedade na qual há um consenso sobre o tratamento igualitário entre grupos raciais. Terceiro, há um interesse em transformar a neutralidade racial em um parâmetro universal de política pública e na forma primordial de interpretação da igualdade, motivo pelo qual reacionários utilizam esse preceito para atacar de maneira sistemática leis antidiscriminatórias, alegando que elas não são necessárias em um país no qual a raça não possui mais relevância (BONILLA-SILVA, 2006).

2. O Direito como Narrativa Cultural

Richard Delgado, Derrick Bell, Kimberlé Crenshaw, Ian Haney Lopez e Alex Johnson são autores que elaboraram textos de referência sobre a forma como narrativas raciais têm sido responsáveis pela restrição progressiva do escopo das normas destinadas à proteção de grupos minoritários. Esses trabalhos seguem duas perspectivas que apontam os meios a partir dos quais o discurso jurídico encobre e reproduz relações de poder criadas para manter a dominação racial. Os dois primeiros professores, partindo do pressuposto de que membros de minorias raciais têm uma perspectiva diferenciada da realidade social, elaboraram narrativas que descrevem a experiência de grupos minoritários com o sistema jurídico. Por meio de crônicas que retratam contato de minorias raciais com agentes do Estado, esses textos formulam um tipo de narrativa contra-hegemônica que procura expor a forma como ideologias dominantes baseadas em teses liberais encobrem relações de poder entre grupos raciais (DELGADO, 1989; BELL, 1989). Os dois autores seguintes fizeram análises muito relevantes sobre como grupos dominantes articulam argumentos jurídicos e sociológicos para construir uma narrativa que defende a neutralidade racial como forma única de justiça social em decisões judiciais. Os que trabalham com a teoria racial crítica entendem que grupos minoritários precisam criar estratégias discursivas que possam competir com os meios que os membros dos grupos dominantes utilizam para legitimar juridicamente a posição privilegiada na qual se encontram (LOPEZ, 1994; CRENSHAW, 1987). Johnson segue outra perspectiva dentro desse campo de estudo, a mesma seguida por Makau Mutua em seu texto. Enfatizando a importância da menção a dados autobiográficos na formação de narrativas, ele pretende explicitar como o racismo situa pessoas negras em uma posição especial para falar sobre os sentidos da igualdade, como ele influencia diversos aspectos da vida de minorias em quase todos os aspectos de suas vidas, razão pela qual a experiência de grupos minoritários tem um valor normativo para a interpretação de normas constitucionais.

Mais uma vez, esses autores estão interessados em abordar o direito como uma história e isso significa que eles têm o objetivo de identificar discursos que procuram legitimar hierarquias sociais. Eles partem do pressuposto de que o direito tem um caráter discursivo porque as partes de um caso estão sempre contando histórias, histórias que formam um arcabouço destinado a dar sentido a fatos jurídicos. As demandas jurídicas são então produto da articulação de acontecimentos de acordo com certos sentidos, narrativas que são articuladas por meio de discursos que representam interesses específicos de indivíduos ou grupos. Eles sabem que o judiciário é um espaço central da disputa pela universalização de projetos ideológicos que pretendem ser a forma hegemônica de compreensão da sociedade, a forma hegemônica de interpretação de normas legais, principalmente da interpretação do princípio da igualdade, ponto-chave para a reprodução da dominação racial (KENNEDY, 1998).

As perspectivas interpretativas formuladas por esses autores possuem um objetivo comum: uma crítica ao liberalismo e ao individualismo, temas que influenciam a interpretação de normas constitucionais. Esses dois pressupostos interpretativos impedem que grupos sociais sejam considerados como objetos de proteção do princípio da igualdade. Alguns problemas decorrem desse postulado interpretativo. O primeiro deles diz respeito à dificuldade de legitimar medidas que objetivam promover a igualdade racial, o que requer o reconhecimento da diferença de *status* entre grupos. A luta contra a desigualdade racial depende de iniciativas que levam a raça das pessoas em consideração, motivo pelo qual devemos pensar a igualdade como um princípio que almeja proteger grupos sociais. Entretanto, a defesa de uma lógica individualista de interpretação da igualdade torna essa tarefa especialmente difícil porque ela parte do pressuposto de que medidas de inclusão social devem ter um caráter universalista porque só assim elas seriam compatíveis com pressupostos liberais.

Além do racismo institucional e do racismo estrutural, esses autores também denunciam outras manifestações dessa prática que encontram apoio no universalismo dos direitos. Sua forma aversiva reproduz uma lógica social na qual pessoas brancas defendem direitos iguais para todos no espaço público, mas mantêm contato quase exclusivo com pessoas brancas no espaço privado. Esse comportamento é motivado pela atuação de representações negativas sobre minorias raciais que ainda circulam nas sociedades liberais. Ao lado dele atua o racismo simbólico, forma que se volta contra medidas protetivas de minorias raciais a partir do discurso da necessidade de preservação de valores universais como o individualismo e o liberalismo. A experiência das pessoas negras é moldada também por microagressões, termo que designa ações e falas que expressam desprezo em relação a minorias nas interações cotidianas. Elas não são eventos isolados, mas sim atos que se repetem cotidianamente, comprometendo a saúde mental de membros de minorias. Embora elas sejam usadas para demarcar distinções sociais entre negros e brancos, elas não são reconhecidas como atos socialmente relevantes porque não são violações concretas de normas jurídicas, mas apenas atos comportamentais (ROMM, 2010).

Os autores que se filiam à escola da teoria racial crítica identificam outro elemento importante para a discussão das relações entre grupos raciais: a análise da branquitude como um elemento que organiza relações hierárquicas de poder no plano nacional e também no plano internacional. Sendo um elemento de organização da vida social, essa identidade racial designa um tipo de pertencimento que estrutura um sistema de opressão racial que possui dimensões nacionais e também internacionais. Os autores que abordaram os aspectos estruturais da branquitude afirmam que ela indica um tipo de inserção social responsável pelo desenvolvimento de um tipo de perspectiva específica das relações raciais, uma posição específica na estrutura de hierarquias raciais que procura legitimar privilégios sociais, a normalização de uma identidade racial que define o que significa o significado da humanidade a ainda um pertencimento que representa os interesses culturais, econômicos e políticos de pessoas que são racializadas como brancas. Os autores que estudam esse tema afirmam que os privilégios decorrentes da branquitude são largamente invisíveis para seus beneficiários porque elas partem do pressuposto de que todas as pessoas possuem experiências sociais semelhantes (GARNER, 2007; OWEN, 2007).

3. A raça como Elemento Estruturador das Relações Internacionais

A análise da branquitude tem grande importância dentro desse campo de estudo por dois motivos principais apontados por Makau Mutua. Em primeiro lugar, essa identidade racial não designa uma mera categoria biológica, mas, sim, uma posição social que estrutura diversas relações de poder responsáveis pela reprodução das hierarquias entre grupos raciais. Ela tem um caráter normativo, sendo o elemento central de cognições sociais que determinam o valor e os lugares que os diferentes grupos podem ocupar. Isso significa que ser branco situa o indivíduo em uma posição de privilégio estrutural, o que lhe garante poder econômico: lugares de prestígio e poder são construídos como espaços brancos porque a presença dessas pessoas é naturalizada por meio de representações culturais que estabelecem pessoas racializadas como brancas como referências da humanidade. A identificação do ser branco como um ideal universal permite a defesa dos interesses das elites brancas nacionais, da dominação dos países centrais sobre os países periféricos, embora todo esse processo seja representado como interesses do mercado, como algo destinado a regular uma instância que opera de acordo com os interesses de todas as pessoas.

Alguns desenvolvimentos recentes no campo da teoria racial crítica que são muito importantes para a análise das conexões entre raça e poder, estudos que não aparecem no texto de Makau Mutua. O mais importante diz respeito ao neoliberalismo como um novo tipo de governança social diretamente relacionado com a questão racial. Elites tradicionais defendem essa doutrina como uma forma necessária para regulação das atividades estatais e também do mercado, sendo que o último seria a principal forma de integração social. Esse discurso tem sido aplicado para a promoção de ataque sistemático a políticas de bem-estar social, estratégia que tem consequências negativas significativas sobre minorias raciais, grupos que dependem da atuação estatal para poderem ter acesso a um mínimo de bens. O neoliberalismo adquire a forma de uma governança racial ao permitir o controle das instituições estatais pelas elites brancas nacionais e internacionais interessadas em aumentar ainda mais seu poder, o que exige o desmonte de políticas de inclusão inclusivas. Esses autores também apontam o surgimento de um discurso social no qual as pessoas são responsáveis pela criação de formas de inclusão social. Ao lado dessa nova narrativa social, temos diversos argumentos que atribuem as disparidades entre grupos raciais a supostas diferenças raciais: oportunidades sociais estão disponíveis a todas as pessoas, elas precisam atuar de forma responsável para que possam criar meios de inserção social. Se o racismo biológico legitimava a segregação racial na primeira metade do século passado, o racismo cultural corrobora o discurso neoliberal ao garantir que as novas configurações do capital permitem a autonomia de todos os segmentos sociais (HOHLE, 2016).

Conclusão

O texto de Makau Mutua traz considerações importantes sobre os meios a partir dos quais podemos fazer uma análise das relações entre raça e poder para o estudo do direito internacional. Pensamos que os estudiosos desse campo encontrarão meios ainda mais produtivos se considerarem as metodologias teóricas raciais adotadas por críticos sobre o aspecto narrativo do direito. Essas perspectivas investigativas permitem desvelar a forma como o direito internacional opera como um meio de reprodução de discursos que têm o propósito de legitimar relações hierárquicas de poder, o que requer o exame de como elas são estruturadas também no plano internacional. Acreditamos também que o estudo das práticas discursivas no direito internacional nos auxilia ainda a compreender o aspecto econômico das relações raciais, ou seja, as maneiras como o discurso neoliberal legitima políticas que permitem a reprodução da exclusão, apesar de seu caráter universalista.

Referências

BARTHES, Roland; DUISIT, Lionel. An introduction to the structural analysis of narrative. *New Literary History*, v. 6, n. 2, p. 237 – 272, 1975.

BELL, Derrick. *And we are not saved*. The elusive quest for racial justice. New York: Basic Books, 1989.

BONILLA-SILVA, Eduardo. *Racism without racists*: colorb-blind racists and the persistance of racial inequality in the United States. Nova York: Rowan & Littlefield, 2006.

CRENSHAW, Kimberlé. Race, reform, and retrenchment: transformation and legitimation in antidiscrimination law. *Harvard Law Review*, v. 101, n. 7, p. 1.331-1.387, 1987.

DELGADO, Richardo. Storytelling for oppositionists and others. A plea for narrative. *Michigan Law Review*, v. 87, n. 8, p. 2.411-2.444, 1989.

GABEL, Peter. Reification in legal thought. *Research in Law and Sociology*, v. 3, p. 25-41, 1980.

GARNER, Steve. *Whitenes, an introduction*. Londres: Routledge, 2007.

HOHLE, Randolph. *Racism in the neoliberal era*: a meta history of elite white power. Nova York: Routledge, 2016.

KENNEDY, Duncan. *A critique of adjudication*. Fin de siècle. Cambridge: Harvard University Press, 1998.

LOPEZ, Ian Haney. The social construction of race: some illusions, fabrication, and choice. *Harvard Civil Rigths Civil Law Review*, v. 29, n. 1, p. 1-62, 1994.

MUTUA, Makau. Critical race theory and international law: the view of an insider-outsider. *Villanova Law Review*, v. 45, n. 2, p. 841 [página inicial], 2000.

OWEN, David. Towards a critical theory of whiteness. *Philosophy and social criticism*. v. 33, n. 2, p. 203-222, 2007.

ROMM, Norma. *New racism*: revisiting researcher accountabilities. Amsterdan: Springer, 2010.

SIEGEL, Reva. Discrimination in the eyes of the law: How "color blindness" discourse disrupts and rationalizes social stratification. *California Law Review*, v. 77, n. 1, 2000.

Leitura Complementar

CARR, Leslie. *"Color-blind" racism*. Londres: Sage, 1887.

DELGADO, Richard; STEFANCIC, Jean. *Critical race theory*. An introduction. New York: New York University Press, 2001.

EWICK, Patricia; SILBEY, Susan. Subversive stories and hegemonic tales: toward a sociology of narrative. *Law & Society Review*, v. 29, n. 2, p. 197-226, 1996.

GUTIERREZ-GOMES, Carl. *Critical race narratives*. New York: New York University Press, 2001.

HOFFER, Peter Charles. Blind to history: the uses of history in affirmative action suits. *Rutgers Law Journal*, v. 23, n. 1, p. 271-296, 1991.

MOREIRA, Adilson José. Direito, poder, ideologia: discurso jurídico como narrativa cultural. *Direito & Práxis*, v. 8, n. 2, p. 830-868, 2017.

ROSS, Thomas. The Richmond narratives. *Texas Law Review*, v. 68, n. 2, p. 381-413, 1989.

Comentário 2 ao Capítulo 5:
"Teoria Crítica Racial e o Direito Internacional: a Visão de um Interno-Externo"
As Interseccionalidades entre Raça e Gênero e as Hierarquias no Direito Internacional

Karine de Souza Silva

> "Aquele homem ali diz que é preciso ajudar as mulheres a subir numa carruagem, é preciso carregar elas quando atravessam um lamaçal e elas devem ocupar sempre os melhores lugares. Nunca ninguém me ajuda a subir numa carruagem, a passar por cima da lama ou me cede o melhor lugar! E não sou uma mulher? Olhem para mim! Olhem para meu braço! Eu capinei, eu plantei, juntei palha nos celeiros e homem nenhum conseguiu me superar! E não sou uma mulher? Eu consegui trabalhar e comer tanto quanto um homem – quando tinha o que comer – e também aguentei as chicotadas! E não sou uma mulher? Pari cinco filhos e a maioria deles foi vendida como escravos. Quando manifestei minha dor de mãe, ninguém, a não ser Jesus, me ouviu! E não sou uma mulher?" (TRUTH, Sojourner. *Convenção dos Direitos da Mulher*, Estados Unidos, 1851)

Introdução

O artigo de Makau Mutua associa a crise de legitimidade que assola o Direito Internacional (DI) à sua utilização como um instrumento de validação da dominação dos países centrais sobre os periféricos. O longo processo de hegemonia ocidental está centrado na subordinação racial, e insere-se em um projeto global de desumanização destinado à manutenção de hierarquias e exclusões (MUTUA, 2000). Nesse sentido, é necessário reconstruir o Dl para enfrentar os silenciamentos, restituir as humanidades negadas pelo racismo estrutural e, enfim, para produzir novas formas de sociabilidade internacional.

É importante reconhecer que o Direito, historicamente, tem atuado como um instrumento refinado de controle social. De fato, as estruturas de poder do sistema-mundo colonial moderno, ao posicionarem a raça como elemento fundante, pretenderam controlar algumas identidades, expurgando-as da condição de ser humano, como forma de naturalização de violências justificadas pelo binarismo inferior/superior, correlacionado, respectivamente, à dicotomia colonizado/colonizador. Nesse sentido, o Direito desempenha um papel fundamental, na medida em que produz o sujeito racializado e estrutura o racismo. A construção social da raça foi fundamental para dar forma ao capitalismo e legitimar a matriz colonial de poder que, por sua vez, contempla, articula e produz estruturas de subalternização – raça, classe, gênero, sexualidade, etc. – que se retroalimentam e se atualizam para se amoldar às atuais exigências do capitalismo global e de suas elites. Nesse panorama, o DI serviu de tecnologia vocacionada para homologar os colonialismos e a escravidão. Para tal, uma gramática de subordinação fundamentadas pelas ideias de raça e gênero desempenharam um papel essencial na perpetuação de aparatos anacrônicos de violências regulados pelo DI.

Dessa maneira, é imperativa a reconstrução do Direito a partir de um viés inclusivo e emancipatório. Nesse sentido, a interlocução do DI com a teoria crítica racial (MUTUA, 2000) e, sobretudo, com as feministas interseccionais negras (COLLINS, 2016; DAVIS, 2016; KILOMBA, 2012; CRENSHAW, 1989) pode aportar importantes benefícios.

O objetivo deste artigo é evidenciar a relevância da utilização do potencial crítico da interseccionalidade como um recurso para se refundar o DI. As perspectivas interseccionais negras são úteis para a compreensão da performatização da supremacia de determinadas coletividades em detrimento da marginalização de outras. O exame das posições ocupadas pelos sujeitos em uma sociedade (internacional) hierarquizada a partir do olhar interseccional é fundamental porque permite ver as imbricadas inter-relações entre os múltiplos sistemas de opressão que atuam em diversos níveis e em caráter simultâneo na constituição das subjetividades, nos constrangimentos de suas atuações, na demarcação de espaços e na validação de arranjos de poder.

1. Interseccionalidades de Raça e Gênero e o Direito Internacional

O célebre discurso intitulado *E eu não sou uma mulher?*, proferido em 1851 pela abolicionista e feminista Sojourner Truth na Convenção dos Direitos da Mulher, nos Estados Unidos, é considerado uma das obras fundacionais dos feminismos negros (VELASCO, 2012, p. 29). Na ocasião, Truth levanta de forma inaugural três pontos especialmente relevantes para análise da condição de existência das mulheres negras e que são de valia se incorporados aos estudos do Direito: 1) o machismo e o racismo como dupla condição de subordinação que afeta as mulheres negras; 2) os problemas atinentes à apropriação e à universalização da categoria mulher operacionalizada pelos feminismos hegemônicos; 3) a invisibilização histórica das mulheres negras enquanto sujeitos políticos que produzem discursos e práticas contra-hegemônicas.

No Brasil, as precursoras dos debates sobre as dimensões interativas entre racismo e sexismo foram Beatriz Nascimento e Lélia Gonzalez. Entretanto, a jurista negra estadunidense Kimberlé Crenshaw (1989), uma das fundadoras da teoria crítica racial, foi a responsável por cunhar o termo interseccionalidade, entendido como "uma conceituação do problema que busca capturar as consequências estruturais e dinâmicas da interação entre dois ou mais eixos da subordinação" (CRENSHAW, 2002, p. 177). O conceito de interseccionalidade permite visualizar que a utilização dos marcadores raça e gênero como categorias analíticas e experimental mutuamente excludentes se perpetuou por meio de uma concepção de eixo-único que é frequentemente utilizado na produção de normas contra a discriminação racial. A utilização do eixo--único nos discursos feministas dominantes e nas políticas antirracistas acarreta a promoção de diagnósticos distorcidos sobre racismos e discriminações de gênero, uma vez que desconsidera que a interação entre gênero e raça marginaliza ainda mais as mulheres negras. A categorização convencional de tais eixos de forma excludente, sem considerar os atravessamentos, não contempla a real vivência das mulheres negras. Deste modo, as experiências dessas mulheres são limitadas pelas experiências dos outros membros mais privilegiados do grupo – nomeadamente, o discurso antirracista prioriza os homens negros, e os feministas ocidentais se dirigem às mulheres brancas. (CRENSHAW, 1989).

Assim, as mulheres negras, ao serem constituídas como "o outro do outro", estão situadas no vazio, no entrediscursos, no não lugar. Tal se revela nas abordagens sobre o racismo, nas quais "o sujeito é homem negro"; nos debates sobre gênero, "o sujeito é a mulher branca"; e, quando se versa sobre classe, a "raça" é ignorada (KILOMBA, 2012).

Outro ponto relevante do posicionamento de Truth é o processo de apropriação da identidade mulher. Por isso, quando o assunto se refere aos feminismos, é imperativo definir quem são as mulheres às quais se está aludindo. Os feminismos *mainstream* são limitados porque pretenderam universalizar as pautas em seu favor, ao passo que se propuseram a representar a totalidade das mulheres sem considerar o cruzamento das opressões de raça e gênero, e sem reconhecer a incidência de subjugação de mulheres negras pelas próprias mulheres brancas em diferentes âmbitos, ou seja, desmerecendo o racismo gendrado. Na esfera do DI, a generalização da categoria mulher e a ausência da referência às mulheres negras nas raras pesquisas sobre os feminismos podem ser atestadas na leitura do conhecido artigo escrito por Charlesworth, Chinkin e Wright (1991).

Os feminismos hegemônicos não comportam as dores, as reivindicações e as plataformas das mulheres negras, e pecam pelo não reconhecimento dos privilégios da branquitude, e pela relutância em diferenciar os coletivos de mulheres. A imagem da mulher frágil e que militou longamente pelo direito de trabalhar nunca correspondeu à realidade das mulheres negras que, pelo contrário, foram brutalizadas, violadas e sempre labutaram, seja na condição de escravizadas, seja na de empregadas domésticas, babás, etc., e ainda na contemporaneidade seguem ocupando lugares e posições definidos pela escravidão (NASCIMENTO, 1976). Nas universidades brasileiras, as professoras racializadas compõem os grupos minoritários. Nos cursos de Direito são extremamente sub-representadas no ensino, na pesquisa e nas atividades de extensão, e as que são menos citadas em todas as áreas, principalmente no DI, que é um ramo notadamente elitizado. Ou seja, é necessário reconhecer que brancas e afro-americanas partem de lugares diferentes. Como bem atestam as feministas negras, a mulher branca é o sujeito do feminismo e o homem negro é o sujeito do racismo (KILOMBA, 2012; RIBEIRO, 2017).

O terceiro tópico digno de nota no discurso de Sojourner Truth diz respeito ao ativismo feminino. Ora, as mulheres negras desde sempre se posicionaram como sujeitos políticos, recorrentemente fazendo uso sábio e criativo do lugar de marginalidade (COLLINS, 2016). O processo de escravização – que foi marcado por múltiplas violências físicas, psíquicas e epistemológicas – foi, acima de tudo, um contexto caracterizado por lutas e resistências negras e que configuraram uma história revolucionária rica, inspiradora, porém desconhecida (JAMES, 2015, p. 22).

No campo do DI tem-se operacionalizado, ao longo dos últimos cinco séculos, uma negação assídua das historicidades, das subjetividades, das memórias e da agência das populações não brancas e não ocidentais. Esse território dos esquecimentos é um lugar onde classe, raça e gênero interagem com notada fluidez enquanto recortes de subalternidade e, por isso, é um terreno propício para a emergência dos estudos interseccionais.

Entre o silenciamento das memórias e as violências epistêmicas contra as mulheres e intelectuais negras no domínio do Direito Internacional – e que estão presentes no *milieu* acadêmico em larga escala –, há, também, a desautorização discursiva. O desempoderamento está intimamente conectado com o silenciamento. Nesse sentido, Chenshaw observa que "as concepções operativas de raça e sexo representam apenas um subconjunto de um fenômeno muito mais complexo" de desempoderamento que constantemente interagem e formam estruturas de dominação (múltiplas e simultâneas) (CRENSHAW, 1989, p.140).

A desautorização da fala se dá por meio de um processo de negação do sujeito pelo ouvinte. O controle da oitiva transmite a mensagem do não pertencimento daquele corpo racializado a um determinado espaço de poder. Na academia, vozes de intelectuais negras são caladas para evitar a confrontação com as verdades do "outro". Assim, a reprodução do sistema racista colonial nas estruturas produtoras de conhecimento mantém intactas as hegemonias (KILOMBA, 2012).

Entretanto, o que acontece com as mulheres racializadas no Direito Internacional faz parte de um panorama mais amplo de desqualificação das vidas negras de modo socialmente estruturante. As existências e resistências negras têm sido condenadas à zona do "não ser" (FANON, 2008) pelo *mainstream* do DI, uma vez que são continuadamente vítimas de embargo político, historiográfico e epistêmico, fato que favorece a continuidade do racismo epistemológico e praxeológico que exclui esses coletivos dos mecanismos de produção de conhecimento e os destitui da capacidade de agência nas estruturas de saber e poder do sistema-mundo.

As correntes predominantes da historiografia internacionalista ocidental têm tentado apagar as narrativas de resistências de quatro maneiras proeminentes: 1) por meio da omissão; 2) despolitizando as vivências, esvaziando-as de seu caráter revolucionário; 3) isolando pessoas e rejeitando a importância dos protagonistas; 4) e colocando as vitórias como acontecimentos excepcionais.

As contribuições dos povos não europeus na construção do DI, apesar de cruciais, são simplesmente desconsiderados pela historiografia oficial. Uma delas, identificada por Siba Grovogui (2006) encontra-se na concepção de direitos humanos construída na Revolução Haitiana, que concebia direitos sociais e de autodeterminação econômica como equivalentes aos direitos individuais e políticos. Nesse sentido, o autor reconhece o protagonismo dos corpos negros no desenvolvimento dos direitos humanos e nas exigências de igualdade e liberdade que ganhavam força na última década do século XVIII na França – que, neste último caso, limitava como sujeito desse direito apenas o masculino branco europeu. Entretanto, as macronarrativas dos vencedores têm insistido em minimizar ou omitir completamente o peso e o significado historiográfico do episódio.

O ativismo das mulheres negras em muitos momentos históricos, dentre os quais se destacam, nomeadamente, a resistência contra o colonialismo português capitaneada pela Rainha de Nzinga da Angola, o engajamento feminino na rede internacional contra o *apartheid*, os destacamentos femininos nas lutas de libertação nacional na África, a militância na Revolução Haitiana, a construção do regime internacional contra-hegemônico de combate ao racismo e à discriminação racial, a implementação da Década de Afrodescendentes da ONU, entre outros tantos episódios, deve ser reconhecido pela historiografia dominante do Direito Internacional dos Direitos Humanos.

É necessário denunciar a branquitude das teorias, dos formuladores e dos operadores do Direito Internacional, bem como a naturalização desse padrão. A exclusão das alteridades não europeias e não brancas da formulação e das práxis do DI reforça a hierarquias do sistema, e impede a aplicação do princípio da igualdade no tocante à participação nas esferas de poder. Neste sentido, afirma Jones que "esta naturalização serve para despolitizar e des--historicizar as desigualdades atuais, deste modo, negando a realidade e os efeitos do imperialismo na era neocolonial" (JONES, 2006, p. 9-10).

De fato, a exclusão e a hierarquização são a base constitutiva do Imperialismo. Nesta ordem de ideias, é necessário entender que o Imperialismo é um elemento "fundamental para as origens, forma as bases normativas do direito internacional, para a prevalência das desigualdades nas relações de poder entre os Estados (...) ex-colonizados e as antigas metrópoles" (JONES, 2006, p. 4). E o DI, por sua vez, sempre esteve a serviço do empreendimento colonial na qualidade de instrumento legitimador da escravidão e da colonização.

O sucesso da "aventura colonial" exigia a supressão das narrativas contrárias aos objetivos do colonizador. Tais ausências são produto de uma "amnésia intencional" (KRISHNA, 2006, p. 89) que serve para isolar as atrocidades cometidas pelos poderes ocidentais e para mascarar estruturas racializadas do sistema. O continuado desprezo dos internacionalistas pelas questões de gênero e raça, e de seus cruzamentos, por exemplo, serve para omitir as manifestações do imperialismo e propagar a ilusória noção de igualdade entre os povos, ao mesmo tempo que perpetua as relações de dominação Norte-Sul e, sobretudo, blinda os ex-colonizadores de assumir responsabilidades de reparar as vítimas em decorrência da escravidão e do colonialismo. Ou seja, o "esquecimento" é uma estratégia para negar as capacidades de agência dos povos não europeus e para higienizar as violências que marcaram o encontro entre "o resto" e o Ocidente (KRISHNA, 2006, p. 89), e que se repetiram durante a expansão do denominado sistema internacional.

O apagamento das identidades subalternizadas produz implicações éticas incontestáveis na formulação e de propagação de conhecimento. O encapsulamento das multiplicidades do cenário global em estruturas racistas-patriarcais de poder ocidentais, esvazia o senso de autenticidade do que vem a ser a realidade internacional e, logo, descredibiliza a área do DI.

As discriminações interseccionais entre gênero e raça, embora sistematicamente abstraídas e inviabilizadas, constituem as bases do sistema de poder capitalista mundial. Desse modo, faz-se necessário considerar os eixos de subalternidade "gênero e raça", no padrão de racismo estrutural que o Direito ajuda a manter.

Crenshaw (2002) evidencia como a subordinação estrutural também exige uma abordagem interseccional, uma vez que nas relações de dominação e controle, a desigualdade e a exploração são elementos constituintes do sistema de poder capitalista mundial. Nesta era da globalização, as políticas macroeconômicas de ajuste que incidem sobre os países do Sul Global compelindo-os a desvalorizarem suas moedas e seus salários, abalam mais significativamente as mulheres. Como consequência, as discriminações que conjugam raça, classe e gênero tornam-se evidentes, pois mulheres dotadas de condições socioeconômicas melhores passam a contratar aquelas que são vulnerabilizadas economicamente para que assumam tarefas domésticas – estas incrementam suas horas de trabalho, já que têm de cuidar das famílias da empregadora e dos seus próprios núcleos de familiares (CRENSHAW, 2002).

Portanto, é necessário caminhar para uma nova era, que seja, realmente, pós-colonial. Para tal, faz-se mister ampliar e aprofundar a crítica que compreenda a disciplina como um todo. É fundamental, neste propósito, incitar a formulação de teorias comprometidas não apenas a criticar, mas a produzir práticas libertadoras e a elaborar de maneira mais adequada as explicações do DI contemporâneo de modo que incluam de maneira não hierarquizada todas as vozes que compõem o sistema internacional.

Considerações Finais: os Estudos Interseccionais e a Descolonização do Direito Internacional

A ambivalência é uma característica congênita do DI, pois ele se traduz ao mesmo tempo em um instrumento de dominação, e também é, e pode ser, um mecanismo de insurgências e emancipação. A emancipação requer a descolonização dos campos físicos e imaginários, das epistemologias e das vivências. Descolonizar o conhecimento significa ultrapassar os limites da Modernidade que atua fortemente de maneira atemporal no DI, e criar novas configurações de conhecimento e de poder. Para tal, importa assumir que os sujeitos falam de tempos, lugares e realidades específicos e que, portanto, as narrativas não são neutras.

O primeiro passo nessa jornada é o autorreconhecimento da colonialidade nas origens do direito internacional, da reprodução da colonialidade do ser, do saber e do poder em sua arquitetura. Em segundo lugar, é relevante denunciar e rejeitar a relação íntima entre ciência e colonialismo.

A descolonização do Direito Internacional requer, obrigatoriamente, o enfrentamento das distorções substantivas, metodológicas e políticas das abordagens clássicas da disciplina. Significa dizer que a própria imaginação imperialista que omite eventos, processos e correntes de pensamento formulados fora do mundo ocidental deve ser desmantelada. A omissão no DI das contribuições feitas pelos afro-americanos e, sobretudo, pelas mulheres racializadas além de empobrecer a disciplina, torna-a historicamente incorreta.

A disciplina será reconstruída a partir da inclusão e do empoderamento dos excluídos ou marginalizados. A revisão servirá para dar luz aos muitos exercícios de resistência ao Direito colonial e neocolonial e para incorporá-los na trajetória do Direito Internacional, por meio da assimilação de práticas, memórias e conceitos não-ocidentais.

Introduzir o pensamento e as experiências dos povos do Sul global, como contraponto ao silenciamento das vozes negras, é reconhecê-los como protagonistas das próprias histórias e das suas lutas. Resgatar as imagens esquecidas implica reconhecer o papel dos coletivos racializados na construção do conhecimento. Compreender o lugar de fala do subalternizado pressupõe uma postura ética das teorias e autores/autoras de direito internacional de legitimar outros espaços de enunciação para se repensar as hierarquias, as desigualdades, os racismos, os sexismos na academia e nas estruturas de poder internacional.

Nesse sentido, o exercício das análises interseccionais no universo do DI é uma atitude necessária, produtiva e promissora. Na esfera dos estudos jurídicos se vê uma abertura à incorporação das abordagens interseccionais, como é caso da teoria crítica racial e a LatCrit (teoria crítica latina) que têm mostrado simpatia à propositura de ações com vistas a promover transformações sociais.

A interseccionalidade é um instrumento rico, também, porque não está aprisionado na camisa de força do academicismo que se pretende abstrato e neutro. O termo, por ter sido gestado por um viés cognitivo emancipador aliajado das instituições sociais de dominação, é compreendido a partir da sua concepção sinergética entre pesquisa crítica e práxis (COLLINS e

BILGE, 2016). Ou seja, ele é capaz de orientar a elaboração de análises críticas no âmbito acadêmico e, ao mesmo tempo, de produzir ações concretas emancipatórias. Dessa maneira, o potencial crítico da interseccionalidade provém da simbiose entre os movimentos sociais e o conhecimento acadêmico crítico. O caráter emancipatório do conceito, por fim, contribui, desse modo, para a construção de estratégias capazes de contemplar heterogeneidade dos processos discriminatórios (COLLINS e BILGE, 2016, p. 32; CARASTATHIS, 2016, p. 554).

Os estudos interseccionais são como um elo que interliga duas fontes de produção de conhecimento: a dos coletivos destituídos de poder institucional e que não ocupam lugares nas instituições de ensino superior, nos meios de comunicação, etc.; e a dos que fazem parte de instituições tradicionalmente legitimadas a formular saberes (COLLINS, 2017). Assim, o casamento entre o conhecimento emancipatório e política emancipatória modula o propósito essencial dos estudos interseccionais que é contribuir para promover a justiça social (COLLINS, 2017).

No âmbito do direito internacional, os estudos interseccionais podem servir como uma ferramenta teórica e metodológica para análises variadas. O importante é que estejam vocacionados a desmantelar as hierarquias de poder e a promover políticas libertadoras baseadas na justiça social, e que se dediquem à promoção de um lugar no qual os discursos nativos não se limitem às pesadas grades impostas pela experiência imperial e pela escravidão, algum lugar no qual as opressões de classe, raça e gênero sejam denunciadas.

No contexto atual de extremas incertezas, os estudos interseccionais podem concorrer para o melhor entendimento de temas como imigrações, refúgios, xenofobia, conflitos, organizações internacionais, política externa, entre outros. Ademais, a doutrina, enquanto fonte do DI, será enriquecida se forem incorporadas obras de autoras negras nos arcabouços teóricos. As decisões das cortes internacionais serão mais justas quando resolver o problema da sub-representatividade das juristas negras.

A refundação do Direito Internacional será, de fato, um meio de resolver os complexos problemas do sistema internacional e de promover justiça e reconhecimento que, enquanto valores inegociáveis, não dizem respeito apenas às mulheres negras, mas a toda a humanidade.

Referências

CARASTATHIS, Anna. *Intersectionality:* origins, contestations, horizons. Nebraska: University of Nebraska Press, 2016.
COLLINS, Patricia Hill. Aprendendo com a outsider within: a significação sociológica do pensamento feminista negro. *Sociedade & Estado [on-line]*, v. 31, n. 1, p. 99-127, 2016.
COLLINS, Patricia Hill. Feminismo negro, interseccionalidade e política emancipatória. *Parágrafo*, v. 5, n. 1, p. 6-17, jan./jun. 2017.
COLLINS, Patricia Hill; BILGE, Sirma. *Intersectionality*. Cambridge: Polity Press, 2016.
CHARLESWORTH, Hilary; CHINKIN, Christine; WRIGHT, Shelley. Feminist approaches to international law. *American Journal of International Law*, v. 85, n. 4, p. 613-645, 1991.
CRENSHAW, Kimberlé. Demarginalizing the intersection of race and sex: a black feminist critique of antidiscrimination doctrine, feminist theory and antiracist politics. *The University of Chicago Legal Forum*, Chicago, n. 140, p.139-167, 1989.
CRENSHAW, Kimberlé. Documento para o encontro de especialistas em aspectos da discriminação racial relativos ao gênero. *Revista Estudos Feministas*, Florianópolis, v. 10, n. 1, p. 171-188, jan./jul. 2002.
DAVIS, Angela. *Mulheres, raça e classe*. Tradução de Heci Regina Candiani. São Paulo: Boitempo, 2016.
FANON, Frantz. *Peles negras, máscaras brancas*. Salvador: EdUFBA, 2008.
GROVOGUI, Siba N. Mind, body and gut! Elements of postcolonial human rights discourse. *International & Comparative Law Colloquium Papers*, 2006. Disponível em: http://digitalcommons.law.umaryland.edu/iclc_papers/3/. Acesso em: jul. 2018.
JAMES, Cyril Lionel Robert. A revolução e o negro. *In*: JAMES, Cyril Lionel Robert; TROSTKI, Leon; BREITMAN, Geoges *A revolução e o negro*: textos do trotskismo sobre a questão negra. São Paulo: Edições ISKRA, 2015.
JONES, Branwen Gruffydd. Introduction: International relations, eurocentrism, and imperialism. *In*: JONES, Branwen Gruffydd (ed.). *Decolonizing international relations*. Plymouth: Rowman and Littlefield Publishers 2006. p. 1-16.
KILOMBA, Grada. *Plantation Memories:* Episodes of Everyday Racism. Münster: Unrast Verlag, 2012.
KRISHNA, Sankaran. Race, amnesia and the education of international relations. *In*: JONES, Branwen Gruffydd (ed.). *Decolonizing international relations*. Plymouth: Rowman and Littlefield Publishers 2006. p. 89-108.
MUTUA, Makau. Critical race theory and international law: the view of an insider-outsider. *Villanova Law Review*, v. 45, n. 2, p. 841 [página inicial], 2000.
NASCIMENTO, Maria Beatriz. A mulher negra no mercado de trabalho. Jornal Última Hora, Rio de Janeiro, 25 de julho de 1976. *In*: RATTS, Alex. Eu sou Atlântica: sobre a trajetória de Beatriz Nascimento. São Paulo: Imprensa Oficial do Estado de São Paulo: Instituto Kuanza, 2007.
RIBEIRO, Djamila. *O que é lugar de fala?* Belo Horizonte: Letramento, 2017.
VELASCO, Mercedes Jabardo. Introducción. Construyendo puentes: en diálogo desde/ com el feminismo negro. *In*: JABARDO, Mercedes (ed.). *Feminismos negros*: una antología. Madrid: Traficantes de sueños, 2012. p. 27-56.